● 2022年国家社会科学基金资助的重点课题：外观设护法律问题研究（项目编号：22AFX011）

U0691293

著作权合同的修正解释

覃腾英 ◎ 著 ◆

ZHUZUOQUAN HETONG DE
XIUZHENG JIESHI

中国出版集团
中国民主法制出版社

全国百佳图书
出版单位

图书在版编目（CIP）数据

著作权合同的修正解释 / 覃腾英著 . — 北京：中国民主
法制出版社，2024. 12. — ISBN 978-7-5162-3821-9

Ⅰ. D923. 415

中国国家版本馆 CIP 数据核字第 2024MV7743 号

图书出品人：刘海涛
出 版 统 筹：石　松
责 任 编 辑：刘险涛　吴若楠

书　　　名 / 著作权合同的修正解释
作　　　者 / 覃腾英　著

出版·发行 / 中国民主法制出版社
地址 / 北京市丰台区右安门外玉林里 7 号（100069）
电话 /（010）63055259（总编室）　63058068　63057714（营销中心）
传真 /（010）63055259
http: // www.npcpub.com
E-mail: mzfz@npcpub.com
经销 / 新华书店
开本 / 16 开　710 毫米 × 1000 毫米
印张 / 16.25　字数 / 200 千字
版本 / 2025 年 2 月第 1 版　　2025 年 2 月第 1 次印刷
印刷 / 三河市龙大印装有限公司

书号 / ISBN 978-7-5162-3821-9
定价 / 89. 90 元
出版声明 / 版权所有，侵权必究。

（如有缺页或倒装，本社负责退换）

序　言

　　《著作权合同的修正解释》是覃腾英博士的新作，亦是她读博期间在著作权法领域辛勤耕耘的结晶。本书展现了她深厚的法学功底与扎实的研究能力，为我国著作权法研究提供了宝贵的理论和实践指导。身为她的导师，我见证了这本书由萌芽至成熟的全过程，对她的付出与成绩甚感欣慰。

　　著作权合同作为版权法的重要组成部分，是著作权人通过私立规则进行利益再分配的关键工具。然而，由于市场的不完善以及法律制度矫正功能的局限性，常常导致著作权合同被强势一方用作攫取不当利益和扩张权利的工具，破坏了著作权法的初始权利配置平衡。腾英在她的研究中，敏锐地洞察到了这些问题，并提出了通过修正解释来矫正合同失衡这一独到的见解。

　　修正解释并非单纯的合同解释，而是裁判者基于公共政策、公平诚信等因素的考量，对合同意思进行再确认的方法。腾英通过理论研讨与案例分析，为我们展示了修正解释方法在司法实践中的可操作性，以及其对恢复著作权利益分配平衡的重要作用。

　　腾英的学术之路上，不仅有扎实的理论研究，还积累了丰富的实践经验。在读博期间，她参与并完成了两项国家社科基金项目和一项省部级科研课题，主持了两项厅级科研项目，在 CSSCI 期刊发表了两篇颇具影响力的论文，这些均为她的研究筑牢了根基、拓宽了视野。

作为导师，我为她在学术上的不懈追求和取得的成绩感到自豪。这本书的出版，不仅是她个人学术生涯的重要里程碑，也是对著作权法领域的一次有益补充。相信她的研究成果会为未来的法律研究和实践提供宝贵的参考。

最后，我衷心祝愿腾英在未来的学术道路上继续前行，不断攀登新的高峰。

梁志文

2024 年 7 月 18 日

前　言

　　著作权合同是管理版权产品创造和传播的核心工具，在著作权交易链中起着不可或缺的作用。尽管著作权法关于权利初始配置的制度至关重要，但权利许可或转让通常是实现作品经济价值的主要方式，甚至在某些情况下是唯一的方式。从作品使用链的终端来看，使用者（特别是终端用户）同样需要通过著作权许可合同来获得合法使用作品的权利。

　　本质上，著作权合同是著作权人通过私立规则进行利益再分配的一种方式。在理想的市场环境中，基于契约自由的著作权交易能实现资源向最优利用者流转，从而提高版权产业的整体效益。但市场通常是不完美的，在市场失灵且法律制度的矫正功能发挥不足的情况下，著作权合同容易被强势一方用作攫取不当利益和扩张权利的手段，从而打破著作权法所确立的初始权利配置平衡。这种失衡主要表现为：作者与制作者（包括开发利用作品的出版商、广电组织、电影制作人等）之间签订的实质不公平合同，以及权利人对著作权限制进行反限制，导致公私利益失衡的合同。

　　利益平衡原则是著作权法的基本原则之一。利益平衡是指著作权法所调整的各利益主体关系处于相对和谐的状态，主要涉及作者与其他著作权人的权利义务平衡，以及著作权人的私人利益与公众接近作品的公众利益之间的平衡。著作权合同不仅要遵守一般合同法规则，更要遵循著作权法规范，不得违背著作权法的立法宗旨和利益平衡原则。在著作权合同谈判中，处于强势地位一方的当事人往往会利用越界的著作权合同条款来扩张私利，导致合同主体之间的利益失衡。裁判者采用传统的阐明解释方法和补充解释方法，往往难以解决当事人意思自治与著作权法公共政策之间的冲突。修正解释是裁判者对当事人意思自治的司法干预，是裁判者基于公共政策与公平诚信等考量另行确定合同意思的一种解释方法。裁判者通过无视或否定当事人意思自治的方式，实现权利的重新配置和合同主体利益平衡的恢复。修正解释有赖裁判者司法能动性的发挥，因此不应随意适用，而应有所限制。修正解释的法律限度在于其必须具有合法性，即裁判者应当依照法律展开修正解释。

理论上，裁判者展开修正解释的法律路径有多种，包括一般合同法原则、规则，以及现行《著作权法》的具体条文等相关法律规范。然而，裁判者在适用现行法律路径对越界著作权合同进行修正时，面临着一定的困境。依据司法干预意思自治的管道性规范——《民法典》第153条，裁判者行使修正解释权可适用著作权法强制性规范展开。著作权法的强制性规范为著作权合同的自由设定了一个明确的法定界限，是私法自治与公法管制在著作权法上的具体体现。著作权的私权性质以及著作权客体的公共物品属性等特征，决定了著作权法需要处理私人利益与私人利益、私人利益与公共利益之间的关系。著作权强制性规范设置的旨在实现上述利益的平衡，保障作品的供需，促进著作权交易和文化的繁荣。

伴随技术的发展，众多新的作品创作、传播和交易模式应运而生，著作权交易中的利益分配争议也日益凸显。为平衡新的利益关系，国家通过完善强制性规范来加强对意思自治的干预。为确保作品的供求平衡，著作权法需在两个方面加强对意思自治的干预：

一方面，为保障作者与制作者之间著作权合同的实质公平，著作权法应完善作者合同利益保护的强制性规范。具体内容包括：第一，明确将作者权利保护置于首位的基本原则。第二，规定著作人身权不可通过合同进行转让或放弃。第三，在《著作权法》中确立不可约定转让或放弃的合理报酬请求权制度。第四，为防止作者签订不公平且低效率的永久著作权合同，《著作权法》应规定强制性的著作权合同期限制度。第五，《著作权法》第 29 条作为有利于作者的严格解释规则，并赋予其强制性效力。即，在著作权许可转让范围未明确约定或存在疑义时，将许可转让的权利范围严格限制为合同目的所需的权利范围。

另一方面，为保障著作权合同中的公私利益平衡，防止著作权人利用著作权反限制合同条款（即对著作权限制规则构成反限制的合同条款，下同）扩张私权、侵害公众合法使用作品的权利，法院应对排除著作权限制的合同条款进行修正解释。具体内容包括：第一，明确著作权限制不可通过约定排除的基本原则。第二，将著作权限制规范解释为具有强制性效力的规范。第三，著作权反限制合同条款的效力认定应基于其是否与著作权法的公共政策目标相冲突。第四，"代入法"是修正著作权反限制合同条款的可行路径。具体而言，首先应根据著作权限制的强制性规范性质，将其纳入《民法典》第153 条的考察范畴。同时，不应忽视第 153 条的但书，即不排除个案中存在的应适用"违反强制性规范无效"的例外情形。但书的适用需由裁判者综合考虑合同所违反的具体法律规范的规范目的、规范重心等多方面因素。

在著作权合同修正解释的具体适用中，有三种最具代表性的著作权合同：未来作品著作权许可转让合同、涉及作品未知利用方式的合同以及网络授权许可合同。当前，我国《民法典》未对著作权合同进行规范，《著作权法》有关著作权合同的规定也相对不足，未来在修订《著作权法》时，可对典型著作权合同规则予以明确。对于未来作品著作权许可转让合同的修正解释，应首先坚持作者利益保护优先的基本原则。其次，在立法上应适当限制未来作品著作权许可转让的范围。最后，应规定未来作品著作权许可转让合同不得适用强制履行的违约责任等条款。对于涉及作品未知利用方式的合同的修正解释，首先同样应遵守作者利益保护优先的基本原则。其次，涉及作品未知利用方式合同条款的效力认定应采用附条件认可模式。最后，应明确涉及作品未知利用方式合同条款的修正解释规则：一是当合同约定不明时，应做出有利于作者的严格解释；二是当合同标的具有对价相当性时，应认可一揽子协议的效力。对于网络授权许可合同的修正解释，应以著作权法的强制性规范为展开路径，即明确著作权限制规范的强制性性质，无正当理由不得允许著作权人通过合同排除著作权限制法律规范的适用。

目　录

导　论

作为一种私有财产权，著作权的经济价值因交易活动而产生。因著作权具有许多不同于一般民事权利的特性，故著作权合同规范自然与一般合同有所不同。大部分国家在制定民法典和合同法时都有意避开著作权合同，而交由著作权法专门规定，例如德国、法国等。我国《中华人民共和国民法典》（以下简称《民法典》）亦是如此。《民法典·合同编》第二十章规定了涉及知识产权的合同，但主要聚集于技术开发、技术转让和许可、技术咨询和技术服务，并未涵盖著作权合同的内容。由于历史原因，我国现行《中华人民共和国著作权法》（以下简称《著作权法》）对著作权合同的规范相对简略，仅包含少量一般性条文，如规定著作权许可合同、著作权转让合同应包含的主要条款。随着新传播技术的迅速推广与应用，作品的经济价值愈发凸显。越发频繁的著作权交易活动推动了版权市场的繁荣，所涉及的著作权商业模式也日趋多元和复杂。这致使我国著作权法在立法论与解释论上面临诸多适应性挑战，而2020年新修订的《著作权法》关于著作权合同制度的规定几乎未做改动，因此仍难以满足日益活跃的著作权交易市场的需求。理论界与实务界对于众多与著作权合同相关的基本理论和概念尚未达成共识。其中，著作权合同解释的争议尤为突出。因此，对其展开深入研究显得尤为迫切。

一、选题理由

著作权合同是管理版权产品创造与传播的核心工具，主要体现在两个方面：第一，从作品供给的角度看，著作权法赋予作者专有权，并保障作者与第三方①签订作品开发利用合同，从而将这种专有权转化为对作者的经济奖励，以实现激励创作的政策性目标。第二，从作品需求的角度看，用户可以通过著作权许可合同购买受保护的著作权材料，并控制首次交易后的使用行为。②

总体而言，著作权合同规则在著作权交易中占据核心地位。然而，著作权合同却是著作权法中最为简略的部分，③仅包含有限的直接条款。④《著作权法》之所以未对著作权合同进行很大篇幅的阐述，主要是因为许多著作权合同问题可以适用合同法规则进行调整。例如，著作权合同同样遵循合同自由原则且合同成立要件、合同纠纷的证据规则、一般合同解释方法等均可适用于著作权合同纠纷的解决。

当前，著作权合同有关的问题主要受合同自由原则调整，法官通常通过阐明解释方法、补充解释方法解释当事人的约定，探究当事人的真实意思表

---

① 这里的第三方指的是制作者。学者将与作者签订开发利用作品合同的群体或企业组织等统称为制作者，包括开发传播作品的商事组织、出版商、广播电视组织、电影制片人、美术馆或图书馆、演艺界的发起人等。鉴于本书探讨的著作权合同关系的有限性，本书也采用同样概念，用于代表了为了利用和传播作品并从中获益而与作者签订权利许可转让合同的任何实体。相关内容参见埃斯特尔·德克雷. 欧盟版权法之未来［M］. 徐红菊，译. 北京：知识产权出版社，2016：406. See DARLING K.Contracting about the Future: Copyright and New Media［J］. Northwestern Journal of Technology and Intellectual Property, 2012, 10 (7): 485.

② KRETSCHMER M, DERCLAYE E, FAVALE M, et al. The Relationship between Copyright and Contract Law［J］. Journal of Intellectual Property Law, 2020, 25 (1): 45.

③ 熊琦. 著作权合同实质公平规则形塑［J］. 法学，2020（6）：47-62.

④ 参见《著作权法》第26-30条。

示。但合同自由原则的价值预设基于一个完全自由且完美的市场。然而，在社会分工日益细化的市场经济环境下，自由完备契约所依赖的客观环境已发生动摇，实然的"合同自由"并不必然带来应然的"合同正义"。

此外，新技术的不断更新迭代推动了著作权市场的日益繁荣，著作权交易模式呈现出多元化和复杂化的趋势。在此背景下，裁判机关仅依靠合同法规则来解决著作权交易问题显得力不从心。例如，囿于当事人之间议价能力不对等或其他自由意志受限的因素，当事人所订立的合同可能存在利益失衡、违背著作权立法目的和基本原则的问题。对此，我国《民法典》以及《著作权法》均未给予足够的关注和系统的规制。具体表现在以下两个方面：

在作品供给方面，著作权法政策关注的对象是确保作者获得经济独立性的目标。① 它通过保护作者从作品著作权交易中获取经济利益的需求，从而保障作品供给持续性这一著作权交易之"源"。尽管著作权法将初始权利配置给了作者这一原始主体，但将权利许可转让给制作者通常是作者实现作品经济利益的主要方式，有时甚至是唯一的方式。囿于信息、技术、经验、渠道等因素，作者在与制作者进行著作权交易时往往处于劣势，并可能被迫接受实质上并不符合自身利益的合同。例如，著作权买断合同、著作权合同中经济利益的分配失衡、限制或禁止作者行使著作人身权、意图阻止作者参与涉作品未知利用方式相关的利益分配等。

《著作权法》目前未有明确的规则来调整作者与制作者之间实质不公平的著作权合同问题。因此，这类导致作者与制作者利益失衡的合同条款的效力、著作权合同利益的归属及分配等问题均存在争议。然而，法官不能拒绝裁判。对于上述问题，法官只能适用合同法及一般合同解释规则予以调整。

合同作为形塑民事主体私人利益追求的工具，其形式和内容因当事人的

———————

① 例如，欧盟《信息社会指令》（2001/29/EC）第 11 条："严格有效的保护著作权和相关权利的制度是确保欧洲文化创意和生产获得必要的资源，并保障艺术作者和表演者的独立性和尊严的主要方式之一。"

需求不同而有所差异。这意味着，不公平合同条款的体现形式也有所不同，仅凭合同法上的规则难以进行合理调整。[①] 例如，作者与制作者所订立的著作权合同条款并非基于"利用一方处于危困状态、缺乏判断能力"而订立，因此《民法典》中的显失公平条款在此类情况下存在适用困难。同时，由于合同收益盈余的变化并非合同成立基础的根本改变，《民法典》中的情势变更原则也难以作为调整合同利益分配不公的法律依据。再如，在著作权法明确作者持有相关权利（如采用未来方式利用作品的权利）之前，作者若提起撤销合同的诉讼，可能会面临被制作者列入黑名单的风险。因此，需要著作权立法与司法同时着力，以修正实质不公平的著作权合同。

在作品需求方面，作品最终由使用者使用和消费，从而在著作权人与使用者之间形成著作权许可合同关系。著作权法的功能不仅在于赋权，也在于限权。它将公有领域的内容排除在专有范围之外，允许使用者自由进入公有领域，并不断扩大这一范围。通过著作权限制规范，著作权法在激励创作传播和保障公众接触使用作品之间构建了一个静态的、谨慎的平衡。故而著作权的限制规范设置的政策理由成为著作权保护内容审查的核心。

在数字技术时代，制作者凭借资本、技术和资源等优势，通过"技术＋合同"的方式寻求法律之外的私力救济。著作权合同成了一种成本低廉的限制他人复制的新手段。权利人在尝到著作权合同作为私力救济手段的甜头后，逐渐利用它扩张私权，并为自己提供"超法"的保护。著作权合同作为权利扩张手段的最突出表现是，在合同中约定规避和排除著作权限制。这包括但不限于在合同中限制使用者对作品的合法处分行为、限制使用者的合理使用行为、利用格式合同排除使用者的合法权利、免除己方的责任和义务、利用合同保护不受著作权法保护的材料等。以上著作权合同条款的订立体现了著作权合同自由与著作权法利益平衡原则之间的冲突，打破了著作权法精

---

① 熊琦. 著作权合同实质公平形塑［J］. 法学，2020（6）：47-62.

心"打造"的微妙平衡。因此，需要司法对此类合同条款的效力作出解释和裁断。

由此可见，著作权与著作权立法目的的特殊性决定了一般合同法规则无法解决当前面临的著作权合同解释争议问题。本书将上述突破著作权法利益保护基本界限、导致主体利益失衡的合同统称为"越界著作权合同"。这些越界著作权合同违背了著作权法利益平衡原则，阻碍了著作权立法目标的实现。本书以"著作权合同修正解释"为题，旨在探索为实现著作权权利配置再平衡的修正路径，并在此基础上探究相关著作权合同立法制度的完善路径。

二、国内外研究现状

就国外研究而言，通过以"copyright"、"contract"和"interpretation"为关键词或主题搜索国外文献，与论题相关的研究主要集中在探讨著作权法与合同法之间的关系以及两者的冲突与协调。

就国内研究而言，我国关于著作权法的教材、专著数量众多，但专门讨论著作权合同的专著尚付阙如。以著作权合同、版权合同为主题在"知网"和百度学术等中文期刊网站上进行搜索，相关论文数量较少，但对于细分的著作权合同具体内容的相关研究却颇为丰富。例如，著作权许可、著作权转让等方面的研究。

就"修正解释"而言，尽管直接以合同解释中的"修正解释"为主题的研究甚少，但对于其理论意义与实践价值，学界已基本形成共识。[①]裁判者基于公共政策与公平诚信的考量而另行确定合同意思的解释方法被学者称为

---

① 参见邱聪智.契约社会化对契约解释理论之影响［M］// 邱聪智.民法研究（一），台北：三民书局，1986：38.梁慧星.民商法论丛（第 8 卷）［M］.北京：法律出版社，1997：711.韩世远.合同法总论（第三版）［M］.北京：法律出版社，2011：707.

"合同的修正解释"。① 与修正解释直接相关的"无效合同"或"违法合同效力"等问题的讨论众多。例如，有学者认为，当合同纠纷涉及公私利益权衡时，为了实现公共政策目标，法官会依据事实和价值判断认定合同无效。②

　　笔者尚未查找到直接以"著作权合同修正解释"为题的研究，但也有部分文章提及著作权合同应受到特殊规制，并适用特殊的解释规则。例如，邓宏光从刘美丽诉万方数据库侵犯著作权纠纷案出发，讨论了著作权合同的解释规则。③ 文章指出，基于著作权合同的特殊性，其解释应遵循特别规则——立法和司法都应关照作者作为弱势群体的事实，作出有利于作者的解释。郭斯伦在《著作权合同冲突的处理规则研究——兼评〈著作权法〉修改草案第59条》一文中提出，应借鉴物权法中用益物权和所有权理论来处理著作权合同冲突问题。④ 冯晓青在《我国著作权合同制度及其完善研究——以我国〈著作权法〉第三次修改为视角》中提出，修订草案虽对著作权合同制度做了相关规定，但仍存在一些需要完善的问题。⑤

　　总体来看，虽然国内外直接从解释论角度探讨著作权合同问题的研究相对较少，且未找到直接与著作权合同解释或著作权合同修正解释相关的文章，但学者对于作者与制作者之间著作权合同的实质不公平问题、著作权合同突破著作权限制造成公私利益失衡问题的立法规制与司法修正的研究则却并不少见。本书将围绕著作权合同解释的基础理论以及这两大争议问题进行综述。

---

① 参见刘得宽.民法总则（理论与实用）[M].台北：五南图书出版公司，1982：193.

② 参见黄忠.比例原则下的无效合同判定之展开[J].法律与社会发展，2012（4）：46-59.另参见付俊伟.合同无效制度的若干学术追问[J].甘肃社会科学，2017（2）：160-166.

③ 参见邓宏光.著作权合同的解释规则——以刘美丽诉万方数据库侵犯著作权纠纷案为例[J].中国版权，2009（6）：3-5.

④ 参见郭斯伦.著作权合同冲突的处理规则研究——兼评《著作权法》修改草案第59条[J].电子知识产权，2014（12）：63-68.

⑤ 参见冯晓青.我国著作权合同制度及其完善研究——以我国《著作权法》第三次修改为视角[J].法学杂志，2013（8）：1-10.

（一）关于著作权合同解释的基础理论

通过对文献的整理与分析发现，我国关于合同解释理论与实践问题的论著颇丰，但针对著作权合同解释的文章却较为稀少。这是因为，我国立法开始承认版权交易的时间相对较短（2001年《著作权法》出台后，我国才正式承认版权的转让），理论研究仍停留在立法制度构建上，对著作权合同解释的研究相对较少。

长期以来，我国对著作权法的研究受民法、合同法的思维定式影响，认为以物权为基础构建的"买卖关系"是"万能钥匙"，忽视了"以用设权"的著作权与"以物设权"的物权之间存在诸多本质和细微的差别。[①] 因而不少学者主张，著作权合同属于合同的一种，著作权合同解释可参照一般合同规则进行。[②]

但学者们普遍认为，著作权合同解释应区别于一般合同解释。这是因为，著作权、著作权合同、著作权法与一般的财产权、一般的民事合同、合同法规则存在显著差异。例如，有学者提出，著作权的特殊性使得著作权合同的订立、履行等规则与一般合同规则不同。[③]

大多数国家在制定民法典时，都会自然而然地避开著作权合同，我国2021年施行的《民法典》亦是如此。各国不仅不在基本法或单行法中专门规范著作权合同，而且针对著作权合同的特殊性，规定"不论基本法（包括民

[①] 参见熊琦.互联网产业驱动下的著作权规则变革［J］.中国法学，2013（6）：186-187.

[②] 参见贾引狮，林秀芹.互联网环境下版权许可格式合同的兴起与应对［J］.大连理工大学学报（社会科学版），2019（6）：74-80.穆英慧，苏玉环.未来版权转让合同之民法基础［J］.华东政法大学学报，2003（4）：28-32.

[③] 参见郑成思.版权法（修订本）（上）［M］.北京：中国人民大学出版社，2009：428.

法典、债权法典或合同法典等）如何规定，著作权合同当事人一方在一定条件下均有权中止、撤销合同或认定合同无效"。[①] 有学者指出，民法上关于买卖、租赁等合同规则并不能直接适用于著作权合同解释，只能作为补充性的合同解释的价值判断标准和"找法"依据。[②] 还有学者从著作权的公共物品属性出发，认为著作权与有体财产权不同，它具有强烈的社会关怀色彩，权利本身具有外部边界——公有领域。公有领域是著作权的基础，一个健康的公有领域是著作权制度的重要支撑。[③] 学者对著作权特殊性的关注，在一定程度上阐明了需要特别研究著作权合同解释的合理性基础。

此外，为应对复杂多变的技术变革，著作权法规定了一些弹性概念和兜底条款。这些概念与条款需要司法在个案中结合著作权法的政策性目标予以解释。例如，思想与表达二分法的模糊性使得法官在运用时经常需要进行新的解释。[④] 兜底条款虽然可以起到引致功能的作用，但需要依靠解释方法来界定何种利益需要通过兜底条款进行保护。[⑤] 此外，学者认为，我国著作权制度在移植和借鉴过程中还存在诸多制度与价值不相融合之处。例如，在著作权认识论上存在自然权利说和功利主义说，二者在作品定义、权利客体范围、权利内容等各个方面存在巨大的解释差异。[⑥] 因此，法官在解决纠纷时需要首先对制度本身进行协调解释。

简而言之，当前关于著作权合同问题的研究呈现出两种趋势：一是主张运用合同法的一般规则来解决著作权合同纠纷，包括运用一般合同解释方法来解释著作权合同；二是承认著作权具有的特殊性，但对于如何在著作权立

---

① 郑成思. 版权法（修订本）（上）[M]. 北京：中国人民大学出版社，2009：428.
② 参见曲三强. 知识产权许可合同中契约自由原则的适用和限制 [J]. 云南社会科学，2006（2）：47-51.
③ See LITMAN J.The Public Domain [J]. Emory Law Journal, 1990 (39): 965.
④ 李琛. 树·阳光·二分法 [J]. 电子知识产权，2005（7）：1.
⑤ 熊琦. 著作权法定与自由的悖论调和 [J]. 政法论坛，2017（3）：82-93.
⑥ 熊琦. 中国著作权法立法论与解释论 [J]. 知识产权，2019（4）：3-18.

法与司法解释中体现这种特殊性尚未形成共识。

本书的关注点集中于著作权合同解释中最为突出的争议问题，即著作权合同意思自治与著作权法公共政策目标相冲突时的效力解释争议。例如，作者人格权的特殊保护、使用者合理使用作品的权利，以及自由表达权的保护等都被视为著作权法的基本公共政策，这些公共政策的价值都不应因著作权合同所减损。[①] 若合同与具有较高价值的政策相冲突，有必要重新确定这些合同条款的效力。[②]

（二）关于作者与制作者之间实质不公平合同的修正解释

鉴于权利神圣理念和意思自治理念，不少论者认为，作者具备理性且高效处置自己作品的能力，立法与司法无需过多干预。[③] 合同是当事人创造权利和义务最为民主的方式，因为被合同条款约束的主体参与了约束规则的制定。因此，合同解释首先须符合合同的功能，尊重当事人自行决定其法律关系。一些国家（如澳大利亚）也在立法上明确了这一态度。法院在解释著作权合同时以传统的阐明解释方法为主，通过解释合同条款的意思来对合同施加法律效果。[④] 持该论点者认为，司法干预当事人意思自治过于家长式，违背了合同自由原则。

相反，有论者认为，法律有必要对作者与制作者之间的合同进行适当干预。他们认为，囿于资源、技术、经验等因素的限制，作者在与制作者进行交易时常处于弱势，这一对议价能力不平等的合同主体难以达成实质公平的

---

① 参见梁志文. 变革中的版权制度研究 [M]. 北京：法律出版社，2018：134.

② 参见保罗·爱德华·盖勒著，李明祖译. 版权的历史与未来：文化与版权的关系 [M]// 郑成思. 知识产权文丛（第 6 卷），北京：中国方正出版社，2001：282.

③ 参见费安玲，等. 知识产权法学 [M]. 北京：中国政法大学出版社，2007：9.

④ See MATULIONYTE R.Empowering Authors via Fairer Copyright Contract Law [J]. University of New South Wales Law Journal, 2019 (42): 2.

合同。加上经济实力的现实差异和效率至上的理念影响，投资者的保护来越倾向于强势一方，而个人作者的公平保护则相对不足。① 无限制的合同自由将导致著作权合同僵化，著作权合同中强势权益的绝对化又会致使弱势一方的合法权益受损和作品的正常传播受限。②

基于此，学者提出，作者缺乏议价能力可能影响作者报酬水平的合理性，最终将损害著作权法目标的实现。③ 彻底改变和提升作者在著作权贸易中的弱势地位是著作权合同的首要任务。④ 甚至有学者质疑合同自由是否仍适合作为著作权合同规范的基础，并提出要通过规范合同订立规则和解释规则来保障作者利益。⑤ 另有学者提出，"对当事人意思自治的限制"是著作权许可合同的原则，因为公权力的干预能够协调因谈判能力强弱所带来的合同利益分配不公的问题。⑥

还有学者从集体管理组织的现状出发，认为当前集体管理组织制度处于探索阶段，通过其全权代表来提高作者的利益尚不现实。该论断进一步指出，应通过制度适当提高作者的地位，在作者合同中设置强制性的利益分配规则或对衍生权利人进行有限的分享。⑦ Ginsburg 和 Sirinelli 从国际私法角度阐述

① 郑鲁英 . 文化产业发展视野下著作权集体管理组织的职能研究［M］. 厦门：厦门大学出版社，2018：236-239.

② 沈杨 . 著作权许可使用合同的权利义务状态［C］// 2006 年全国知识产权征文获奖论文集 . 北京：知识产权出版社，2006：224.

③ See MAUREEN A. O'ROURKE. A Brief History of Author-Publisher Relations and the Outlook for the 21st Century［J］. 50 J. COPYRIGHT Soc'y U.S.A., 2002-2003 (50): 425.

④ M. 雷炳德 . 著作权法［M］. 张恩民，译 . 北京：法律出版社，2005：导读 .

⑤ See MATULIONYTE R. Empowering Authors via Fairer Copyright Contract Law［J］. University of New South Wales Law Journal, 2019 (42): 2.

⑥ 沈杨 . 著作权许可使用合同的权利义务状态［C］// 2006 年全国知识产权征文获奖论文集，北京：知识产权出版，2006：224.

⑦ 郑鲁英 . 文化产业发展视野下著作权集体管理组织的职能研究［M］. 厦门：厦门大学出版社，2018：239.

了大多数作者在出版、制作或发行合同中处于弱势，议价能力不等的当事人意思自治的选择只是表面上的"中立"。据此，他们提出，"应采用更有利于被视为较弱当事人利益的冲突法规则"。①

此外，许多社会组织对著作权合同公平问题予以密切关注，并组织和发起了相关活动，提出了一系列保护作者合同利益的规则。美国、英国、澳大利亚、欧洲的一些国家，以及其他国际作家协会组织的作者们一直致力于解决作者合同不公的问题。例如，英国作家协会在 2015 年发起的创造者（CREATOR）运动②、2016 年澳大利亚作家协会发起的关于公平合同运动③、2016 年国际作者论坛发布的作者公平合同十项原则④。不少国家在著作权法中明确了作者合同利益保护制度。包括明确许可转让的权利范围、合同的形式要求、合同的解释规则、终止权制度、畅销书条款、按比例报酬规则等。⑤

在对作者与制作者之间实质不公平合同的修正解释规则方面，不少学者提出采用有利于作者的狭义解释规则。⑥ 有利于作者的严格解释规则也在多国立法中得以明确。例如，法国、比利时、西班牙等国的著作权法规定，对

① See GINSBURG J C, SIRINELLI P. Private International Law Aspects of Authors' Contracts: The Dutch and French Examples［J］.COLUM. J.L. & Arts, 2015 (39): 171.

② See The Society of Authors. So A Calls for Action on Author Contracts (2015-7-8).

③ See Australian Society of Authors, Fair Contracts (2019)［EB/OL］.［2024-11-07］. https://www.asauthors.org/campaigns/faircontracts.

④ See International Authors Forum. Ten Principles for Fair Contracts［EB/OL］.(2014-08-10)［2024-11-07］. https://www.internationalauthors.org/.

⑤ See DUSOLLIER S. EU Contractual Protection of Creator：Blind Spots and Shortcomings［J］. Colum. J.L. & Arts, 2018 (41):435.

⑥ 参见熊琦. 著作权合同实质公平形塑［J］.法学，2020（6）：47-62.德利娅·利普希克. 著作权和邻接权［M］.联合国教科文组织，译. 北京：中国对外翻译出版公司，2000：209.
See MATULIONYTE R. Empowering Authors via Fairer Copyright Contract Law［J］.University of New South Wales Law Journal, 2019 (42): 4.

不明确或不完善的合同条款的解释和适用将以限制版权转让规则进行。即假定作者只会以明确方式转让。这与德国著作权法上的"合同目标转让"（Zweckiebertragungslehre）规则相近似。

除了关于法律干预作者与制作者的著作权合同正当性的讨论外，学者还对一些涉及具体典型的合同利益分配不公的问题进行了研究。例如，关于新技术带来的作品新利用方式产生的利益分配问题。Kretschmer 等学者质疑，当事人签订的权利转移合同是否能涵盖作品未知利用方式的相关权利。他们具体提出了"谁能拥有作品数字使用权"的问题，并认为应对作者合同进行规制，否则将无法改变当前"强者越强，不强者占绝大多数"的局面。[①] 再比如，未来作品著作权的不公平转让问题。如法国学者克洛德·克隆贝尔指出，"在作者转让他的现有权利时，一般合同法看来是足够的。但当合同标的为未来作品时，问题就暴露了，即作者不公平地受到合同的约束"。[②] 不少论者都关注到了这两大类型著作权合同中可能使作者受到不公平约束的问题，并在此基础上讨论相关合同条款的效力。[③]

以上的法律干预理论与立法经验为本书的写作提供了重要思路。本书在这一现实背景下，提出要对作者与制作者之间实质不公平的著作权合同进行修正解释，并在此基础上探索一条适合我国著作权产业发展需求的本土化路径。

---

① See KRETSCHMER M, DERCLAYE E, FAVALE M, et al. The Relationship between Copyright and Contract Law [J]. Social Science Electronic Publishing, 2010 (4): 1；DARLING K.Contracting About the Future: Copyright and New Media [J]. Northwestern Journal of Technology and Intellectual Property, 2012 (10): 485.

② 克洛德·科隆贝.世界各国著作权和邻接权的基本原则——比较法研究 [M].高凌翰，译.上海：上海外语教育出版社，1995：9.

③ 参见谈晓颖，张海涛.未来作品著作权的许可和转让 [J].中国出版,2006（5）:57-59.刘军华.处分未来作品权利合同的效力判断与违约责任 [J].电子知识产权，2012（9）：90-93.张敏.未来作品著作权许可转让合同的效力问题研究 [J].中州大学学报，2017（2）：60-63.

（三）关于著作权反限制合同条款的修正解释

关于著作权合同排除著作权限制的问题以及著作权法与合同法之间的冲突与协调问题，学界同样展开了深入的探讨。

当前，著作权合同常被权利人当作扩张权利的手段，特别是在数字环境下，权利人能够通过技术 + 合同的方式单方构建著作权交易条件。学者将这种合同的效力视作"私立著作权"（private copyright）。[①] 学者提出，权利人通过合同对知识产权权利限制制度予以反限制、对知识产权法不保护的客体提供保护、对知识产权进行知识产权法之外的限制，对于这些合同条款，我们需要谨慎考量其合法性。[②]

关于著作权合同排除著作权限制的问题，学界主要存在以下三种观点：

一是认为著作权合同势力已超越著作权法。如 Elkin-Koren、Hugenholtz、Guibault 和 Samuelson 均持相同观点。他们认为，虽然许可合同形式上只能对抗当事人，但因其"格式性"和"技术保护性"特征，事实上改变了传统契约的"相对性"，接近物权法的"对世效力"。[③] 著作权的制度功能可能因此而虚化，权利人成了规则制定者。[④]

二是认为现有制度框架能够解决著作权合同给著作权法带来的挑战。如

---

① See MERGES R P. The End of Friction - Property Rights and Contract in the Newton World of on-Line Commerce ［J］. BERKELEY TECH. L.J., 1997（12）: 115.

② 梁志文 . 论知识产权法的合同限制 ［J］. 国家检察官学院学报，2008（5）: 137-145.

③ See ELKIN-KOREN N.What Contracts Cannot Do: The Limits of Private Ordering in Facilitating a Creative Commons ［J］. 74 FORDHAM L. REV., 2005 (74): 375.

④ See GUIBAULT L.Why Cherry-Picking Never Leads to Harmonisation: The Case of the Limitations on Copyright under Directive 2001/29/EC ［J］. Journal of Intellectual Property, Information Technology and Electronic Commerce Law, 2010 (2): 55. 另可参见熊琦 . 著作权激励机制的法律构造 ［M］. 北京：中国人民大学出版社，2011：118.

以 Wolfson 和 Nimmer 为代表的学者认为，诸如此类的著作权合同条款即使对著作权法存在负面影响，但也无需夸大，①现行法律框架尚且足以应对。②

三是认为应进行制度改革，方能解决著作权合同带来的困境。如 Nimmer 和 McManis 认为，现行法律框架已不足以应对问题，需要制定明确的规则来积极解决著作权合同与著作权法之间的冲突。③Guibault 则提出，当前著作权法和一般法律原则均未提供适当的补救措施来纠正权利人利用标准格式合同排除著作权限制所造成的不平衡。他提出了两种解决方案：一是从立法中明确哪些著作权限制是强制性的。二是扩大有关不公平消费者合同法律规定的适用范围，使其涵盖著作权问题。例如，将偏离著作权法规定的著作权合同推定为不公平。我国也有学者提出，将任意性规范性质的著作权限制规定转变为强制性规范性质。④

可见，学者们已普遍关注到了著作权反限制合同条款可能产生的不良影响，并提出司法应进行适当干预，立法也应作出适当调整。

以上相关研究从不同角度阐述了著作权合同与著作权限制规范之间的关系，为本书提供了诸多思路，同时可作为本书论证修正解释方法解决著作权合同利益失衡问题的论据。尤其是 Kretschmer 等作者合著的著作 *The Relationship between Copyright and Contract Law*⑤，以及 *Copyright and Contract*

① See RUB G A .Copyright Survives: Rethinking the Copyright-Contract Conflict［J］. Social Science Electronic Publishing, 2017, 103 (6): 1141-1248.

② See WOLFSON J R.Contract and Copyright are Not at War: A Reply to the Metamorphosis of Contract into Expand［J］. CAL L. REV., 1999 (87): 79.

③ See NIMMER D, BROWN E, FRISCHLING G N. The Metamorphosis of Contract into Expand［J］. CAL L. REV., 1999 (87): 17.

④ 朱理. 著作权的边界——信息社会著作权的限制与例外研究［M］.北京：北京大学出版社，2011：67.

⑤ See KRETSCHMER M, DERCLAYE E, FAVALE M, et al. The Relationship between Copyright and Contract Law［J］. Social Science Electronic Publishing, 2010 (4): 3.

Law：Regulating Creator Contracts：The State of the Art and a Research Agenda[①]

和 *Copyright and Contract Law：Regulating User Contracts：The State of the Art and a Research Agenda*[②] 两篇文章，从供求两方面阐述著作权合同相关问题，为本书提供了写作的视角。文章指出，合同是管理版权产品创造和传播的核心工具，主要体现在：一是使作者可以通过合同进行交易以转化为对作者的经济奖励，从而激励创作；二是用户可以通过合同控制交易后使用作品的行为。本书正是从作品供给和作品需求两方面具体阐述如何运用修正解释方法解决作者与制作者之间的实质不公平合同问题，以及著作权合同排除著作权限制导致公私利益失衡的问题。

三、本书主要观点及可能的创新之处

本书以"著作权合同的修正解释"作为研究主题，围绕著作权合同的修正解释相关理论与实践问题进行探讨。本书在一般合同解释理论和法律解释理论的基础上，结合著作权、著作权合同的特殊性，剖析著作权合同解释的特殊性，并试图解决著作权合同打破著作权法初始权利配置平衡的问题。本书旨在分析如何运用修正解释方法使利益失衡的著作权合同重新恢复平衡，并在此基础上探寻一条著作权合同制度完善的本土化路径，以期推动著作权产业的繁荣。

本书的主要观点为：利益平衡原则是著作权法的核心原则，著作权合同打破了著作权法初始权利配置的平衡，导致著作权合同出现动态失衡现象。主要表现为：第一，作者与制作者之间的著作权合同存在实质不公平。第二，

---

① See KRETSCHMER M. Copyright and Contract Law: Regulating Creator Contracts: The State of the Art and a Research Agenda［J］. J. Intell. Prop. L., 2010 (18): 141.

② See DERCLAYE E, FAVALE M. Copyright and Contract Law: Regulating User Contracts: The State of the Art and a Research Agenda［J］. J. Intell. Prop. L., 2010 (18): 65.

对著作权限制构成反限制的合同条款打破了著作权法上的公私利益平衡。

动态失衡的著作权合同违背了利益平衡原则的要求，阻碍了著作权立法目标的实现。著作权合同修正解释方法是对自由订立的合同进行司法干预，在一定条件下否定越界著作权合同条款的法律效力，使利益失衡的著作权合同恢复平衡。

修正解释方法依赖裁判者行使自由裁量权，因此要明确修正解释的限度，即要求裁判者进行修正解释时要依据法律展开。作者与制作者实质不公平合同的修正解释展开路径主要是合同法规则及现行《著作权法》第29条的规定。著作权反限制合同条款的修正解释展开路径除合同法规则外，还包括反垄断法规则以及现行《著作权法》第4条著作权滥用规则。然而，在适用这些规则修正越界著作权合同时存在一定的局限性。

本书认为，根据《民法典》第153条，著作权法强制性规范可以作为著作权合同修正解释的展开路径。著作权法强制性规范体现了著作权立法对意思自治的干预，而修正解释是司法对意思自治的干预，明确著作权法强制性规范对著作权合同的修正解释具有重要意义。为此，本书提出，要完善我国著作权法中有关保护作者合同利益的强制性规范，将著作权限制法律规范解释为强制性规范，原则上不允许合同排除著作权法强制性规范的适用，并明确违反著作权法强制性规范的合同效力解释规则。

本书可能的创新之处主要表现在：

（1）研究视角创新。与当前多从立法论视角出发的研究不同，而本书从解释论视角出发，提出相关解释标准和解释规则的完善建议，并最终提出相关立法完善路径。此外，与当前研究多从单一层面探讨著作权合同问题且多从著作权法与合同关系角度进入不同，本书从作品供求关系的两个角度同时进行探讨。

（2）交叉学科的研究方式创新。著作权合同的修正解释不仅涉及民法、合同法、著作权法、宪法和法律解释等法律理论，同时还融合了法哲学、法社会学、法经济学等内容。例如，本书关注效率与公平的协调。从实现经济效率的角度看，著作权合同修正解释遵循合同法上的合同自由原则和促进交易原则。从实现公平的角度而言，著作权合同修正解释还应遵循利益平衡原则和合同公平原则。但当效率与公平无法兼顾时，效率往往并非法律追求的终极目标。鉴于著作权区别于一般财产权的公共属性特征，实现真正的合同正义才是著作权合同解释的终极目标。

四、本书研究方法

本书综合运用多种研究方法，在历史与比较法分析的基础上，结合我国著作权产业市场的真实场景，研究著作权合同解释的基本框架以及我国著作权合同制度的完善路径，期望能起到抛砖引玉的作用。主要研究方法如下：

（1）法历史学研究方法。根据论题搜索资料，通过文献的 搜集、整理，了解著作权的产生与发展、著作权产业市场的发展进程、市场需求的发展变化、著作权合同制度的历史和现状，以此剖析已有研究的不足之处。

（2）比较法学研究方法。通过对域外著作权合同制度的立法及司法实践进行比较，为本书的研究提供参考视角。相较于域外著作权合同的法律规制，我国著作权合同的法律规范与司法经验方面存在明显的短板，已难以适应著作权产业的发展需求。

（3）法经济学分析方法。法经济学分析方法是著作权法学者常用的研究方法，用于研究著作权许可使用问题、著作权合理使用问题、网络环境下的著作权保护问题等。本书在探讨著作权合同自治与管制的关系时，也不可避免地运用经济分析方法来分析合同自由的限度。例如，以市场失灵理论的法经济学分析理论研究著作权限制的立法理由，解释著作权反限制合同条款的效力。

五、本书结构与基本思路

本书共分为三部分：导论、正文和结论。正文部分共有五章内容。前四章为著作权合同解释理论部分，第五章是著作权合同解释方法具体适用的典型情形。

导论部分概括指出了本书的选题理由、国内外研究现状、本书的主要观点、创新之处、基本思路和研究方法等。

正文部分的总体思路是围绕著作权、著作权合同以及著作权法的特殊性，提出著作权合同修正解释的现实背景，即著作权合同打破初始权利配置平衡的两种情形。接着提出著作权合同修正解释的理论依据，即著作权法的利益平衡原则，分析要恢复著作权合同的动态平衡应采用修正解释方法。最后阐述修正解释的展开路径及相关完善建议。具体而言：

第一部分是著作权合同解释的一般原理。包括内涵界定、著作权合同解释的一般性和特殊性、著作权合同解释的标准和基本方法三部分。首先，借鉴合同解释理论阐述了著作权合同解释的定义、主体、对象和性质等基本内容。其次，在分析著作权、著作权合同、著作权法特殊性的基础上重点阐述著作权合同解释的特殊性。这部分强调为实现著作权立法目的，在一定情形下需要对著作权合同进行修正。最后，简要论述著作权合同的解释标准和基本方法。

第二部分提出著作权合同修正解释的现实背景。该部分以实证分析方法论述著作权合同中初始权利配置动态失衡的两种表现：即作者与制作者之间著作权合同的实质不公平问题，以及著作权合同被作为权利扩张手段而导致公私利益失衡的问题。该部分具体描述了利益失衡的著作权合同的产生、具体表现形式、具体争议问题等。

第三部分阐述著作权合同修正解释的理论依据，即著作权法的利益平衡原则。首先，阐述著作权法利益平衡原则的内涵及其与著作权立法目的的关系。其次，提出著作权合同解释的目标是使动态失衡的合同恢复平衡，动态平衡是利益平衡原则的内在要求。最后，针对第二部分所提及的两种动态失衡的著作权合同，提出修正解释通过司法干预越界著作权合同条款效力的方式来恢复合同主体的利益平衡。

第四部分提出著作权合同修正解释的展开路径。首先，修正解释是司法机关发挥主观能动性对当事人意思自治的干预，因此不应随意发挥而应有限度。控制修正解释的限度就是要求司法机关依照法律展开修正解释。其次，该部分阐述修正解释的可能展开路径，并分析现行法律路径可能存在的局限性，进而提出裁判者行使修正解释权应依据著作权法强制性规范进行。最后，在分析违反著作权法强制性规范的合同效力理论基础上，阐述我国应从两个层面确定和完善著作权法强制性规范。一方面，为保障作者与制作者之间著作权合同的实质公平，应在著作权法中规定作者合同利益保护的强制性规范。另一方面，为防止著作权人利用著作权合同扩张私权而导致著作权公私利益失衡，应明确著作权反限制合同条款的修正解释规则。

第五部分是著作权合同修正解释的具体适用，以几项典型著作权合同争议为例。该部分在前面理论研究的基础上，分析著作权合同修正解释的具体运用。这部分主要分析三项具体类型的著作权合同，包括：未来作品著作权许可转让合同、涉作品未知利用方式的合同和网络授权许可合同。

结论部分对本书要解决的核心问题进行概括总结，强调要对利益失衡的著作权合同进行修正，构建保护作者合同利益的强制性规范体系及将著作权限制规范解释为强制性规范，并完善著作权反限制合同条款的修正解释规则。

第一章

修正解释的理论前提：著作权合同解释的基本范畴

　　本章旨在探讨著作权合同解释的基本问题，包括著作权合同、著作权合同解释的界定、著作权合同解释的一般性与特殊性，以及著作权合同解释的标准和方法。著作权客体的公共属性特征、著作权法的政策工具属性特征致使著作权合同解释具有不同于一般合同解释的特殊性。这些特殊性使得裁判者在适用合同解释规则解决著作权合同纠纷时面临明显的困境。本章阐述著作权合同解释的基本范畴问题，以为后面章节的论述奠定理论基础。

第一节　基本概念界定

　　研究对象的确定是研究的前提。本节主要将合同与合同解释的一般理论与著作权的特殊性相结合，具体分析著作权合同的定义、类型、特征，以及著作权合同解释的主体、对象和性质等内容。

一、著作权合同

（一）著作权合同的界定

合同，是人们完成商品交换、通过商业交换满足自身与他人需求的主要方式。这种方式远比政府分配、行政命令更为高效。无数的合同行为构建了市场，并有效地配置了市场资源。有学者表示，"社会财富多半是由允诺组成的，[①] 合同居于优越地位[②]，合同时代已然到来"。

从《辞源》对契约含义的解释来看，"契"是刻在兽骨上的文字，"约"指当事人的合意，古人通常将契约一分为二，各执一半，相互约束。在履行契约时，将两部分合二为一，此为"合同"。《中华人民共和国合同法》（以下简称《合同法》，2021 年 1 月 1 日废止，现已被《民法典·合同编》取代）明确合同是民事主体之间设立、变更、终止民事法律关系的协议。在日常生活中，"契约"与"合同"被视作同义语。现代出版的图书也明确"契约即合同""合同即契约"。[③] 此外，实务中及一些著作中所称的协议也为同义。因此，本书中所提及的合同、契约和协议均为同义语。著作权契约、著作权合同、著作权协议（版权协议）亦为同义语。

著作权合同是权利人实现作品经济效益的主要法律手段。目前，我国《民法典·合同编》《著作权法》对于著作权合同并无明确定义。本书基于合同的一般概念，引申出著作权合同的概念。著作权合同，指的是当事人以设

---

① POUND, ROSCOE. An introduction to the philosophy of law［M］. New Haven: Yale University Press, 1959: 236.

② 我妻荣 . 债法在近代法中的优越地位［M］. 王书江，张雷，译 . 北京：中国大百科出版社，1999：2.

③ 参见费安玲 . 著作权法教程［M］. 北京：知识产权出版社，2003：135.

立、变更、终止著作权法律关系为目的的一种协议。狭义上，著作权合同主要围绕著作权的利用方式（如许可、转让）而订立的著作权许可合同、著作权转让合同等。广义上，著作权合同则包括与处分著作权有关的所有著作权条款和协议。全国文化信息资源共享工程国家中心于 2003 年 6 月编写的《著作权合同签署规范》规定，依据《著作权法》和《合同法》等法律法规制定本规范，本规范中的著作权合同分为著作权许可合同与著作权转让合同两种。然而，学界对整个著作权合同制度的研究相对较少，主要集中在著作权许可和转让这两种著作权利用制度上。

（二）著作权合同的分类

根据不同的标准，学界对著作权合同做了以下分类：

第一，以著作权转移方式的不同，著作权合同可分为著作权许可合同、著作权转让合同、著作权质押合同、著作权赠与合同等。当前学界主流主要以著作权利用方式对著作权利用制度进行研究。

第二，根据著作权的种类，著作权合同可具体划分为出版合同、表演合同、翻译合同、改编合同。

第三，根据著作权合同的订立方式，著作权合同可分为口头著作权合同和书面著作权合同。

第四，根据著作权合同的效力，著作权合同可分为有效的著作权合同和无效的著作权合同。

由于著作权的转移主要通过许可和转让两种方式进行，因此大部分关于著作权合同的研究也主要围绕这两种合同进行。因此，无论从理论上还是实务中，著作权许可合同和著作权转让合同都具有重要意义。本章讨论著作权合同解释问题时，也将主要围绕这两种合同展开。

著作权转让合同，指的是著作权人或其代理人将其所有的著作权的部分或全部移给他人的合同。由此产生的法律后果是，受让人基于著作权转让合同成为已转让部分或全部著作财产权的所有者。基于其著作权所有者的地位，其享有在著作权法意义上对某一权利类型或全部著作财产权进行利用、受益和处分的权利。并且，在第三方侵害其所受让的著作财产权时，受让人有权以自己的名义单独提起诉讼。

根据著作权转让的范围，还可将著作权合同分为著作权全部转让合同和著作权部分转让合同。然而，实践中对于是否允许全部转让著作权（即著作权"买断"）存在不同看法，下文将专门讨论著作权买断合同条款的效力。

著作权许可合同，指的是著作权人或其代理人授权他人以特定的方式对作品进行使用和收益的合同。著作权许可合同转移的是作品的使用权，该使用权可根据利用方式的不同进一步细分。作者可以选择授予出租权、广播权、信息网络传播权、改编权、翻译权、汇编权等著作财产权中的一项、多项或全部权利。著作权许可合同通常是有限期的，被许可人不享有对所获得权利的处分权能，即未经著作权人的同意，被许可人不能转让授权，更不能转让他人。

根据专有权的范围不同，著作权许可合同又可分为专有许可合同和非专有许可合同。非专有许可合同，指的是著作权人授予他人以非专有的方式使用作品的合同，即非专有许可合同的被许可人无权阻止著作权人自己使用或授权第三人行使同种权利。

有学者认为，非专有许可合同实质上是一种债权合同，因其并未使著作财产权人的任何一种著作财产权或其中任何一种权能发生转移，而仅使著作财产权中的消极权能受到一定程度的限制（即被许可人可以以此抗辩著作权人提出的侵权赔偿请求）。[①] 被许可人基于非专有许可合同取得的是一种债权，

---

① 刘波林 . 著作权合同制度研究［M］// 郑成思 . 知识产权研究（第 2 卷），北京：中国方正出版社，1996：81.

被许可人可以请求著作权人容忍其行使合同约定的权利，著作权人则可请求支付报酬。在某些国家（如德国）规定了被许可人在取得著作权后，负有尽力开发和利用作品的法定义务，否则作者享有召回权。但由于非专有许可合同并未妨碍著作权人自行行使或授权第三人行使相同权利，因此不会影响作品的充分开发和利用，因此，除非当事人另有约定，否则不应作著作权人取得请求被许可人使用作品的解释。此外，第三人若构成对著作权的侵害，非专有许可合同的被许可人也不得以侵害其被授予的使用权（一种相对权）为由，向第三人主张侵权或代著作权人提起诉讼。

专有许可合同，是指著作权人授予他人以专有的方式使用作品的合同。根据是否能排除著作权人本人行使，专有许可合同又可分为独占许可和一般专有许可。独占许可，是指被许可人有权要求著作权人不自行行使也不授予第三方行使著作权。而一般专有许可则不能排除著作权人本人的行使。

对著作权合同类型的解释是适用法律规范、判断著作权合同产生的法律效果的前提。厘清著作权合同的种类，有助于我们分析不同类型的著作权合同产生的法律效果。在解决著作权合同争议时，首先需要分清合同涉及的权利转移是限期内的授权许可还是转让，是许可还是其他形式的权利处分。

二、著作权合同解释

（一）著作权合同解释的含义

所谓解释，依据我国词典的释义，解释意为阐述、分析或说明含义、原因、理由等。[①] 在法律日常活动中，对法律文件进行解释是一项极为重要的活动。美国法学上将解释（interpretation）理解为发现和确定成文立法、遗嘱、

---

① 中国社会科学院语言研究所词典编辑室. 现代汉语小词典［M］. 北京：商务印书馆，1990：277.

合同或其他书面文本的含义的技巧或过程，是对用以表达观念的符号的真实意思的发现和描述。法律解释的对象既涵盖立法，也包括遗嘱及其他法律行为。合同解释属于其中的法律行为解释。而美国学者利斯顿和科宾将这两层含义用 interpretation（解释）和 construction（推释）来概括，前者侧重于从语言符号方面确定含义，后者则侧重于合同的法律效果的确定过程（可能从合同条款整体、合同语境甚至合同所涉及的法律政策方面来确定）。[①] 在英国，解释被分解为两层含义，一是词语本身的含义，二是这些词语所被赋予的法律后果。

不同国家对于合同解释的范围存在差异，我们可依据解释范围的不同将合同解释分为狭义上的合同解释和广义上的合同解释。狭义的合同解释主要针对合同争议条款的解释，而广义的合同解释则包含了非争议条款的解释。例如，王泽鉴先生认为任何契约都需要进行解释，即使是无争议的条款，条款明确，也是解释的结果。[②] 同样，崔建远教授也认为，不论合同用语是否清楚，均需解释。[③] 解释的目的包括辨明合同含义、了解当事人真意、漏洞补充及合同的效力评价等方面。[④]

以上对于合同解释的定义体现了狭义合同解释和广义合同解释的区别。本书所称的合同解释，指的是通过解释机关解释和确定合同含义，试图探寻当事人真实意思、确定当事人之间权利义务分配的过程。本书主张广义上的合同解释，合同解释不仅要分析阐述文本语言上的含义，更要分析阐述合同内容产生的法律后果。本书不赞同解释仅对有争议条款进行解释、无争议条款只作为解释参照的观点。理由是，即便当事人对合同条款无争议，法官也应作出妥适性的解释，进而作出真正正确和公平的判决。

---

① 参见齐佩利乌斯 . 法学方法论［M］. 金振豹，译 . 北京：法律出版社，2009：8-10.
② 王泽鉴 . 民法总则·增订版［M］. 北京：中国政法大学出版社，2001：403.
③ 崔建远 . 合同解释辨［J］. 财经法学，2018（4）：60-77.
④ 崔建远 . 合同法（第三版）［M］. 北京：法律出版社，2003：299.

（二）著作权合同解释的主体

从广义上讲，任何人都有可能成为著作权合同解释的主体。相关主体在确定著作权合同内容之前，需要对著作权合同条款与相关的资料进行阐述和说明。仅从分析说明文本内容的角度而言，任何人都可能进行合同解释活动。例如，当事人需要说明合同订立时双方意见的确定过程。当著作权合同纠纷诉至法院后，所有参与诉讼活动的人员都需要从自身角度进行解释作业，包括司法裁判人员、合同当事人、合同利害关系人、代理人、证人等。此外，从事学术研究或者案例分析的学者也需要对合同进行解释。其他行政主体或者管理组织也难免会对合同条款的含义发表看法，如消费者协会在处理消费投诉纠纷时对消费合同进行解释。

从狭义上讲，著作权合同解释主体仅指有权解释主体。有权解释主体是指当著作权合同纠纷诉至司法机关时，由法院或者仲裁委员会对著作权合同进行解释而产生具有法律约束力的内容。[①] 一是因为在当事人未产生争议或即使产生合同纠纷但以协商方式解决纠纷时所产生的合同解释被认为不具有法律价值。二是在司法活动（包括诉讼和仲裁）中，需要由司法机关（法院和仲裁机构）根据来自资料、当事人及各方诉讼参与人的说明，甄别出能作为判决依据的事实依据和法律依据，作出最终的裁决。因而学者认为在处理著作权合同纠纷案件中，司法机关对合同条款所做的法律事实说明才是真正具有法律意义的权威性解释。[②] 这并非贬低当事人及其他诉讼参与人、学者对合同所做的解释说明。相反，在选择将被赋予法律效力的合同条款含义时，

---

① 参见王利明，崔建远.合同法新论·总则［M］.北京：中国政法大学出版社，2000：472.
② 参见苏惠祥.中国当代合同法论［M］.长春：吉林大学出版社，1992：246.

司法机关会将这些说明作为参考素材。① 并且，有权解释主体的解释也有利于有权解释主体总结案件经验和解释规则以指导未来的审判实践。

合同解释的目的在于将合同中不够明确和不够具体的内容明确化、具体化，进而明确当事人的权利义务。因此，在合同纠纷诉至法院前，当事人事后达成协议进行补充解释或者当事人无争议地在合同履行过程中所做的合同解释说明虽属于合同解释的范畴，但对此进行研究没有太大的法律价值。

本书主张著作权合同解释主体应是法院和仲裁机构。② 这是因为：第一，法院和仲裁机构行使司法权是人民赋予的权力，司法活动的被动特性是司法机构行使合同解释权的正当性基础。第二，法院和仲裁机构中立裁判者的地位是法律赋予的，其有义务也有能力使合同中的权利义务予以明晰。第三，有权解释主体的合同解释能为广义上任何主体所做的合同解释提供参考，研究有权解释主体的合同解释有助于将合同争议在诉讼前解决，因此本书重点研究有权解释主体的合同解释。

（三）著作权合同解释的对象

1.合同解释对象的争议

拉伦茨和沃尔夫教授认为，解释的对象只能是表示行为，即外在可识别的表示事实，而非内在意思。而其他需要考虑的情况，如合同订立前的谈判、存在长期业务往来的交易习惯、老客户间的特殊语言、当事人订立合同前的表达或者其他附随现象（如拍卖会中的举手行为或者指向行为等）等只是合同解释的线索和辅助手段。③ 正如科宾所言，解释对象不仅包括合同文本，还

---

① 参见崔建远.合同法［M］.北京：法律出版社，2000：323.

② 本书中提到的裁判者或裁判机关即包括法院和仲裁机构这两个行使合同解释权的主体。

③ 卡尔·拉伦茨.德国民法通论（下册）［M］.王晓晔，邵建东，程建英，等译.北京:法律出版社，2003：464-465.

包括合同的背景因素。^①有学者从广义的合同解释概念出发，认为无争议条款也需要解释，而"无待解释的，亦是解释的结果"。^②但也有学者从狭义的合同解释概念出发，认为合同解释应只针对有争议的条款进行解释，无争议条款无需进行解释。理由是，法官对无争议条款进行解释容易导致法官过度干预私人领域的客观效果。^③本书认为，从整体解释的合同解释方法可以推导，合同解释不应局限于争议条款，因为要辨明有争议条款的真实含义和当事人的真实意图，就必须将合同视为一个整体，对所有条款进行结合解释，不能受限于争议条款。要探明合同当事人纠纷的真相，往往，不可避免地要将合同从谈判到订立再到履行的整个历史过程资料纳入解释范围。合同解释甚至还包括对合同类型和性质的界定，以及契约意思不正时的修正。^④

2.解释的概念、目的和功能对合同解释对象的影响

合同解释对象之所以会产生众多争议和讨论，根源在于解释的概念、目的、功能存在诸多分歧。

其一，就解释概念而言，如果将合同的漏洞补充、著作权合同条款的效力判断纳入合同解释的范畴，那么解释对象属于广义的合同解释。合同解释对象不仅包括合同的所有条款内容，还会扩展到与合同订立有关的相关背景情况。

其二，从解释目的进行分析，解释目的在于为什么解释，而解释对象在于解释什么。解释目的指导解释的过程，^⑤如果解释目的在于重构当事人的意图则需要听取当事人在合同谈判时的意图。^⑥由于著作权是私权属性与公共政

① 雷继平.论合同解释的外部资源［M］.北京：中国法制出版社，2008：19.

② 王泽鉴.民法总则·增订版［M］.北京：中国政法大学出版社，2001：403.

③ 李永军.合同法［M］.北京：法律出版社，2004：538.

④ 邱聪智.民法研究（一）［M］.北京：中国人民大学出版社，2002：40.

⑤ 参见雷继平.论合同解释的外部资源［M］.北京：中国法制出版社，2008：18.

⑥ 参见理查德·A·波斯纳.法律与文学［M］.李国庆，译.北京：中国政法大学出版社，2002：278.

策属性并存的权利，著作权合同解释既要考虑当事人的缔约目的，也要考虑合同解释后所引致的社会后果。针对这一解释目的，著作权合同解释的对象必须是广义上的。除著作权合同条款文本本身外，著作权合同的名称、著作权合同订立意向书、备忘录、著作权合同的脚注、著作权合同的形式，甚至著作权合同主体都会成为著作权合同解释的对象。

其三，从合同解释的功能来看，如果认为解释只是为了解决争议条款所涉及的问题，那么解释对象可能仅局限于该争议条款。但是，合同解释往往还需要考虑合同条款所引发的法律效果的判断，即使是当事人无争议的条款，也不能排除法院依职权审查合同条款是否违反法律、是否违背公共利益、是否违背公共政策的实施。尤其是著作权合同除了受合同法规则的约束，还受到著作权法规则的约束。在著作权合同效力解释时则必须解释著作权法律规范，甚至在著作权法未有明确规定时，还需要解释著作权法的立法目的和基本原则。

3.著作权合同解释对象的具体化

任何合同纠纷诉至法院，在需要法院确定合同效力之前都需要经过合同解释。① 确定著作权合同解释对象是解决纠纷的前提。并且，法律规范越是抽象概括，在适用时就越离不开法官的解释作业。② 我国著作权立法较为粗放，合同法中没有著作权合同的专门规范，我国也尚无专门的著作权合同立法，当前我国著作权合同解释的任务相对更为繁重。

第一，合同条款是最基本的合同解释对象。

由于合同文本是当事人意思表示确定下来的客观依据，只有围绕合同文本作出的合同解释才是客观解释。法官应围绕合同文本来"发现"合同，而非"创造"合同。在进行合同解释作业前，必须首先有一个确定的解释对象，以避免多头进入解释的逻辑混乱。从文本中提取的要素通常比单纯根据背景

---

① See GLASSER M K, ROWLEY K A. On Parol: The Construction and Interpretation of Written Agreements and the Role of Extrinsic Evidence in Contract Litigation［J］. Baylor Law Review, 1997 (49): 657.

② 勒内・达维德. 当代主要法律体系［M］. 漆竹生，译. 上海：上海译文出版社，1984：90.

确定的意图指标更具说服力。①尤其是合同的目的或相异性解释的潜在后果能从整个文本中体现。②

第二，著作权合同主体可作为著作权合同解释的对象。

法院会根据合同主体的不同而进行不同的利益考量。著作权合同主体可能是作者、通过权利继受取得著作权的被许可人、著作权受让人，可能是平台中介、作品传播者和使用者，不同的主体身份可能影响法院在处理著作权合同纠纷时所做的利益考量，直接影响审判结果。若著作权合同内容涉及使用者，则法官将会以条款是否违反首次销售制度、法定许可制度、强制许可制度、合理使用等著作权限制制度来解释该合同条款的效力。若著作权合同内容涉及的当事方是作者，则需要考量所交易的权利是否属于作者的专属权利，作者的缔约地位等因素。此外，合同主体是承担合同项下权利义务的主体，主体是否适格在某些情况下会影响合同的效力。③

第三，周围情事可作为著作权合同解释对象。

所谓周围情事（Surrounding Circumstances），包括合同订立时的社会背景、制度背景、缔约过程、履约过程、习俗、交易习惯等。④合同条款含义的解释必须结合周围情事进行。一是文字是多变且易变的，会因使用的场合和时间的不同而发生变化。⑤二是合同是一个缔约的过程，解释合同需要结合缔约的整个过程。三是合同解释中的目的解释和历史解释也内在地注重在解释合同文字时关注周围情事。⑥具体到著作权合同解释，著作权合同的磋商、订立过程以及著作权协议的类型、协议订立的技术条件背景、法律背景等周围

---

① See CATTERWELL R. Striking a Balance in Contract Interpretation: The Primacy of the Text［J］. Edinburgh Law Review, 2019 (23): 52

② 同上。

③ 参见崔建远.合同解释的对象及其确定［J］.华东政法大学学报，2018（5）：6-16.

④ See, e.g., Lischem Corp. v. Atomic Energy Org. Of Iran, 7 Iran-U.S. CI. Trib. Rep. 18, 23（1984-III）.

⑤ See Towne v. Eiener, 245 U.S.418, 425(1918).

⑥ See New England Structures v. Loranger, 234. N.E.2d 888(Mass.1968).

情事都必然影响著作权合同解释的结果，故可能成为著作权合同解释的对象。但应当指出，"交易所处的情事"规则的重要性不能过分强调，[①]需要结合其他"外部证据（extrinsic evidence）进行考虑。例如，在审理 Asset Marketing System, Inc. v. Gagnon 案时，法院就将 Gagnon 提交的《供货商协议》以及 Gagnon 反对对方公司修改的《供货商协议》的信件等未经签字的合同作为认定提交合同方意图的证据。[②]

第四，合同前初步协议／意向协议有条件地作为解释对象。

在订立正式合同之前，当事人常常会先达成一项初步协议／意向协议／备忘录／临时协议。至于这类合同前的协议能否作为合同解释的对象，当事人是否应受此类协议的约束常有争议。例如，在未来作品著作权许可转让合同的洽谈中，若作者与小说网络平台就未来作品的著作权进行许可或转让达成协议，这一协议在合同纠纷产生后是否作为合同解释的对象的问题。有人认为，初步协议只是起到约定未来签订正式合同的作用，属于一种要约邀请性质，若之后不订立第二份正式合同，则这份初步协议不可能构成有约束力的协议。而一般观点认为，只要该协议满足一般合同的成立要件，就能对当事人生效。本书赞同一般观点，至于未来订立正式合同的意图，不应影响已签订合同的法律约束力。初步协议、意向性协议、备忘录依其上载明的意思表示构成本约的，自然是合同解释的对象。符合预约条件的，亦为合同解释的客体。即便只是预约性质的初步协议或意向协议，其不具有积极的法律约束力，本身并非合同解释的对象，但可作为合同的周围情事。[③]

第五，著作权合同的名称、注脚和序言有条件地作为解释对象。

---

① 崔建远 . 论合同解释的历史方法［J］. 甘肃社会科学，2019（2）：101-108.

② See Asset Marketing System, Inc. v. Gagnon，542 F. 3d 7448(9th Cir.2008)［M］//朱莉・E. 科恩，莉蒂亚・P. 劳伦，罗斯・L. 欧科迪奇，等 . 全球信息经济下的美国版权法（下）. 王迁，侍孝祥，贺炯，译 . 北京：商务印书馆，2016：973.

③ 崔建远 . 合同解释的对象及其确定［J］. 华东政法大学学报，2018（5）：101-108.

合同的名称在英国法中被认为是达成正确解释的一个不安全指引，因此，英国法明确规定：合同名称不得使条款的内容不肯定。[①] 我国则规定应根据合同约定的权利义务内容来确定合同的性质、适用的法律法规和管辖的法院，这实际上是否定了合同名称成为合同解释对象。在著作权合同纠纷案件中同样如此，尤其是提供合同的一方往往为了自身的利益，将合同命名为对自己有利的名称。例如，名为著作权许可合同，实为转让权利，或者相反，或者名为"委托创作"，实际为转让著作权。因此，在解释著作权合同时，更不应依据名称确定合同性质。将合同中的注脚（marginal note）作为解释对象同样被认为是不安全的。[②] 理由同上。合同序言能否作为合同解释的对象需要具体问题具体分析。一般合同序言会交代合同签订的事实背景，表达未来的期盼等。序言通常以"鉴于……"为开头，"鉴于"条款通常不作为允诺或条件来起草，[③] 一般不涉及合同的主要条款内容，此时可作为周围情事解释。但在特定情形下，若序言中包含合同要点则可能成为合同解释的对象。[④]

（四）著作权合同解释的性质

合同解释的性质存在事实问题说、法律问题说、折衷说三种主要观点。[⑤] 合同解释的性质探究的意义主要体现在以下几个方面：

其一，合同解释的不同定性会影响民事诉讼程序和诉讼结果。例如，《中华人民共和国民事诉讼法》规定，如果原审法院在审理案件中存在事实认定

---

① 杨良宜.合约的解释［M］.北京：法律出版社，2007：86.

② 同上。

③ E·艾伦·范斯沃思.美国合同法（第3版）［M］.葛云松，丁春艳，译.北京：中国政法大学出版社，2004：470.

④ 崔建远.合同解释的对象及其确定［J］.华东政法大学学报，2018（5）：101-108.

⑤ 参见史尚宽.民法总论［M］.北京：中国政法大学出版社，2000：459.韩世远.合同法总论［M］.北京：法律出版社，2012：700.匡爱民.合同法学［M］.北京：中央民族大学出版社，2012：164-165.

错误或事实认定不清等问题，二审法院在重新查清事实后，可依据新认定的事实直接改判、撤销原判或发回重审。但如果原审法院仅存在适用法律错误的问题，二审法院则仅会做出变更判决。

其二，合同解释的不同定性决定了裁判者的思维方式不同。在思维方式上，法的适用以严格区分法律问题和事实问题为前提。① 因此，合同解释的不同定性可能影响裁判者适用不同的法律。

其三，合同解释的不同定性会影响裁判者司法干预的程度。若合同解释被定性为事实问题，法官在解释时应绝对尊重当事人的意思自治，从事实发现的角度出发，避免司法的不当介入。然而，若合同解释被定性为法律问题，裁判者在解释合同时则需加入更多的价值判断和法律适用，并有义务对事实认定的理由及合同解释论点的选择进行充分说明，从而使司法权力的运用受到制约。②

本书认为，著作权合同解释的本质是法律问题。理由是：当事人将合同纠纷诉至法院时，裁判者需进行事后解释作业。在进行文义选择时，裁判者不可避免地会掺入个人主观上的价值判断。即使只是对合同文本的阐明解释，也并非单纯的事实问题，因为阐明解释的最终目的是给合同赋予某一法律后果，否则阐明解释便失去了其存在的意义。至于补充解释和修正解释，裁判者在进行此类解释时可能更无视当事人的意思表示，从而在判决中更多地掺杂了主观价值判断。

下文在阐述著作权合同解释方法时，将更能体现著作权合同解释的法律性质。尤其是当法官为实现著作权合同解释目标而需要对当事人合同利益进行平衡时，其不可避免地要对越界的著作权合同进行修正。而修正解释更是充分展现了法官在裁判中的主观价值判断。因此本书认为，著作权合同解释的性质是法律问题。

---

① 王亚新.民事诉讼中的依法审判原则和程序保障［M］//雷继平.论合同解释的外部资源.北京：中国法制出版社，2008：256.

② 雷继平.论合同解释的外部资源［M］.北京：中国法制出版社，2008：256.

第二节　著作权合同解释的一般性和特殊性

著名德国合同法学者卡拉里斯与格里格雷特曾说："合同解释是合同法上无所不在的现象。[①]"著作权合同作为民事合同之一，其需要解释既有合同解释的共性原因，也（因其客体的特殊性）具有自身的特殊性。

一、著作权合同解释的一般性

（一）合同解释的缘由

著作权合同之所以需要解释，是因为其具有与一般合同相同的需要解释的原因：

第一，文字作为合同内容的载体具有多义性特征。由于文字的多义性，合同文本易产生字义模糊，文字、句子和合同结构存疑等情况。裁判者必须对这些模糊、存疑的字句进行解释，才能判明合同当事人的真实意思。模糊、存疑字词的使用，可能是由于字词本身难以避免地存在歧义，也可能是当事人文化水平所限而不慎使用了有歧义的字词，甚至可能是某一方当事人（尤其是提供合同的一方）为了规避法律或获取不当利益等目的而故意使用不恰当的词句。

第二，当事人在订立合同时的主客观因素为合同解释争议埋下隐患。一方面，合同当事人常常对法律规定和术语表达缺乏充分的理解与掌握。另一方面，在订立合同时，当事人双方往往更关注合同价款、履行地点、时间等

---

① See RASMUSSEN S. Interpretation of Contracts [J]. International Journal of Legal Information, 2007 (35): 579.

条款，而对著作权许可转让的方式、范围等核心内容约定过于简单或较为模糊。由于当事人总认为不言而喻，所以只是一笔带过或使用了一些不规范的用语。这导致当事人常错误陈述自己的意思，甚至造成真实意思表示与书面表达相差甚远。不规范的合同用语表达不仅为双方在履行过程中产生争议留下隐患，也给法官进行合同解释带来了困难。[①]

第三，不完整合同使裁判者在裁判前必须首先进行合同解释。不完整合同（incomplete contract），通常是较为简单、模糊或者保留更多弹性的合同，指的是当事人缔约时未提前预料合同履行期内可能发生的所有情形，从而使得合同存在漏洞或在未来情事出现后再协商和调整的弹性。[②] 不完整合同常受合同主体有限理性的影响，即人无法对未来情事变化作出准确预测。不完整合同还受交易成本的影响，即，即使能够预测到未来可能发生的情事变化，但将所有内容纳入合同中会带来过高的谈判成本、协商成本、时间成本等。缔约成本过高将导致合同迟迟无法达成，进而可能导致错过交易的最佳机会以及成本与收益的失衡，最终阻碍交易的产生。例如，涉及未来作品的著作权许可转让合同以及涉及作品未来使用方式的合同就是典型的不完整合同。当事人对此很难做到完整预测并做出具体约定，当此类合同纠纷诉至法院时，法院必须对合同约定进行解释后再作出裁决。

（二）合同形态多样使合同解释具有复杂性

解释学本身博大精深，不但涉及公平与正义理念，而且牵动政策及效率考量，凸显出多元的取舍与抉择的可能性。[③] 即便是在大陆法系与英美法系中

---

① 杨德嘉.论影视作品合同的解释［M］//中国社会科学院知识产权中心，北京市高级人民法院知识产权审判庭.知识产权办案参考（第7辑），北京：中国方正出版社，2003：47.

② 参见王文宇.合同解释三部曲——比较法观点［J］.中国法律评论，2016（1）：60-89.

③ 同上。

经济发达、法律体系完备的国家，面对合同纠纷，也会有不同的价值考量和不同的解释规则。合同的多样性、技术时代的变化发展等因素致使合同解释更为复杂，需要依赖裁判者综合运用多种解释方法来进行。

具体而言：首先，合同样态繁多，合同解释遂成为复杂的课题。不同的合同形态，性质各异，所涉及的合同主体关系不同，利益分配也必然有所差异。例如，B to B（business to business）合同（即企业对企业合同）与 B to C（business to consumer）合同（即企业对消费者合同）的复杂程度不同，法官在其中的利益取舍、法律价值判断也存在差别。

其次，前文提到，根据不同的标准可对著作权合同做出不同的分类。不同类型的著作权合同所涉及的主体不同，权利范围有别，这些因素都要求裁判者根据合同性质做出相适应的法律效果解释。

此外，经济技术的变化要求合同解释因势而变。技术的变迁带来合同形态的变化，使得裁判者需要跟随时代变化找到合同形态、合同内容的本质区别，在合同解释作业中做出适时调整。当前处于数字时代，当事人的缔约方式、缔约内容，甚至合同主体身份都呈现出复杂的多元化特征。例如，网络授权许可合同就是互联网时代发展的产物，其既具有与传统著作权许可相同的本质（本质都是著作权许可关系），同时又具有时代特征（在线性、格式性）。

（三）合同解释的一般规则

著作权合同作为一种民事合同，其核心同样在于意思表示。著作权合同同样遵循合同的成立、生效要件。在著作权法无特别规定的情况下，应以合同法规则进行解释。

第一，对于著作权合同成立的解释适用合同法上的成立规则。在"蛇票案"中，双方当事人就"原告向被告邮政局和邮票印制局提供参赛稿件

'剪纸'图案，被告出具'资料费'收条"的行为是否表明作品著作权许可合同已成立。对此，一审法院和二审法院作出了不同的裁决。一审法院认为，无论原告是依约供稿，还是主动投稿，都属于为邮票印制局制作邮票而进行的创作。原告也预知到自己的剪纸可能会印制成邮票，因此根据交付剪纸的行为推定原告已许可被告"在制作辛巳蛇年生肖邮票时以适当方式使用剪纸图案"。① 然而，二审法院却认为，邮票图案供稿评选和制作邮票是分离的，作者完全可以在被选上后再与被告就合同内容进行协商，并另行签订合同。②

　　本案的焦点在于，解释评选活动通知与供稿行为二者是否构成要约与承诺，"资料费"是否构成使用作品的"许可费"。在此案中，双方都没有其他证据证明合同关系的存在与否。有学者认为，可运用法律判断的证立理论评析该案。"法学理论不可能被证实，但它能够和必须被证立。"③ 判决的科学性也可依此判断，即是否完成自身的证立。由于在特定社会环境下，法律规范的表述、法律的原则、社会的价值观等是相对确定的，社会成员对于合理性的认识，存在一个相对确定的基准。④ 法院最终适用合同法一般法则论证不存在许可合同关系。

　　第二，关于著作权合同成立的形式要件也同样参照合同法的一般规则。例如，根据《著作权法》第27条，一般情况下，著作权的转让必须采用书面形式。但《最高人民法院关于审理著作权民事纠纷案件适用法律若干问题的解释》第22条规定，如果著作权转让合同未采取书面形式时，法院将会依据合同法第36条和37条审查合同是否已成立。

---

① 参见北京市第一中级人民法院（2001）一中知字第185号民事判决书。

② 参见北京市高级人民法院（2002）高民终字第252号民事判决书。

③ 阿图尔·考夫曼，温弗里德·哈斯默尔. 当代哲学和法律理论导论［M］. 郑永流，译. 北京：法律出版社 2002：453.

④ 李琛. 知识产权片论［M］. 北京：中国方正出版社，2004：139.

第三，著作权合同的解释，应遵循一般合同解释的证据规则。在当事人谈判力量相当的情况下，若承担举证责任的一方无法提供证据，则需承担举证不利的法律后果。

以最高人民法院再审的"百事通公司与被申请人乐视网公司及一审被告康佳公司、国美公司侵犯作品信息网络传播权纠纷案"为例，法院认为，百事通公司与乐视网公司签订的《节目授权播出协议》中，三处均明确约定了授权范围，且以小体字部分注明播放权利范围"不包括数字电视、不包括互联网机顶盒和互联网电视机"。百事通公司主张该小体字部分为"衍文"，属于笔误，并据此主张其未超出播放范围，未侵害乐视网的信息网络传播权。

然而，法院认为，合同及附件中三处均提及相同约定，且百事通公司未提供其他证据证明该约定属于笔误。并且，该公司在合同履行过程中也未曾提出变更或撤销合同条款的请求。因此，"笔误"的主张不成立。百事通公司通过康佳公司的互联网电视播放涉案影片的行为，属于超出授权范围的行为，侵犯了乐视网公司的信息网络传播权。[1]可见，在本案中，两公司力量相当，对某些词语的含义和合同约定都应理解和把握，不存在不公平的情形。

二、著作权合同解释的特殊性

之所以需要专门的著作权合同解释，除了存在与一般合同解释相同的原因外，还存在特殊的理由。而这一特殊理由与著作权以及著作权法本身的特殊性有关，同时也与我国著作权法当前的发展现状相关。著作权合同解释的特殊性主要体现在解释目标的不同，以及著作权法发展阶段的时代需求差异。

---

[1] 参见最高人民法院（2014）民申字第 658 号民事裁定书。

（一）著作权立法目标的指导地位

著作权合同主体与客体的特殊性致使在适用一般合同解释规则解决著作权合同纠纷时存在局限性，需要通过著作权合同解释来实现文化事业繁荣的立法目标。

与有体财产所有权的绝对性不同，著作权制度自始就秉承中性。著作权法体现了权利赋予与权利限制之间的平衡，体现了强烈的社会关怀色彩。[①] 与一般合同不同，著作权合同所涉及的利益主体更为多元（涉及作者、投资者、使用者、公众），所涉及的利益也更加复杂。一般的合同解释规则无法实现著作权制度的利益平衡目标。

从 18 世纪早期著作权的起源来看，著作权就是一个不稳定的、力图平衡作者、出版商和使用者现在与未来利益的产物。[②] 在处置作为私权的著作权时，所涉及的法律关系并非单纯的作者与作者的关系，还会涉及作者与传播者、作者与使用者、作者与中介商、中介商与使用者的关系。著作权的处置甚至还关系到公众利益的维持、国家技术的进步和著作权产业的发展。

例如，著作权人凭借事实上的市场垄断力量，通过格式合同迫使使用者承担著作权法外的义务，或者排除使用者享有的著作权法上的权利的行为，使得原本只具有相对效力的合同具备了对世的绝对效力，破坏了绝对权与相对权的区分原则。[③] 此时，合同的相对性原理不再适用，因而不能直接且简单地以"合同只对相对人产生效力"为由认可此类合同的效力。

---

① KAPAN B. An Unhurried View of Copyright［M］. New York: Columbia University Press, 1967: 2-9.

② 莱曼·雷·帕特森，斯坦利·W. 林德伯格. 版权的本质:保护使用者权利的法律［M］.郑重，译. 北京：法律出版社，2015：2.

③ See LOREN L P. Slaying the Leather-Winged Demons in the Night: Reforming Copyright Owner Contracting the Clickwrap Misuse［J］. Ohio Northern University Law Review, 2004 (30): 495.

（二）弱势主体及公共利益的考量

赫克认为，法有两个理想，一是完全安定性；二是完全妥当性。这两个理想在著作权合同解释中同样适用。合同一直被视作当事人之间的法，当事人应依照合同确定的权利义务作为或者不作为。当著作权合同纠纷诉至司法机关时，著作权合同解释是裁判者解决著作权合同纠纷必不可少的作业。著作权合同解释要保障合同中的信赖利益，即维护著作权合同的安定性。同时，著作权合同解释也要考虑解释的妥当性，维持著作权合同多元化利益主体间的利益平衡。即，著作权合同解释不仅要探求当事人的真意，同时还需考虑特殊主体的利益。

一方面，著作权合同解释需要特别考虑作者权利的保护。著作权法被视为一部保护作者权利的法律。著作权首先具有私权属性，从私权保护的角度来看，创作是作品的生命之源，应当树立保护创作利益首位的理念。然而，在实践中，由于对市场运行规律和运行规则了解不清、信息不对称、资源和技术欠缺等原因，大部分作者在著作权市场交易中处于弱势地位。此时，交易的另一方当事人可能利用自身优势有意在其提供的合同中设置漏洞，进而侵蚀作者应得的利益。对于此类实质地位不平等的合同双方所订立的合同，就不能采用传统的合同解释方法。

另一方面，著作权合同解释需要考虑公众使用作品的利益。著作权客体具有的无形性和公共产品属性特征及著作权法明显的公共政策内涵决定了著作权合同解释不仅需要单纯考虑当事人在合同中的文义表示，还需要着重考量公共利益的保护和共有领域的保留。换言之，"著作权是一种特殊的私权利，不仅属于著作权人所有，也要考虑公众对著作权产品的分享需求，作品只有在社会大众的分享中才能实现其价值的最大化"。[1] 由于任何的创造都是建立在前人的基础上，所以著作权人自由行使权利的前提是为后人的创造留下应有的空间，而不是无限制地扩张权利。

（三）私法自治与著作权法定的调和

有学者将著作权领域的权利配置划分为初始分配和再分配。著作权的初始分配，即著作权的法定权利配置方式，指的是以法律形式确定将权利赋予不同主体。而著作权再分配，即著作权的意定权利配置方式，指的是通过合同的形式实现权利的流转（例如，著作权的许可、转让）。[2]

著作权的法定权利配置方式与物权的法定性相同，能够为权利的归属和权利的控制确定一个明确的权利边界，并降低交易成本。著作权法以法律形式公示权利范围，为各方提供了稳定的交易预期。然而，稳定性往往伴随着僵化性和滞后性，尤其是在产业和技术快速发展的时代背景下，法定权利配置方式的僵化可能导致法律难以满足权利人全面、深入开发作品利用价值的需求，也者无法灵活应对著作权市场交易中的各种复杂状况。

例如，当权利人利用"合同＋技术措施"模式控制使用者接触作品的机会、排除使用者的合理使用行为时，合同条款的效力应如何解释？著作权合同是一种私人主导的权利配置方式，是私人对法定权利的重新配置。[3]权利人因制度的滞后和缺陷依赖合同和技术措施等私力救济方式保护权利，有利于克服法定权利配置的不足，但又可能造成权利人凭借"合同＋技术措施"的优势扩张权利的局面。此时，制作者通过合同创设权利的权力范围有多大？

---

① See LOREN L P. Slaying the Leather-Winged Demons in the Night: Reforming Copyright Owner Contracting the Clickwrap Misuse [J]. Ohio Northern University Law Review, 2004 (30): 495. 白净. 从香港《著作权条例》修订看著作权刑法保护 [J]. 国际新闻界，2010（10）：7-9.

② 熊琦. 著作权激励机制的法律构造 [M]. 北京：中国人民大学出版社，2011：118.

③ 参见熊琦. 软件著作权许可合同的合法性研究 [J]. 法商研究，2011（6）：25-32.

权利人通过合同保护未确定为作品的信息或公共领域的信息该如何处理？权利人通过合同排除著作权法权利限制性规定的行为是否有效？"私人造法"行为是否具有强制执行力？合同法所确立的合同自由原则与"著作权法定主义"之间的矛盾与冲突应如何调和？

当前我国《民法典·合同编》与《著作权法》均未有明确规定合同违反著作权法规范时的效力解释规则。合同与著作权法的冲突日益明显，旧有的平衡被打破，在著作权制度确定之前，需要司法通过解释的方法构建新的平衡。

（四）著作权立法论与解释论双重困境下的解释

著作权合同需要解释的最现实原因在于，当前我国《著作权法》面临着立法跟不上实践需求、修订难以达成共识、司法适用未形成统一观点的局面。

从历史层面来看，我国著作权立法较晚，修改进程缓慢，立法上存在的历史漏洞无法及时被发现和纠正，因而需要借助解释方法。我国《著作权法》于1990年制定，当时我国在民事权利的知识与观念的涵养，起草者的知识、视野和思维方式等方面都存在时代和体制的局限，这造成当时我国知识产权处于无理论、无制度、无实践、无人才的"四无"阶段。[1]2001年和2010年我国先后两次对《著作权法》进行修改，但都未发生实质性的改变。[2]进入21世纪的第三个十年，我国著作权产业蓬勃发展，国家著作权经济进入全面转型、更新换代的时期。著作权产业被视为朝阳产业，整个行业都在呼吁《著作权法》的修订以回应本国著作权产业发展的需求。然而，在立法层面，2012年启动的《著作权法》第三次修改因众多争议问题未达成共识而致使修订工作一度停滞。[3]尽管2020年颁布了新的《著作权法》，但针对著作权合同

---

① 刘春田.《著作权法》第三次修改是国情巨变的要求［J］.知识产权，2012（5）：7-12.

② 参见刘春田.《著作权法》第三次修改是国情巨变的要求［J］.知识产权，2012（5）：7-12.

③ 参见熊琦.中国著作权立法中的制度创新［J］.中国社会科学，2018（7）：118-138.

的修订仍显不足。

然而，当前新的著作权交易模式不断涌现，著作权利用方式、著作权交易利益主体等发生变化。这导致传统的财产权制度与市场现实脱节，初始的利益平衡格局受到挑战，著作权合同纠纷解决的法律依据无法满足现实需求等困境。这一现实需求需要明确的著作权解释规则先行，并在未来《著作权法》的修法中进一步完善。具体而言：

其一，我国《著作权法》在法律移植过程中存在制度与价值割裂的情况，著作权法的形式逻辑与效力位阶欠缺明晰的概念体系，[①]因此必须借助解释方法。法律分析在很大程度上是基于历史的分析，没有对历史的研究，就无法准确理解法律规则。著作权法律规则的移植，仅完成了形式部分，对我国的著作权产业经济尚未起到良好的激励促进作用。在落实规则方面，既需要在宏观上形成具有统一立法价值观引领的解释学通说，又需要在微观上分析和继承所移植的规则在其本国的解释实践经验，从而为本国解释规则提供历史素材。[②]然而，反观我国《著作权法》，在引入概念时，概念和价值未能实现平滑过渡和融合，立法体系存在矛盾。

例如，在著作权概念上，虽然明确版权与著作权是同一含义，但在制度移植上，同时存在作者权体系的自然权利价值和版权体系的功利性价值的影子。[③]这种制度的嫁接、概念与价值的分离和混合，是由于著作权法在制度移植时缺乏对本国实践和外国历史解释经验的梳理。而这些杂糅可能导致法

---

① 熊琦.中国著作权立法中的制度创新［J］.中国社会科学，2018（7）：118-138.

② 参见熊琦.中国著作权法立法论与解释论［J］.知识产权，2019（4）：3-18.

③ 我国立法等同看待两种模式，已经表现在了立法设计上。我国《著作权法》一方面遵循作者权体系的思路，专门规定了著作人格权，且在职务作品、委托作品等权利归属的法律设定上更多地将作者作为初始著作权人；另一方面又借鉴了著作权体系的经验，出于经济激励和权利移转便利的目的，将法人视为作者，并在电影作品这类参与创作主体众多的作品类型上将权利归属于投资者。如此结合，实践中就产生了法人如何享有精神权利，以及著作权被转让后如何协调受让人与转让人之间关于精神权利的争议等问题。具体参见熊琦.中国著作权法立法论与解释论［J］.知识产权，2019（4）：3-18.

律适用上的矛盾。例如，著作人格权的转让和放弃问题，著作权许可转让合同中的概念外延问题（如所许可转让的权利内涵是否包含一种新的利用方式）都无法从立法上得到妥善解决，而必须寻求解释方法的帮助。

其二，著作权法为应对技术变化设置了弹性条款，当纠纷涉及弹性化条款时需要法院进行解释。弹性化条款的设置往往是立法有意为之，这主要是因为立法总是滞后于技术的发展，没有理由"排斥及时的司法正义，而等待姗姗来迟的立法正义"。① 弹性条款体现了立法者进行的政策性权衡以及法律赋予法院在个案进行利益权衡的权力，以适应技术时代变迁下保护权利的需求。②

我国《著作权法》第 10 条规定了著作权包含 17 项内容，但第 17 项"应当由著作权人享有的其他权利"属于兜底性条款，这意味着我国《著作权法》并未遵循严格的著作权法定原则，允许法官通过"造法"来弥补现有规定类型的不足。著作权合同纠纷涉及的利益是否属于兜底性权利类型范畴时，必然需要法官根据个案进行解释。例如，著作权许可 / 转让合同确定双方交易的内容是"一揽子"协议（即包括第 17 项兜底权利在内），则该转让权利类型是否包含在合同订立时未预见的新权利类型（如网络未普及时的信息网络传播利益）便存在疑问。此时，法院不能拒绝裁判，而需结合著作权法的政策解释弹性条款的内涵与外延才能作出裁判。

其三，当前著作权立法条文在设计之初大多是宜粗不宜细，简洁的文本带来了多重解释空间，裁判者在解决著作权合同纠纷时不免要先进行法律解释。而相继出台的各种指导意见、指导案例和司法解释等作为制定法的补充规定，在实践中与制定法的关系不明确，导致各地在司法过程中"同案不同判"的现象频发。司法机关在解决著作权合同纠纷适用法律时不得不对法律规

① 应振芳. 司法能动、法官造法和知识产权法定主义 [J]. 浙江社会科学，2008（7）：56-63.
② 参见梁志文. 法院发展知识产权法：判例、法律方法和正当性 [J]. 华东政法大学学报，2011（3）：25-37.

范位阶、法条内涵与外延等进行解释。但是原本就缺乏本土经验的比较解释学路径可能超出其应有的适用范畴，将立法论上的比较方法沿用至解释论层面，因而著作权法面临解释论困境。

综上所述，由于著作权、著作权合同具有不同于一般财产权、一般民事合同的特殊性，著作权合同解释不仅要探求当事人的真实意思表达，更要注意著作权合同解释的法律效果不能违背著作权立法目标。语言的模糊性、多义性，内容的不完整性需要阐明性解释、补充性解释，而著作权合同主体的利益平衡、社会公共利益的维护又需要修正解释。下文将详细阐述著作权合同解释的具体方法。

第三节　著作权合同解释的标准和方法

方法，在古希腊语中被定义为"通向正确的道路"。合同解释方法，是合同解释的手段，是将解释主体与客体相连接的方法和手段。[①] 本章节在分析著作权合同解释标准的基础上，简述各种合同解释方法，并分析适用这些解释方法解释著作权合同时的异同。

一、著作权合同解释的标准

著作权合同解释需要确立一个解释标准。与单方法律行为不同，一般合同交易涉及两方当事人，各方当事人在合同中所起的作用各异，双方对于合同表达符号的意思往往也存在差异。尼莫和科宾教授都提出相同表达符号的意思要进行解释。合同里的每个字不可能都有严格的定义，即使双方在订立合同时都认为该表达符号的含义无需进一步明确。随着合同履行过程的推进，

---

① 顾祝轩.合同本体解释论［M］.北京：法律出版社，2008：305.

当事人缔约时的背景情况可能发生变化，一方或者双方可能都希望对合同表达符号有不同的解释，甚至希望产生一个新的协议。此时，就需要重新解释合同表达符号的意思，赋予其一个更新的、之前未被固化的含义。① 并且，单一的解释规则以及涵盖一切、不犯错误地导致正确理解和意思的解释规则是不存在的。②

合同解释有两个不同的出发点：一个是根据当事人的意思自治，尽可能地根据当事人的意思自治判定合同条款的真实意义，也就是优先考虑当事人的主观意思。另一个是应优先考虑合同意思的外观表现和外观标志，即优先考虑意思表示的外观事实。这是出于保护商业交易活动中信赖利益的考虑，信赖应来源于意思表示的外部表现，而不是内在不可见的主观意思表示。③ 据此，学者提出了合同解释的主观标准和客观标准。

19世纪末至20世纪初，国家对社会生活干预的加强，使合同解释理论开始关注表示说，并逐渐产生了折衷主义倾向，④ 即两种标准相配合的方式。本书认为，合同解释标准单一化不够科学和灵活，因而从保护表意人意思自治和保护信赖利益的角度出发，当前合同解释应采用主客观相结合、先主观后客观的解释标准。理由如下：

其一，合同解释的主观标准与客观标准的发展与顶峰时期都有其客观的历史渊源，在当前交易环境日益复杂的背景下，单纯强调某一解释标准就能实现客观、公平、合理的法律效果是难以令人信服的。在合同纠纷案件中，裁判者首先要确定是否能探究当事人订约时的共同意思和真实意思。裁判者不能也不应一开始就为当事人订立事后合同。在无法确定当事人的共同意思

① NIMMER M B, NIMMER D. Nimmer on Copyright［M］. New York: Matthew Bender, 1997: 10-74. 科宾. 科宾论合同［M］. 王卫国，译. 北京：中国大百科全书出版社，1997：628.

② CHAFEE Z. The Disorderly Conduct of Words［J］. Columbia Law Review, 1941, 41: 381. Also see MERSKY R M. Language and the Law［J］. Experience, 2002, 12: 8.

③ 王洪宇，赵春兰，张大伟. 非典型合同专题研究［M］. 北京：中国民主法制出版社，2012：49.

④ 龚英资. 论我国合同解释的规范化［J］. 法学评论，1997（5）：5-10.

和目的后，则需要启用客观标准来解释合同。如果在著作权合同纠纷中，遇到著作权合同有违著作权立法宗旨和原则的情况，裁判者还需要以客观标准来合理分配合同利益或进行合同效力性解释。

其二，合同在订立之后，就成为一个客观的存在，是当事人主观意思的外在表现。个人出于逐利性目的，其主观意思可能随环境、条件或其他外部原因发生改变，裁判者有时难以根据当事人的主观意图判断出其所谓的真实意思。以客观标准为主，有利于裁判者客观地洞悉当事人的意图，不偏不倚地以客观标准去测试和衡量合同当事人的利益；有利于解释的稳定性、确定性，从而有利于交易安全和交易秩序的安定；有利于满足当事人基于合同的客观表述所期望达到的目的和愿望；有利于防止人的主观意识的变化性和不可确定性带来的弊端。

其三，合同解释需要首先了解表述者的真实意思，同时确保不损害对方当事人对合同内容表述所产生的合理信赖。《民法典》第 142 条确定了意思表示的解释规则。在有相对人的意思表示中，意思表示一旦作出，就会有受领人。受领人对此外在表示意思产生了信赖。当表意人的内心意思与外在表示意思不一致时，就需要在受领人的信赖利益与表意人的内心意思之间做出平衡。同时，还应当考虑受领人对该意思表示的理解水平。[①] 当当事人意思与表述不同时，裁判者把当事人的意思视为"唯一重要和有效的东西时"，就很容易导致宣告该合同无效。[②] 当事人订立合同的目的一定是希望合同能约束自己和另一方当事人，否则合同不会产生。合同的产生也必须将意思通过表达表现于外，并传达出去，否则合同也无法产生效力。由于合同内容本身是一种交流行为，表述者要预见到对方将在信赖合同条款含义的基础上接受并履行合同。瑞士、德国法院都曾在判决中指出，如果表述的意思是由一个正常、

---

① 中国法制出版社. 中华人民共和国民法典（实用版）[M]. 北京：中国法制出版社，2020：110.

② 海因·克茨. 欧洲合同法 [M]. 周忠海，李居迁，宫立云，译. 北京：法律出版社，2001：162.

通情达理的人（即理性第三人）① 站在听者角度可以理解的，则表述者理应认真对待表述的意思。

其四，从裁判者在面对不完整协议时所发挥的作用方面考量。普遍被认可的是，不存在绝对完整的合同。合同用语的多义性、模糊性，协商成本的高昂性，环境的绝对变化性等原因导致当事人不可能针对所有问题都协商清楚并用确定含义的用语落实在纸上。例如，在著作权合同项下未预料到的权利之争就是一个明显的例子。不完整合同极有可能产生的结果是合同目的落空，除非裁判者为了合同得以继续履行，通过合同解释方法附加一个公正合理的结果。问题是，当事人是否想要这样的结果，或者裁判者这种行为是否会与合同自由原则相悖？合同法的目的在于保护当事人自由地处置自己的财产和事务，立法或司法都不应为当事人强加义务。然而，从成本收益的角度而言，有时当事人很可能希望裁判者做出公平合理的权利义务分配，这样总比合同目的落空导致收益为零要好。这种解释也体现了合同法促进交易、尽量让合同有效的立法精神。因而，面对不完整合同，法官既要考量当事人可能的主观意图，有时还需要借助一些外在的客观标准。

总而言之，合同解释标准的理论发展，并非主观标准和客观标准的简单趋同或相对融合，而是合同法理论从形式主义向强调意思自治、兼顾效率与安全、重视合同正义与社会正义的历史演变过程的体现。这一演变从根本上说是由人类社会发展的进程所决定的。② 主客观标准的结合，是合同解释发展的必然趋势，是合同从形式理性向实质正义转变的必然要求，顺应了社会发展的总体趋势。

---

① 括号内容为笔者注。
② 张艳.论合同解释方法的运用［J］.法律适用，2013（11）：68-72.

二、著作权合同解释方法

王泽鉴先生指出合同解释的三大任务："明确其表示行为之意义，为合同解释之第一任务。表示行为之表示有不完整者，此时补足其意义，使其完全，为解释之第二任务。表示行为所有之意义，有不合理者，此时变更为其表示行为之意义，使其合理，为解释之第三任务。[①]" 王泽鉴先生实际上阐述了三种基本解释方法（阐明解释、补充解释、修正解释）的内涵。

狭义的合同解释仅指阐明解释，而广义的合同解释包括阐明解释、补充解释和修正解释。[②] 以上三种合同解释方法均可运用于著作权合同解释实践中。但鉴于著作权合同的特殊性，著作权合同解释与一般合同解释最大的差异体现在对修正解释方法的适用上。

（一）阐明解释方法

阐释性解释（即本书所称的阐明解释）的概念源自英美法上区分合同解释（interpretation）和合同推释（construction）。按照《科宾论合同》中解释的定义，阐明解释，实际类似于对合同文本的翻译，侧重于确定合同用词和用句的含义。而法官的工作在于通过合同发现事实，即"让合同说话"而不是让他们自己说话。[③] 阐明解释方法主要包含以下几种：文义解释、历史解释、体系解释、习惯解释、目的解释以及诚信解释。

文义解释，是按照合同用词和用句的通常含义进行理解，阐述合同条款

---

① 王泽鉴.民法学说与判例研究（第7册）[M].北京：中国政法大学出版社，1998：22.

② 韩世远.民事法律行为解释的立法问题[J].法学，2003（12）：62-68.

③ 海因·克茨.欧洲合同法[M].周忠海，李居迁，宫立云，译.北京：法律出版社，2001：174.

的内容，不需要也不应当为了迎合任何人而改变其原意。但需要注意的是，在著作权合同中适用文义性解释时要留意文义本身可能会随着技术时代的发展变化而改变。例如，"复制权"的概念，单从传统含义来看，是将作品制作成一份或多份的权利；"发行权"的概念同样如此，在传统意义上，发行特指向公众提供作品原件和复制件的权利。然而，网络时代的到来，使得人们在不制作纸质复制件的情况下，在线传输发送作品，于是产生争议，计算机的临时复制是否属于复制范畴、网络发行是否属于发行范畴。再如，多年合作的当事人订立了著作权转让合同，多年来相安无事，均以纸质发行出版作品，但随着技术发展，出版商推出作品的电子书形式，对于"电子书"是否属于"出版"含义的范畴则引发争议。

历史解释，是利用合同订立过程中的一切情势，包括合同订立前的具体状况、当事人在订立过程中所商讨的内容和过程、当事人过去的交易过程，以及其他周围情势和附随状况来对合同进行解释的方法。在本书第一章中的合同解释的对象"周围情事"一节中已有相关论述，此处不再赘述。需要注意的是，历史解释方法实际上也是划定文义解释方法中文义的可能性范围的一种手段，因为裁判者可以通过历史情势判定合同文义可能存在的特殊含义，从而对文义的含义进行限定或者补充。例如，在著作权许可转让合同中，对于有争议的权利范围的解释需要结合当事人谈判过程中所涉及的一些文件（包括谈论过的文件、来往信件、合同草案等）进一步核实。

体系解释，是将合同视作一个整体，通过分析合同条款所处的位置以及条款之间的联系等方面阐释系争合同用语的含义。[①]体系解释强调不能孤立且割裂地进行解释，要将系争用语置于合同中加以解释。以著作权转让合同为例，甲乙双方签订著作权合同，合同约定"甲方（作者）同意著作权以及其他的一切权利永为乙方（出版商）所有"。若仅进行文义解释，则会认为甲方

---

① 参见崔建远. 合同法（第4版）[M]. 北京：法律出版社，2007：349.

同意将著作权全部转让给乙方。在该条款不存在可能导致无效的情形下，该条款将生效，作者甲不可再授权他人行使该著作权。然而，如果运用体系解释方法，并联系合同上下文，后文出现的标的指向的都是该著作物在中国境内的中文繁体版本这一特定版本的出版发行权。则合同转让的权利只是"中国境内中文繁体版本的专有出版权"，其他未约定转移的权利依旧归属甲方。

习惯解释，指的是根据当事人所熟悉的生活环境的习惯和交易习惯对合同条款进行解释的方法。除了生活习惯外，习惯解释方法中的习惯最为重要的是指交易习惯。因此，在对著作权合同进行解释时也需要对著作权交易习惯做出解释。

目的解释，指的是以最契合合同目的的解释为主。[①] 当事人订立合同是为达成一定的合同目的，因而合同的解释也必须尊重当事人的合同目的。应当指出的是，著作权合同的解释除了在适用一般合同目的解释方法时注重合同目的本身的实现外，裁判者在解释合同时还需要关注合同目的的实现是否与著作权立法目标相符。《德国著作权法》第31条规定，"在授予使用权时未具体单个指明使用方式的，以双方当事人的合同目标为基础确定包含哪些使用方式"。不仅如此，对于是否许可了权利，是普通许可还是独占性许可，许可合同中禁止了哪些权利等的解释均适用"目标转让理论"。例如，在一条授权许可合同条款中，既有具体权利使用方式的列举又有一般概括性定义时，结合著作权合同目的解释方法进行解释，通常认为所授予的权利只包括为了达到获得授权的合同目的所必要的方式。如合同中确定了以图书、画本等纸质方式对作品进行汇编，则一般认为所授予的汇编权利范围就只包括图书和画本纸质版的汇编形式，不包括数据库等其他数字汇编形式。

诚信解释，指的是依照诚实信用原则进行解释的方法。诚实信用原则被

---

① 参见江必新，何东宁 最高人民法院指导性案例裁判规则理解与适用（合同卷2）［M］.北京：中国法制出版社，2018：220.

视为民法尤其是债法的"帝王条款",诚信解释作为一种合同解释方法受到众多学者的推崇。[1] 因为诚信解释使合同从形式正义转向了兼顾实质正义。[2] 诚信原则本身的统领性是对当事人订立合同确定权利义务时的基本要求,同时也是裁判者在运用其他合同解释方法进行合同解释作业时所要牢记的基本原则,以检验其他合同解释方法适用的合理性。例如,"五五断更节"事件中阅文集团与作者们所签订的合同性质问题引发争议,阅文集团在合同中使用"聘请"字眼来描述其与作者之间的法律关系,试图表明双方之间是劳务关系,甚至是委托关系。然而,该合同性质还需结合作者的创作过程、资金、技术、创作目的等因素进行分析,进而比对委托创作合同、雇佣作品的特征去判定当事人之间是委托关系还是雇佣关系。不同的法律关系将适用不同的法律规范来调整双方的法律争议。阅文集团单方面使用"聘请"这一类措辞只是其单方面对该法律关系的解读,不能产生其期望的法律效力。

(二)补充解释方法

补充解释,指的是当当事人意思表示存在漏洞时,通过解释方法予以补充的作业。[3] 当事人很难准确分析和分配未来可能产生的所有风险。例如,在互联网技术普及前,当事人不可能预测到作品会以当前即时且不失真的方式被传播和利用。对于存在漏洞的不完整合同,裁判者在处理合同纠纷时必须对合同进行补充。

合同存在漏洞源于以下几种情形:第一,当事人对于自己认为发生争议可能性不大的内容,往往不做提前约定。第二,当事人虽协商过非必要内容,

① 具体参见学者著作:韩世远.合同法总论[M].北京:法律出版社,2012:706.陈小君.合同法学[M].北京:中国法制出版社,2007:127.江平.民法学[M].北京:中国政法大学出版社,2000:645.胡基.合同解释的理论与规则研究[M]//梁慧星.民商法论丛(第8卷).北京:法律出版社,1997:48.

② 孙琬钟.中华人民共和国最新合同法集成[M].北京:中国法律年鉴社,1999:194.

③ 参见徐涤宇.论合同的解释[M]//梁慧星.民商法论丛(第8卷).北京:法律出版社,1997:713.

但未协商一致，约定日后再商定，即，一个潜在的争议能够被预见到，但当事人有意决定不作约定。[①] 例如，在未来作品著作权许可转让合同中，当事人就作品题材未具体落实。第三，一方当事人相较另一方知道得更多，但作为缔约策略，为了不泄露相关信息，他不针对法律上的默认规则（哪怕并不妥当）作出不同约定。[②] 第四，当事人对未预见到的情形无法进行约定。当事人常因能力所限而无法预见，这是难以避免的。因为即使是最具预见能力的合同起草人也无法预料未来可能发生的所有事件。第五，由于公权力介入导致的合同漏洞，即合同内容由于违反了公序良俗、法律的强制性规定损害社会公共利益等而被宣告无效，则该部分内容就出现漏洞。这个问题实际上涉及修正解释问题，将在下文进一步论述。

对于合同补充解释的分类，学者以漏洞补充的主体为标准，划分为当事人以协议补充和裁判者补充。当事人无法形成补充协议时，由裁判者进行补充。根据具体补充方法的不同，又可将裁判者补充分为依赖法律规定补充和通过法官自己制定补充规则补充。[③] 关于补充性法律规范与法官推定当事人意图规则的优先性问题，两大法系呈现不同的做法。如前所述，英美法系国家认为当事人默示或推定意图优先于法律的补充性规定。法院对合同漏洞的补充步骤是：首先根据当事人默示表达补充；其次是法院根据推定意图补充；最后是依照法律的规定补充。[④] 而大陆法系则认为法律补充规定应优先。

本书赞同德国学者梅迪库斯提出的"一般应从任意性规范出发，寻找对

---

① E·艾伦·范斯沃思. 美国合同法（第3版）[M]. 葛云松，译. 北京：中国政法大学出版社，2004：496.

② See AYRES I, GERTNER R. Filling Gaps in Incomplete Contracts: An Economic Theory of Default Rules [J]. Yale Law Journal, 1989, 99 (1): 87.

③ 参见崔建远. 论合同漏洞及其补充 [J]. 中外法学，2018（6）：1449-1472.

④ 王军. 美国合同法 [M]. 北京：中国政法大学出版社，1996：254.

不完整合同的补充"① 的观点。我国法官也常从法律规定中寻找任意性规范以及交易习惯等作为补充性解释的依据。②

对于著作权合同的解释，主要的补充性法律规范来自合同法和著作权法。因此，一方面，我们需要辨别著作权法规范的性质，以著作权法上的任意性规范作为补充依据，例如，关于作品使用费用的计算。另一方面，在著作权法未有明确的可补充的法律依据时，需回归到合同的补充解释方法③。

在对著作权合同进行补充解释时，可尝试在合同法中寻找一个有名合同或尝试将著作权合同归类到一个有名合同中（例如，委托合同、承揽合同、买卖合同、租赁合同等），然后根据具体问题引用合同法总则和分则对应的有名合同的任意性规范加以补充。此外，由于我国著作权法制历史较短，许多制度都是在引进和借鉴域外法规则的基础上进行完善，故著作权合同补充解释还应增加比较法补充解释方法。在遇到待决的合同解释问题时，可探寻域外相似问题的解释规则及其产生的社会效果，并评估和预测在本国采用何种解释规则能产生更好的社会效应。

（三）修正解释方法

与阐明解释方法和补充解释方法相比，修正解释方法是一种特殊的解释方法。根据台湾学者刘得宽对修正解释所做的定义，修正解释，是裁判者无视当事人本来的意思表示，基于公共政策或公平诚信的考量而另行确定合同意思的解释方法。④ 修正解释，也被称为拟制解释，⑤ 裁判者可以使合同内容甚

---

① 迪特尔·梅迪库斯.德国民法总论［M］.邵建东，译.北京：法律出版社，2000：260.

② 具体例子可参见崔建远.论合同漏洞及其补充［J］.中外法学，2018（6）：1449-1472.

③ 合同法对于合同漏洞补充的方法主要有：当事人协议补充、整体解释补充、依交易习惯补充和依法律任意性规定补充。参见韩世远.合同法总论（第三版）［M］.北京：法律出版社，2011：707.

④ 参见刘得宽.民法总则（理论与实用）［M］.台北：五南图书出版公司，1982：193.

⑤ 王泽鉴.债法原理（一）［M］.北京：中国政法大学出版社，2002：219.

至是合同效力发生变动。① 徐涤宇教授将修正解释称为"对合同的司法变更"。尤其是当发现当事人在滥用权利时，裁判者将借助合同解释纠正不当的意思表示，以维护公平正当的法律秩序。②

尽管直接针对修正解释的研究并不多，但修正解释的价值意义被大家所认可。法官对意思自治的必要介入源于合同社会化的影响。合同自由的修正最早可追溯到 20 世纪初。当时，法官借助公序良俗、诚实信用等抽象原则，乃至具体的强制规定，调整或修正合同自由原则，由此传统合同法理论产生了全面社会化的效果。③ 随着经济社会的发展，个人本位转向社会本位，合同社会化要求合同解释不单要探求当事人真意，也要顾及解释的社会效果。"有异议的格式合同条款做不利于提供者的解释""免责条款可能无效"等规则都是修正解释理论的运用。

对于修正解释的性质，众说纷纭。修正解释建立在无视当事人意思表示的基础上，以法律或法官理解的社会普遍理念取代当事人的意思，实为法官制定的"第二次契约"。故有学者认为，解释应是将不明显的意思加以显明，所以不认为修正解释是合同解释，而将修正解释视为基于合同公平或契约社会化理由对意思自治的限制或修正。④ 这种观点主要是担心裁判者"假借"合同解释之名，行法律创造活动之实。⑤ 但也有学者认为，修正解释是对当事人意思自治的合理矫正，理应归属于广义的合同解释范围之内。⑥ 本书赞同后者，认为修正解释是一种重要的合同解释方法。

---

① 参见邱聪智. 契约社会化对契约解释理论之影响［M］// 邱聪智. 民法研究（一）. 台北：三民书局，1986：38.

② 参见梁慧星：民商法论丛（第 8 卷）［M］. 北京：法律出版社，1997：711.

③ 梁慧星. 民商法论丛（第 8 卷）［M］. 北京：法律出版社，1997：792.

④ 苏号朋，孙玉荣，等. 合同法学［M］. 北京：北京工业大学出版社，2008：101.

⑤ 邱聪智. 契约社会化对契约解释理论之影响［M］// 邱聪智. 民法研究（一）. 台北：三民书局，1986：38.

⑥ 参见徐涤宇. 论合同的解释［M］// 梁慧星. 民商法论丛（第 8 卷）. 北京：法律出版社，1997：716-719.

首先，合同的修正解释，是针对合同中有违公平或不适当的部分，由有权解释机关通过解释，或者使该部分无效，或使该部分趋于公平或适当。合同的修正解释常用于合同或合同条款的效力解释上，在性质上应属于合同解释方法之一。

其次，由于修正解释是以否定某部分内容效力为前提，同时也必然要进行合同内容的拟制和补充，因而不少学者将修正解释纳入补充解释范畴，认为修正解释是补充解释的延伸。我国《民法典》实际上确认了合同的修正解释。例如，《民法典》第 153 条规定的民事法律行为的无效情形就属于对合同效力解释的引致性规范。《民法典》第 506 条规定的合同中存在的无效免责条款情形属于修正解释规则，体现了裁判者基于公平原则、社会公共利益和善良风俗原则对当事人意思自治的合理干预。再如，本无订约意思的诈欺者所订契约因法律保护善良人原则而有效。实务中法官以违反诚信为由宣告合同无效也是在进行修正解释作业。

最后，合同修正解释与其他合同解释方法一样，属于裁判者进行合同利益平衡的方法。三种合同解释方法并非相互对立，相反，它们是合同解释的三个不同侧面，共同构成合同解释体系。传统民法解释学或法律解释学主要承担着对现行实定法进行解释的任务，又可进一步区分为：确定法律规范内容（狭义的法律解释）漏洞补充和价值补充。① 与此类似，合同解释的内容也可归纳为几个步骤：确定合同的权利义务内容（狭义的合同解释）、合同不完整时进行合同漏洞补充、合同价值存在偏差时授权司法机构依照公平正义原则根据个案情况进行价值衡平。

可以看到，修正解释不仅在民法上得到认可，而且其价值在实务和学说上已得到肯定。面对修正解释，不应否定其解释的本质，而应研究如何控制裁判者修正解释的限度，避免有权解释主体任意排除意思自治。

---

① 梁慧星.民法解释学［M］.北京：法律出版社，2015：8.

第二章

修正解释的现实背景：著作权合同中的初始权利配置失衡

本章提出，著作权合同解释应区别于一般合同解释，更多时候需要采用修正解释的方法。修正解释方法旨在解决著作权合同中初始权利配置失衡，导致著作权主体之间利益失衡的问题。作品供给与需求两方面的合同体现了私主体对权利的再配置。从作品的供给角度来看，著作权需通过许可转让合同转化为经济利益，这是著作权法所关注的确保作者经济独立的政策性目标。[①] 从使用者对作品需求的角度来看，使用者能够通过许可转让合同获得作品，控制作品首次交易后的行为。[②] 然而，受多方面因素的影响，当前的著作权合同破坏了著作权法设定的初始权利配置平衡。主要表现为：作者认为他们因实质不公平的著作权合同未能从数字作品的指数级增长中获取应有的利益。终端使用者提出权利人通过合同扩张私权，损害了其在著作权法中的合法利益。

---

① 例如，欧盟《信息社会指令》（2001/29/EC）第 11 条："严格有效的保护著作权和相关权利的制度是确保欧洲文化创意和生产获得必要的资源，并保障艺术作者和表演者的独立性和尊严的主要方式之一。"

② See KRETSCHMER M, DERCLAYE E, FAVALE M, et al. The Relationship between Copyright and Contract Law［J］. Social Science Electronic Publishing, 2010, 4 (1): 1.

第一节　作者与制作者之间著作权合同实质不公平问题

本节关注作者与制作者之间的著作权合同关系。作者通过合同将权利授予最合适的一方，以使作品得到良好的开发、利用和传播。作者与开发传播作品的商事组织、出版商、广播电视组织、电影制作人、美术馆或图书馆、演艺界的发起人等公有或私有企业（即本书中的制作者）签订著作权合同，是其实现作品经济价值的主要方式。然而，作者在著作权合同谈判中所处的弱势地位，常使其在交易中处于不利境地，其所同意的著作权合同条款存在公平性争议。

一、作者与制作者著作权合同不公平的历史考察

追溯著作权交易的起源，原始的著作权交易不存在许可、转让、质押、融资等多种形式。当时的著作权交易仅指著作权转让，即作品载体的手稿与权利一并转让。当时的著作权交易实则为作品手稿所有权的交易。著作权产生之初与书籍的生产和销售相关，其本质是行业内商人群体认同其中一人拥有某一作品的永久独占权，该权利只需申请人向行业工会缴纳费用并登记作品的标题即可设立。

1709 年英国《安妮女王法》以法律形式认可作者对作品享有著作权，作者与出版商之间的交易性质开始发生变化。作品交易由单纯的实物交易逐渐转变为包含著作权在内的复合交易。[1] 然而，有论者认为，《安妮女王法》表

---

① 刘波林. 著作权合同制度研究［M］// 郑成思. 知识产权研究（第 2 卷）. 北京：中国方正出版社，1996：67.

面上是为了作者的著作权，实际上还是为了出版商自身的利益。原因在于，受财力和技术等因素的限制，作者在那个年代只能依靠出版商的力量才能使作品问世，出版商可通过合同从作者处获取全部权利。出版商为实现政府的保护性垄断，便想方设法控制作品的出版。正如 Edward Arber 在提到"其贸易竞争的危害性"时所说，"我们必须意识到的是，这些印刷商和出版商主要在乎的是五先令、半先令和银质便士。他们尽其所能地背负'政府'许可证的枷锁，但仅仅是作为其自身免受政治和教会权力侵害的手段。他们的交易是为了生存和挣钱，并对此极为热衷"。[①]

在米勒诉泰勒案（Millar v. Tatlor）和唐纳森诉贝克特案（Donaldson v. Beckett）中，出版商试图为作者争取永久著作权，主张著作权是作者基于创作所得的所有权，是自然法所赋予的，而非法律所创设的。因此，他们认为将著作权视为永久性权利是出于保护作者的正义要求（尽管这些权利实际上主要使出版商受益）。[②]

著作权法赋予作者排他性的产权结构，以使作者通过著作权的许可转让获得收益。正如 Richard Watt 所说："著作权本身并不是一种激励机制，但它（假设它是强制执行的）确实允许一种激励机制即合同发挥作用。"[③]然而，通过考察著作权交易的起源，人们会发现作者与传统出版商之间的著作权合同存在一个明显的问题，即作者在著作权交易中始终处于被动地位，在交易谈判中几乎没有话语权。所谓的"作者权"不过是一种虚构的、名义上的权利，最终会全部永久转让给出版商。

---

① ARBER E. A Transcript of the Registers of the Company of Stationers of London 1554-1640. London: Privately Printed, 1875.

② 林德伯格，帕特森. 版权的本质：保护使用者权利的法律［M］. 北京：法律出版社，2015：38-39.

③ WATT R. Copyright and Contract Law: Economic Theory of Copyright Contracts［J］. Journal of Intellectual Property Law, 2010 (18): 173.

二、作者与制作者著作权合同不公平的现实表现

著作权合同是著作权交易的法律形式，但由于长期以来作品的传播技术和渠道主要由出版商掌控，因此作者往往只能接受作为强势一方的制作者提供的不公平条款，才能通过权利的许可和转让获取经济利益。作者与制作者之间著作权合同存在的不公平条款多种多样，主要体现为：

其一，制作者要求作者签订永久的全部著作权许可转让合同。永久的著作权合同指的是著作权合同没有限期限制，著作权的许可或转让期限覆盖整个著作权保护期，通常为作者死后 50 年（某些国家为 70 年）。全部著作权许可转让合同，指的是合同约定许可转让的权利包括但不限于所有类型的著作权，甚至可能包括著作人身权、未来可能产生的与作品有关的权利。

例如，在上海玄霆娱乐信息科技有限公司诉王某、北京幻想纵横网络技术有限公司著作权合同纠纷案中，原被告之间的著作权合同内容所包含的权利写明：包括但不限于著作权法所规定的各种著作人身权和著作财产权。[①]

再如，2020 年阅文集团旗下作者发起的"五五断更节"活动，作者称平台提供的合同中存在诸多剥削作者的霸王条款。并且，网文写作平台通过"温水煮青蛙"的方式逐步将作者逼入绝境，在著作权合同中不断延长授权期限，最大限度地扩大授权范围。资深网文作家微博认证大 V "@死翼耐萨里奥"在微博公开自己码字 9 年以来与平台所签的著作权协议，合同授权期限从第一次的"7 年"——第二次"7 年 + 自动延期 1 年"——第三次"20 年"，到第四次，也是最后一次（2018 年）授权期限为"著作财产权保护期满之日

---

① 参见（2011）沪一中民五（知）终字第 136 号民事判决书。类似国外案例可参见 See New York Times Co. v. Tasini, 533 U.S. 483 (2001).

止（即作者死后 50 年）"。[①] 原本著作权法赋予作者终生及其死后 50 年的著作权期限现已演变为通过著作权合同授权或转让权利到死后 50 年。此外，还有许多过度转让权利的条款，如转让包括但不限于现行著作权法上规定的所有权利类型和使用方式。

其二，合同限制、禁止作者行使著作人身权或者限制作者的创作自由。前者指的是著作权法上规定专属于作者所有的著作人身权。而后者从性质上属于个人的基本权利——创作自由或表达自由。

从法律、人权等理论角度，创作行为涉及作者的人格和言论自由，合同能否限制创作行为存在疑问。实践中不少合同中约定，禁止作者创作与合同作品里面的人物、背景、名称等其他元素类似或相关的新作品；禁止作者在未来创作行为中使用自己的真名、笔名、艺名或其中任何一个与原作品名相通或相似的创作作品或作为作品中主要章节的标题；[②] 禁止作者使用与合同作品的主要题材、故事情节、人物或原作品相近似或类似的内容元素为第三方创作等。[③]

需要注意的是，实践中对于作者的创作自由与作者特权的概念存在混淆的情况，这也需要裁判者在判决理由中阐释清楚。例如，在上海玄霆公司与作者张牧野（笔名天下霸唱）的著作权侵权及不正当竞争纠纷一案中，被控侵权人在诉讼中提出的"原告从张牧野处只获得了续写作品的一般许可，张牧野仍然保留自己续写和许可他人续写作品的权利，故原告无权向被告主张权利"的抗辩实际上是提出作为作品原创者享有的一项权利——"续写作品或者许可他人续写作品权"。这里的问题是，作者是否对作品享有特有的续写权？被控侵权人在该案中实际上是主张原作者享有一种派生于作者自由的作

---

① 李玲，黄莉玲. 作者死后 50 年才拿回版权 "IP 为王" 时代下阅文合同争议始末［EB/OL］.（2020-05-20）［2024-09-23］. https://www.163.com/dy/article/FCER3ATV05129QAF.html.

② 参见（2015）浦民三（知）初字第 838 号民事判决书。

③ 参见（2016）京 73 号民终字 18 号民事判决书。

者特权。有学者从作者权理念和著作权法的限制机制两个层面提出，不宜仅基于"创作自由"的话语扩张"作者特权"。亦即任何人实际上都有使用作品中不受保护的基本元素或思想创作同人作品的自由。

其三，合同经济利益分配上的不公平。文化市场被经济学家认为是赢家通吃的市场，只有少数作者能够从其创作中获得满意的收入。作者的平均收入远低于中等收入水平。[①] 例如，根据麦考瑞大学（Macquarie University）2015 年的一项研究，澳大利亚作家的创作收入在过去 17 年中下降了近 50%，从 21 世纪初的平均 22000 美元降至 2015 年的 12900 美元。[②] 而据英国媒体报道，前 10% 的作者获得了创意行业总收入的 60% ~ 80%。[③] 海外其他国家作者的收入也同样有所下降。[④]

尽管理论上作者通过著作权许可转让应当获得公平的回报，但现实中的合同往往无法保障作者获得公平合理的报酬。这种情况在著作权一次性买断合同中表现得尤为突出。为避免未来可能产生的侵权风险，制作者采用一次性付款的方式支付许可费或转让费，致使作者失去了未来作品收益分配的机会。

一方面，由于著作权具有无形性、价值难以预估等特性，作者常常因信息不对称或经验不足等原因无法预估作品的真正价值。而且由于在谈判中处于弱势地位，作者不得不接受不合理的利益分配。例如，数字环境催生了各种作品使用模式，在利润来源方面存在诸多不确定性或不可预知性（如广告

---

① See KRETSCHMER M, HARDWICK P. Authors' Earnings from Copyright and Non-Copyright Sources: A Survey of 25,000 British and German Writers [R]. The Bournemouth University Business School, Department of Law's Centre for Intellectual Property Policy & Management (CIPPM), 2007.

② AUSTRALIAN SOCIETY OF AUTHORS. Fair Contracts [R/OL]. (2019-06-19) [2024-09-23]. https://www.asauthors.org/campaigns/fair-contracts.

③ See KRETSCHMER M, DERCLAYE E, FAVALE M, et al. The Relationship Between Copyright and Contract Law [J]. Social Science Electronic Publishing, 2010 (4): 3.

④ See MATULIONYTE R. Empowering Authors via Fairer Copyright Contract Law [J]. University of New South Wales Law Journal, 2019, 42 (2): 681-718.

收入和订阅收入），作者很难在事先做出预测，并在合同中主张。

另一方面，"无所不包"的买断合同既未考虑制作者的实际开发需求和作品的开发效率，也未考虑作者的报酬要求。作者在合同中放弃了作品未知使用方式可能产生的利益、所有语言出版版本的权利，甚至整个作品保护期内的版权。概括性的或者一揽子的权利转让合同与作品实际被相当限制性的开发利用（例如只被用于纸质出版）形成了鲜明对比。即便合同约定采用报酬分成模式，也可能因作品得不到有效利用而无法达到经济价值最大化，从而影响作者的收入。

三、作者与制作者著作权合同不公平的原因

与消费者相同，作者因信息不对称、经验不足、群体势小等原因在著作权交易谈判中处于弱势，合同双方实质地位不平等。双方议价能力不等的合同自由并非真正的自由，其结果是出现上文所述的强势一方可能迫使弱势一方接受著作权合同利益分配不公平的条款。作者与制作者之间的议价能力悬殊可能源于以下几个方面：

第一，作者迫于经济压力接受合同的任何条款以实现利益兑现。有学者提出，在经典经济模型中，创作者个人往往更容易受到预算的约束，而企业经营者则相对不受此限制。[①] 例如，与制作者相比，个人作者更难借用未来资本，他们在信贷市场中处于劣势。因此，除少数极为成功的作者，大多数作者都难以拥有与企业相当的财力。

第二，合同双方规避风险的态度截然不同。一方面，相较于制作者，受信息不完整和信息不对称的限制，作者对于自己作品的真正价值估价偏低，从而蒙受损失。而制作者获取信息的渠道更多，即使其保留价可能很低，也

---

① See KUGA K. Budget Constraint of a Firm and Economic Theory［J］. Economic Theory, 1996 (8): 137.

使得高估自己权利价值的作者要么选择以较低价格交易，要么选择放弃交易。

另一方面，由于未知利用方式的未知性，作品的市场成功率以及可能产生的潜在利润对于双方来说都较难预测。然而，不同的是，双方承受风险的能力存在很大差异。有学者认为，一个厌恶风险的人更愿意接受一个确定的期权金额，而非一个非常不确定的期权，即使它或许蕴含更大的预期价值。[①]由于许可转让费直接关涉到作者的生活收入，因而个人属于风险厌恶型，[②] 而企业是风险中立型，企业还可以通过项目多元化来转移和降低风险。这就导致作者在许可转让作品未来利益时倾向于确定的收入而非不确定的收入，因而作者可能以低于预期的价格转让作品未来可能产生的利益。

第三，通常情况下，制作者会提供格式合同条款，作者只能选择"接受或离开"，但作者对制作者发行其作品的极大依赖性迫使其通常选择接受格式条款。作者只能要么以较低价格转让权利，要么根本无法发行他们的作品。当然，一般情况下在一个激烈竞争的完全市场中，合同的标准化运作对每个人都有好处，至少它能够降低谈判成本，提高交易效率。但是，如果处于不完全市场中，作者所受到的预算约束以及合同的格式性就会影响双方的议价能力，进而影响合同利益的分配。

西班牙法学家德利娅·利普希克指出，作者对出版商等制作者的依赖根源于作品通常情况下都是供大于求的。因为相较于作品数量增长的速度，传播者企业的数量会较少增加。新增加的作品、进入公有领域的作品和外国人作品（通常是在国外已成功的作品）一同进入市场，使得作品供大于求的情况更为明显。[③] 因而从心理层面上说，作者处于依赖传播者的地位。这些特点

① See HOLT C A, LAURY S K. Risk Aversion and Incentive Effects［J］. American Economic Review, 2002, 92 (1): 1644.

② See HARTOG J, FERRER-I-CARBONELL A, JONKER N. Linking Measured Risk Aversion to Individual Characteristics［J］. Kyklos, 2002 (55): 3- 9.

③ 德利娅·利普希克. 著作权与邻接权［M］. 联合国教科文组织，译. 北京：中国对外翻译出版公司，2000：209.

阻碍了作者自由商讨著作权许可转让的条件——这就导致作者不久后就会为自己承诺的合同条款吃苦头，并且会随之感到失望。[①] 即使当前作者可以选择自行开发和利用作品，或者采用其他的传播方式，但大部分作者仍渴望大型出版商所能提供的名声、编辑技巧、营销开发和市场策划等，这种极度依赖性很难改变。

第四，在一个买方集中或买方垄断的市场中，制作者更能从作品发行中获得大部分经济利益。理论上，在完全市场中，如果制作者处于一个良性竞争的市场环境下，那么所有的制作者都会通过提供比其他竞争对手更具吸引力的条款来吸引作者的授权。即，在拥有足够多的外部选择的情况下，作者不会因为预算约束差异或者接受格式条款等原因而遭受不公平待遇。

但是，倘若在一个行业中，买方过度集中，甚至出现"买方垄断"市场，那么作者就极其容易被迫签订全行业都普遍认同的利益不均衡的协议。音乐发行行业和电影业就是典型的例子。随着著作权产业市场的发展，制作者企业日益集中，其议价能力进一步提升。经过不断合并的出版平台能够垄断一定比例的著作权市场，也将有能力自行制定或者改变私法规则。相比之下，虽然作者群体庞大，但却和消费者一样，犹如一盘散沙，议价能力弱，且没有一个强劲的利益代表（例如，上文所提及的网络文学作家，他们常常以个人的名义直接签订合同）能够代表他们与出版平台进行谈判。

可见，自现代著作权制度建立以来，以出版商为代表的制作者一直掌握着核心作品传播的核心技术和关键渠道。尽管著作权法将权利初始配置给作者，但作者完成作品后，通常会将著作权许可或转让给他人进行商业利用，放弃部分或全部著作权。作者在首次签订著作权合同时，往往因缺乏谈判经验、缺乏信息研判能力或者急于将自己的作品推向市场等原因，使自己处于弱势的谈判

---

① 德利娅·利普希克.著作权与邻接权［M］.联合国教科文组织，译.北京：中国对外翻译出版公司，2000：209.

地位。而出版商等则内部组织完善、合同签订经验丰富、信息更为全面，因此更有能力也更倾向于起草对自己有利的合同。鉴于作者与制作者之间历来存在的缔约地位不平等，导致双方"自由"缔结的合同的公平性备受质疑。

四、作者与制作者著作权合同利益分配争议示例

作者与制作者之间实质不公平的著作权合同条款的合法性以及相关利益分配公平的问题引发了众多讨论，包括永久转让著作权合同、著作权买断合同、未约定合理报酬的合同、未来作品许可转让合同、涉及作品未知利用方式的合同，等等。[①] 对于此类合同，因各国立法上的差异，其结果有所不同。有些国家在立法中未予以明确，关于该问题的讨论散见于各类著作和学术文章中。实践中，法院往往通过合同解释方法来实现当事人之间的利益平衡。本部分主要以涉及作品未知利用方式的合同利益分配问题为例。

从法院历年审理的著作权合同纠纷案件来看，与作品新利用方式相关的利益分配最容易引发纠纷。简言之，伴随未来技术的发展，社会上出现了合同订立时未曾出现的作品新利用方式，作者是否有权参与分配作品未知利用方式所产生的利益？法官能否对权利范围和利用手段进行解释？

在 Manners v. Morosco 一案中，涉案剧的作者授予被告制作、表演和代理作品的专有使用权。被告认为依据协议，其有权将涉案剧制作成电影。原告起诉阻止。该案的争议焦点在于制作戏剧的权利是否涵盖制作电影的权利。

[①] 相关内容可参见刘军华. 处分未来作品权利合同的效力与违约责任 [N]. 法制日报，2013-1-16（12）. 罗东川. 中国著作权案例精读 [M]. 北京：商务印书馆，2016：364. 尹腊梅，纪萍萍. 论作品未知使用权的转让与许可 [J]. 知识产权，2009（5）：34-39. 周恒. 著作权许可合同中利益失衡问题的治理——以《欧盟数字化单一市场版权指令》为镜鉴 [J]. 知识产权，2021（5）：41-55. See DUSOLLIER S. EU Contractual Protection of Creator: Blind Spots and Shortcomings [J]. Columbia Journal of Law & the Arts, 2018 (41): 435.

在科恩诉派拉蒙电影公司（Cohen v. Paramount Pictures Corp）案 ① 中，原告于 1969 年许可 H & J 使用音乐作品 "Merry-Go-Round"。根据许可合同，后者有权在电影作品中使用音乐作品，且可在剧院和电视上放映电影。此后，H & J 将有关音乐作品的所有授权转让给了派拉蒙电影公司，派拉蒙电影公司将胶卷底片制作成录像带后出售，科恩提起诉讼。由于派拉蒙公司是 H & J 影业的权利受让人，因此必须分析 H & J 影业与科恩的授权条款。许可协议约定可以表演上述音乐作品的情形：A. 给电影院的观众……B. 通过电视方式，包括"付费电视"、"订阅电视"和家庭"闭路电视"。② 协议还约定，"除本协议授予权利外，许可人保留涉案音乐作品的所有权利和使用"。法院必须对这些条款进行解释，以判定关于电影中使用的许可是否包含销售和分发录像带的权利。③

类似的，在涉及新型利用手段的案件——布西和霍克斯音乐出版有限公司诉迪士尼公司案（Boosey & Hawkes Music Publishing ltd. v. the Walt Disney Co.）（以下简称"布西案"）中，作者 Igor Stravinsky（许可人）与被许可人（迪士尼公司）于 1939 年签订的许可协议（以下简称"《1939 年协议》"），其中约定，"作者 Igor Stravinsky 授予迪士尼非专有的、不可撤销的特权，以'任何形式、媒介或方式录制以及许可'对音乐作品的表演行为"；在第 3 条"使用方式"中约定，上述音乐作品可全部使用，也可部分使用，可根据买方需要改变、改编、增加或删除部分内容使用，但应保留作者的署名权；第 4 条规定，迪士尼获得作品的许可"限于在电影中同步使用音乐作品"；第 7 条则规定没有特别授权的，许可人予以保留。布西作为涉案音乐作品的受让人，主张上述"在电影中使用作品"的许可不包含"录影"并以录像带和光盘形式发行作品，尤其是许可协议中对"未来技术"并未明确约定，且许可人已提

---

① See Cohen v. Paramount Pictures Corp., 845 F.2d 851 (9th Cir. 1988).

② See Cohen v. Paramount Pictures Corp., 845 F.2d 853(9th Cir. 1988).

③ See LANDAU M. New Technology, New Media, New Markets: The Continuing Importance of Contract and Copyright［J］. International Review of Law, Computers & Technology, 2012 (26): 257.

出权利保留。

此外，若合同用语宽泛到足以涵盖一切新的利用手段时，法院又应如何解释？例如，在巴奇诉米高梅案（Bartsch v. Metro-Goldwyn-Mayer,Inc.）中，将戏剧拍成电影的许可是否包括在电视台播放电影的权利？在 Platinum Record Co., Inc.v. Lucasfilm, Ltd. ① 和 Rooney v. Columbia Pictures Industries, Inc.② 等案中，意义广泛的合同用语是否包含了录像带的销售和发行？有学者认为，这取决于合同用语是否足够宽泛，类似在巴奇诉米高梅案中，法院认定将戏剧拍成电影的许可包括在电视台播放电影的权利。《1939 年协议》中"以任何方式、媒介或形式录制音乐"以在"电影"中使用，被认为用语足够宽泛到可以包括以录影形式发行电影的行为。③ 对此，尼莫描述了两种主要途径：第一种是布西所提出的，"在指定媒介上的权利许可（如，电影权利），仅包括在条款无歧义的核心意思范围内的使用方式（如，在电影院放电影的权利），同时排除有歧义范围内的任何使用行为（如，在电视上播放电影）"。④因此，协议的"电影"权利许可只包括 1939 年时大家所理解的"电影"的核心使用方式，即在影院播放，不包括后来发展的新的录像带或光盘的电影发行方式。⑤ 第二种是"被许可人可以适当地寻求一切利用方式，这些利用方式可以被合理解释为包含于许可协议所描述的媒介范围内"。⑥

可见，由于利用方式未知，合同双方无法对利益分配做出详细具体的约定。针对合同中约定不明的事项，或超出当事人可预见范围的事项，裁判者须进行利益权衡，并对现有合同条款的效力以及合同条款的涵射范围做出进

---

① See Platinum Record Co., Inc. v. Lucasfilm, Ltd., 556 F. Supp. 226 (D.N.J. 1983).

② See Lucasfilm, Ltd. and Rooney v. Columbia Pictures Industries, Inc., 538 F. Supp. 211 (S.D.N.Y 1982).

③ 朱莉·E.科，莉蒂亚·P.劳伦，罗斯·L.欧科迪奇，等.全球信息经济下的美国版权法（下）[M].王迁，侍孝祥，贺炯，译.北京：商务印书馆，2016：999.

④ 同上。

⑤ NIMMER M B, NIMMER D. Nimmer on Copyright [M] New York: Matthew Bender, 1997: 10-90.

⑥ 同上。

一步解释。尤其是，当合同双方在实质地位不平等的情况下签订了权利转让范围广泛的协议，运用何种解释方法能使利益失衡的合同重新恢复平衡是一个需要讨论的问题。

第二节　著作权反限制合同条款引发公私利益失衡问题

本节关注与作品需求有关的著作权合同关系问题。作品最终由使用者使用和消费，作者及其他著作权人将作品许可给使用者（包括不特定的社会公众）使用，从而形成著作权人与使用者之间的著作权合同关系。著作权限制规范是著作权法实现公私利益平衡的手段，然而著作权人在著作权合同中约定著作权反限制条款，打破了著作权的初始权利配置平衡，故面临合法性审查。

一、著作权限制的形式与设置的理由

著作权法致力于构建一种微妙的平衡。一方面，它为作者提供保护，以此作为创作的动力；另一方面，它必须适度限制专有权保护的程度，避免垄断带来的不良影响。法院必须始终牢记这种对称性。[①] 著作权限制正是为达成这一微妙平衡的举措。在欧洲大陆，著作权限制意味着立法者对未经授权使用版权材料的用户合法权益的明确承认。在美国，著作权限制被视作有助于实现公共政策目标。在我国，著作权的限制即著作权人享有专有权的例外情形。狭义上的著作权限制仅指著作权法内部的著作权限制，即为促进公共利

---

① NIMMER D, BROWN E, FRISCHLING G N. The Metamorphosis of Contract into Expand [J]. California Law Review, 1999 (87): 17.

益而对著作权人行使权利加以限定。① 本书采用广义著作权限制的含义，包括对著作权法的外延限制以及著作权法内部的限制，但以狭义上的著作权限制的讨论为中心。

（一）著作权法外延限制及设置理由

著作权法外延限制，指的是在侵权诉讼中判定具体表达是否构成著作权法上的保护对象的相关限制。著作权法的外延限制旨在促进新作品的传播，并维系一个活跃的公有领域。著作权法的外延限制主要包括：著作权保护期限限制（已过保护期的作品将归入公有领域）、作品的独创性要求限制（不具独创性的不构成受保护的作品）、思想与表达二分法制度的限制（思想不属于受保护客体）、首次销售制度限制等。不符合限制性条件的内容不是著作权法保护的对象，任何人都可自由使用，这也被称为"完全排除专有权"的方式。② 倘若著作权人为这些不应受保护的内容寻求合同保护，将会破坏著作权初始权利配置的平衡，此类合同的合法性值得检验。

第一，著作权的专有性并非无期限。当保护期限届满，作品便归入公有领域。每个人都可以自由复制已进入公有领域的作品或随意与公众交流。著作权法从一开始就确定了著作权的非永久性特征，首部版权法《安妮女王法》规定作者享有的专有权期限为 14 年，从出版之日起算，期限届满后可续展 14 年，即最多 28 年的专有保护期。保护期届满后，作品进入公有领域。尽管当前大多数国家的版权法都已在立法上不断扩大了作者的专有权范围，将保护期限延长至作者生前至其死后 50 年或 70 年，但有限保护

---

① 参见杨斌，刘志鹏.论网络授权合同与著作权限制的冲突与协调［J］.湖北社会科学，2012（5）：152-157.

② 朱理.著作权的边界——信息社会著作权的限制与例外研究［M］.北京：北京大学出版社，2011：20.

期的原则未曾改变。

限制作者专有权的保护期限，主要目的在于促进作品的利用与流通。首先，任何创作均建立在前人劳动成果的基础之上，若专有权无期限，公有领域将成为无源之水，后续创作也将受到极大的限制。其次，超过一定期限，难以寻找作者及其继承人，这将提高授权许可的查找成本。再次，作品永久性保护的结果弊大于利，不仅会增加公众未来创作的成本，对发展中国家的文化发展也尤为不利。最后，永久性保护难以激发社会的创造活力，使作品的流通和利用受阻，不符合公众对文化产品的迫切需求。在美国 Lasercomb America, Inc. v. Reynolds 案中，原告在网络授权合同中约定其软件保护期限为99 年，就属于寻求超期限的保护。[1]

第二，著作权公有领域还包括自始不受著作权法保护的作品。独创性是区分作品是否受保护的标准，任何人都能够自由使用作品中的思想，但不可随意复制他人作品中的表达。作品中的思想和事实一旦公开，就自动进入公有领域，权利人不得以任何方式阻止公众使用。如我国《计算机软件保护条例》第 6 条明确规定，软件著作权保护不延及软件所用的思想、处理过程、方法和概念等。此外，未被授予专利的作品中所描绘的功能性设计，公众接触到也可以自由使用。1990 年美国第四上诉法院在 Lasercomb America, Inc. v. Reynolds 案中就直接指出，原告通过合同将其权利扩展至保护作品的"思想"，试图限制用户利用其思想创作新的软件，构成著作权滥用。"思想表达二分法"体现了著作权的权利配置，符合著作权条款的公共政策要求，原告的行为因与其中所体现的公共政策相悖而无效。[2]

第三，首次销售原则的目的在于明确当权利人同意作品在某领域内出售或分发后无权控制该作品的再次出售。例如，录音制作者在其制作的每张 CD

---

[1]　See Lasercomb America, Inc. v. Reynolds, 911 F.2d 970 (4th Cir. 1990).

[2]　同上。

上都印制了一份通知，禁止购买者将 CD 进一步转让给他人。此时，录制品权利一旦向公众发行就已用尽，制作者无权限制用户的后续行为。购买者在购买后进一步转让给他人的行为不构成著作权法上的向公众提供的行为，因此，CD 上的通知不应产生效力。值得注意的是，要适用该原则保障公众的利益，必须首先解释合同属于许可使用合同还是销售合同。我国原则上赞同在数字时代将"永久占有标准"作为许可与销售的区分标准，即若使用者有权永久占有作品复制件则属于销售合同，若只能暂时性占有则属于许可合同。[①]虽然我国未明文规定该原则，但该原则在司法实践中得到普遍认可并被广泛应用。司法实践中很少仅凭合同名称判定合同的性质，更多的是结合合同的实质内容、合同的目的等多方面考察合同的性质，以切实保护广大使用者的利益。

（二）著作权法内部限制及设置理由

著作权法内部限制包括合理使用、法定许可和强制许可三种类型。

合理使用属于完全否定权利人专有权的情形，使用者无需经过许可，也无需支付金钱补偿。法定许可允许使用者未经权利人授权使用作品，但要求支付报酬，报酬由相关机构确定或立法明确计算方式。强制许可方式不太常见，我国《著作权法》也未对此作出规定，它是在当事人无法达成协议的情况下，由政府当局确定价格和条件并授予个别许可的形式。著作权内部限制旨在鼓励创作和传播新作品之间实现利益平衡，在此意义上，这种限制只是立法者用以界定权利所有人专有权范围的一个工具。[②]

不少学者对限制专有权行使的著作权限制设置的理由进行了抽象分类。

---

① 参见梁志文. 变革中的版权制度研究［M］. 北京：法律出版社，2018：257.

② GUIBAULT L. Copyright Limitations and Contracts: An Analysis of the Contractual Overridability of Limitations on Copyright［M］. The Netherlands: KluwerLaw International, 2002: 16.

德国学者雷炳德教授将著作权限制设置理由分为：一是因个人使用目的而进行的限制，二是为促进文化经济发展而进行的限制，三是为公共利益保护而进行的限制。[①] 胡根霍尔兹教授采用规范性解释方法解释著作权限制设置的理由：一是出于尊重用户基本自由（尤其是言论自由、出版自由、信息自由等），认为公众有自由参考、引用、滑稽模仿作品的权利。二是为满足社会公众自由免费获取作品的公共利益需要，为教育机构、图书馆、档案馆、博物馆或残疾人群体设置的著作权限制。三是为应对市场衰竭（即权利人此时根本无法对作品行使专有权的情况）而允许个人非公开使用作品。

还有学者认为，各国著作权限制主要基于以下四个基本理由中的一个或多个：维护用户的基本权利、规范竞争和行业惯例、促进知识传播以及应对市场失灵状况。[②] 基于此，著作权限制可分为四大类：第一类是确保基本自由的著作权限制，包括言论自由、咨询自由、新闻自由及隐私权保护。第二类是基于公共利益及信息流通的需要，例如为国家机关的运作而进行的复制及翻译。第三类是建立在工业发展与竞争的管辖之上，如软件的反向工程。第四类用于调整"市场失灵"，如非商业性的私人复制等。[③]

学者对著作权限制理由的描述差异源于两大法系著作权理论基础的不同，大陆法系国家遵循自然主义方法，而英美法系国家遵循功利主义方法。无论依据哪一法系的理论，著作权限制都是在著作权人的权利保护和社会公众使用作品的利益保护之间进行权衡，而这一权衡的哲学基础实际上就决定了著作权限制的理由、范围和形式。

我国著作权限制主要规定于《著作权法》第24条和第25条，此外，《中华人民共和国计算机软件保护条例》（下文简称《计算机软件保护条例》）第

---

① M.雷炳德.著作权法［M］.张恩民，译.北京：法律出版社，2005：298.

② See GUIBAULT L. Copyright Limitations and Contracts: An Analysis of the Contractual Overridability of Limitations on Copyright［M］. The Netherlands: KluwerLaw International, 2002: 16.

③ 杨斌，刘志鹏.论网络授权合同与著作权限制的冲突与协调［J］.湖北社会科学，2012（5）：152-157.

17 条,《信息网络传播权保护条例》第 6 条、第 7 条也对著作权限制作出了规定。从这些规定中可以归纳出我国著作权限制设置的理由主要可分为三类:一是基本权利和自由的保护;二是公共政策的考量;三是经济理由。

从保护基本权利和自由的角度而言,合同不能强迫用户放弃其言论自由、隐私等基本权利。著作权法中体现保护公众表达自由基本权的限制如下:私人对作品的适当复制、引用、滑稽模仿,刊登播放有关政治经济和宗教等问题的时事性文章以及公众集会讲话。Cass Sunstein 教授指出,言论表达自由需要两个基本条件:一是人们能够自由地接触和选择信息,信息不应被事先筛选。二是大部分公民应当拥有一定程度的共同经验。[①]作品是思想的重要载体之一,著作权人不能以合同限制作者对作品的接触、自由使用作品中的思想、在特定情形下使用作品的表达。此外,个人隐私权这一基本权利的保护也是设置著作权限制的一个考虑因素,我国《著作权法》第 24 条第 1 项明确规定,个人欣赏研究作品构成合理使用。

从公共政策角度来看,著作权法需实现促进信息和知识的传播、管理产业实践以及维护自由竞争的国家政策性目标,[②]因而著作权法为教育机构、图书馆、档案馆以及特殊群体(例如少数民族群体、阅读障碍者等)设置了著作权的合理使用制度。为相关产业市场的发展规定,允许软件使用的必要性临时复制、备份和修改等,允许对计算机软件进行反向工程研究。[③] Derclaye 和 Favale 认为,对于许多后续作者来说,保障基本自由的限制(即,模仿、引用、私人抄袭、批评、新闻报道)也具有公共政策特性,合同不能凌驾于

[①] 参见凯斯·桑斯坦.网络共和国:网络社会中的民主问题 [M].黄维明,译.上海:上海人民出版社,2003:5.

[②] 朱理.著作权的边界——信息社会著作权的限制与例外研究 [M].北京:北京大学出版社,2011:33.

[③] 参见《中华人民共和国计算机软件保护条例》第 16 条和第 17 条。

公共政策规范之上。[1]

从经济理由出发，著作权限制是开放式的，可通过对合理使用进行扩张解释将社会需要的新的著作权限制囊括在内。经济理由借鉴了美国的做法，即采用经济分析法来解释变化发展的合理使用构成。[2] 由于合理使用类型会随技术的发展而变化，[3] 传统列举式的合理使用类型已难以满足时代需求，故裁判者常采用成本—收益分析方法判定行为是否构成合理使用。换言之，经济分析方法可为兜底性合理使用行为类型提供参考。

综上所述，著作权的产生基于作品的创作，而作品的创作并非凭空而来，所有的创作均建立在前人劳动的基础之上。专有权赋予的前提是"给他人留下足够多的同样美好的东西"。作者的著作财产权并非完全具有排他性，著作权法试图通过平衡作者的创作激励和社会对作品顺畅传播的需求，以更好地促进科学与实用艺术的创作与传播。因此，著作权法为保护公众使用作品的公共利益，设置了各类具体的著作权限制规范。

二、著作权合同从权利保护手段演变为权利扩张手段

保护著作权免受使用者侵害的手段，除了传统技术时代成本高昂的垄断性复制技术限制和著作权法定赋权方式外，还有当代的技术保护措施和合同限制这两种私力救济途径。

---

[1] See DERCLAYE E, FAVALE M. Copyright and Contract Law: Regulating User Contracts: The State of the Art and a Research Agenda [J]. Journal of Intellectual Property Law, 2010 (18): 65.

[2] 代表性人物如 Mark A. Lemley，Robert P. Merges 等。

[3] 当前我国《著作权法》第 24 条列举的 12 种合理使用行为类型主要有言论自由与表达性合理使用、促进知识进步的合理使用、保护公共利益的合理使用、促进创作的合理使用和促进少数弱势族群文化发展的合理使用。此外，司法实践还根据《著作权法实施条例》第 21 条以及相关法理确立了许多新的合理使用类型，包括可预期性使用、自由竞争、技术发展、促进合作、促进信息获取等类型。参见梁志文. 变革中的版权制度研究 [M]. 北京：法律出版社，2018：289.

复制技术的限制有力地防止他人复制 [①] 作品。例如，美国《国家地理》杂志的出版商无需担心其精美的照片和排版的文字被盗版，从而导致市场被复印版所蚕食。因为复印版的质量低劣，对其竞争力影响微乎其微。过高的打印技术会增加复印版的成本，最终导致复印版比原版还昂贵。[②] 随着复制技术的推广与普及，普通人的复制成本降低，出版商只能寻求法律的庇护，以防止他人随意复制，并维持自身在特定业务上的盈利。法律的确权保护，使权利人能够安心地向公众公开作品内容。除了著作权法和复制技术的限制外，还有防复制的技术措施来以防止作品被随意复制。例如，卫星信号通常是"加扰"的，接收端需要"排扰器"才能使用。最后一项防复制的限制是合同法所提供的保护，权利人通过合同规定对方使用作品的界限。

随着数字时代的到来，著作权法、复制技术的限制、技术措施和合同这四种防止随意复制的手段所产生的效果发生了显著的变化。首先，现代互联网通信技术和计算机技术改变了传统复制市场的状况，新技术使当前普通用户能够摆脱复制技术限制的束缚，即时获取许多近乎完美的作品副本。简而言之，复制技术的限制对于著作权人防止作品盗版几乎已不起作用。

其次，法律的作用降低。面对数字复制技术导致作品保护率的下降，著作权人寄希望于法律改革来获得有效保护。例如，美国商务部专门成立工作小组审查国家信息基础架构（NII），并发布了一份名为"绿皮书"的报告。该报告提出，为满足数字传输技术的需要，附加"通过传播向公众分发作品副本的权利"。并且，该报告还提出禁止销售规避技术措施设备的建议，著作权人有权起诉未经授权生产销售"解扰"设备的行为。从修法的提出到立法

---

① 著作权人根据著作权法享有多种权利，包括复制权、发行权、表演权、信息网络传播权等。因各种形式的使用大部分需要建立在临时或长期复制（不同程度上的重现作品）的基础上，故统一用"复制"来代替。

② HARDY I T. Contracts, Copyright and Preemption in a Digital World [J]. Richmond Journal of Law & Technology, 1995, 1 (1): 2.

的确定，无不体现着利益集团的博弈和斗争。在法律上扩张权利人的权利引发了许多利害关系人的不满，许多用户群体认为其对读者、研究人员和其他著作权"消费者"的利益都产生了极其不利的影响。国会中利益集团的争斗最终致使有利于出版商的修正案未能通过，这使得技术措施和合同成了具有吸引力的私力救济方式。

最后，数字出版商开始转向剩余的两个手段——技术措施与合同，以弥补其在技术和立法过程中遭受的损失。技术手段与合同相配合，或者合同手段本身都能够为著作权人在数字时代防止作品受侵害提供有效的保护，甚至提供"超法"保护。[①]

著作权合同在权利保护及扩张方面发挥着相当重要的作用，是限制他人复制的低成本方式。计算机通信技术和网络在线服务的发展，极大地降低了包括通信成本、搜索成本、协商沟通成本、谈判成本、合同执行监督成本等在内的著作权交易成本。计算机技术还有利于后台对合同进行高效的监测、对消费者进行区别定价，计价方式也发生了转变——从以往的批量计价到如今的按最小件计价方式。交易成本的整体降低使合同订立更为便捷，也增加了著作权人利用合同保护著作权的需求。权利人在尝到著作权合同作为私力救济的甜头后，逐渐将合同条款不断拓展至合法权利的界限之外，最突出的表现是在合同中规定著作权反限制合同条款。

三、著作权反限制合同条款的表现形式

著作权通过权利赋予与权利限制的方式，在激励创作、传播和保证公众能够接触和使用作品之间达成谨慎的平衡。著作权法上的权利限制对于权利人而言是行为的约束，但对于使用者而言则触及其行动自由的领域。例如，

---

① 由于本书主要集中研究著作权合同，故不过多阐述技术措施部分。

使用者的合理使用行为不构成侵权、使用已过保护期的作品或使用作品中的思想不构成侵权，等等。然而，著作权人通过约定对著作权限制构成反限制的条款，为客户施加责任义务、剥夺属于他们的法定利益。[①] 此类许可协议打破了著作权的初始权利配置平衡，主要表现为：

第一，限制使用者对作品的处分行为。

著作权人将数字作品所有权转让合同转变为许可合同，以此限制使用者对作品的合法处分行为。如"亚马逊删除电子书"事件引发了区分数字作品许可与转让合同的争议问题。[②] 依据首次销售原则，著作权人无权控制作品载体所有人处分该载体的行为（如再次买卖、借用或赠与他人）。在数字时代，传播技术和作品利用方式发生了巨大变化，用户可以在计算机上直接上传或下载作品使用，无需依赖作品的原件或复制件载体的转移占有。此时著作权人与使用者的交易性质是许可还是销售存在争议。

著作权合同性质不同，使用者的权利范围也不同。若将上述交易认定为许可而非销售，则依据首次销售原则的作品载体所有权权能将失效，并且使用者的许多其他权利也极有可能被著作权人通过格式合同排除。例如，在许可合同中约定："作品内容只限消费者本人使用，未经权利人许可，不能转让、许可或出租。"对于当前著作权人模糊著作权许可和转让界限所产生的纠纷，需要裁判机关做出合理的解释，同时也需要我国《著作权法》尽快确立和完善适应数字技术时代的首次销售原则。

第二，限制使用者使用作品的方式。

当前著作权法主要以积极赋权的方式规定作者的权利，而以消极赋权的方式认可使用者的权利。对使用者的消极赋权是通过著作权限制来实现的，也就是确定使用者某些使用作品的行为不构成侵权。由于著作权限制与例外

---

① See LOREN L P. Slaying the Leather-Winged Demons in the Night: Reforming Copyright Owner Contracting with Clickwrap Misuse [J]. Ohio Northern University Law Review, 2004 (30): 495.

② 朱榕. 电子书著作权授权研究 [J]. 情报科学，2012（7）：980-984.

的规定不够清晰，或滞后于实践的需要，权利人常在格式合同中设置排除著作权限制的条款（即著作权反限制条款）。著作权人以使用者接受著作权反限制合同条款作为订立合同的前提条件，从而引发著作权合同与著作权法的冲突。

例如，许多国家和地区的著作权法明确规定了必要的反向工程、必要备份和存储行为的合法性。我国《计算机软件保护条例》第 16 条规定，用户为了学习和研究需要传输或存储软件的，在一定条件下可制作备份或者对软件进行必要的修改。而许多计算机软件安装协议约定"用户不得对本软件产品进行反向工程、反编译或反汇编等行为"。如我国首例软件用户请求确认关于拆封合同效力一案就涉及了关于禁止反向工程合同条款的效力问题。[①] 相类似地，Adobe 公司的"Adobe Photoshop 5.5 Tryout for Windows"条款禁止用户对软件进行反向工程、反向编译和改编。这些约定都限制了使用者的合法行为。

再如，许多终端用户使用协议禁止使用者的合理使用行为，包括禁止批评作品、模仿使用或引用作品等。例如，杀毒软件商 McAfee 禁止用户对其软件进行评价。微软公司在其软件使用协议中禁止用户引用其商品的图片或服务图标和文字等，目的是阻止用户引用图片、图标和文字对其软件进行批评。暴雪公司提供的最终用户协议约定用户不可公开发表对软件技术监测结果的评论。[②]

可见，当著作权合同条款与《著作权法》规定的著作权限制规范相悖时，该条款的效力需要裁判者作出解释。同样，即使此类合同条款是经过双方协商后同意的，对合同效力是否有影响也需要裁判者进行考量。

第三，在合同中不合理地分配权利义务。

---

① 参见（2006）一中民初字第 14468 号民事判决书。

② 熊琦. 互联网产业驱动下的著作权规则变革 [J]. 中国法学，2013（6）：79-90.

著作权人可能利用格式合同排除对方权利、免除己方的责任。在"郭力诉微软案"中，微软公司提供的格式合同存在免除自己因重大过失而应承担的损害赔偿责任条款、限制微软公司因涉案软件或 OS 组件可能承担的责任条款、免除自己关于"支持服务"的瑕疵担保责任条款以及补救限制条款等四项条款。① 这几项条款最终被法院判定无效。法院认为软件本身可能存在的危及消费者人身和财产安全的风险责任分配问题，可能无形中扩大了权利人的免责范围，增加了使用者的使用成本。

除此之外，著作权人还可能利用格式合同创设法外之权，如创设浏览权、接触权和额外限制权等。著作权人享有的权利一般建立在复制权基础上，而线上传播方式影响了著作权人的复制权，因而著作权人通过格式合同要求使用者必须同意这些条款才可接触作品、进行线上阅读，但不允许使用者下载或复制作品。例如，在"梦幻西游 2"网络游戏直播侵权案中，网易公司通过提供"服务条款"为自己设定了接触权。② 著作权人通过技术保护措施配合合同，实际控制了公众接触软件的行为。

四、著作权反限制合同条款的可执行性争议

在数字技术时代，著作权人倾向于利用技术性、在线性、格式性的合同向使用者施加超越法定的行为限制，对著作权限制构成反限制，形成了"超著作权"的结构。③ 这种"私人造法"的行为引发学者们的担忧，他们担心技术加电子合同形式可能会取代著作权法律制度。④ 理由是，著作权格式合同虽

---

① 参见（2006）一中民初字第 14468 号民事判决书。

② 参见（2018）粤民终 137 号民事判决书。

③ 杨斌，刘志鹏. 论网络授权合同与著作权限制的冲突与协调［J］. 湖北社会科学，2012（5）：152-157.

④ 查尔斯·麦克马尼斯著，崔国斌译. 新字千年的知识产权［M］// 郑成思. 知识产权文丛（第 5 卷）. 北京：中国方正出版社，2001：435.

然在一定程度上起到了保护著作权人利益的作用，但也打破了著作权合理使用和自由竞争版权交易市场的形成，①甚至出现合同取代著作权法的趋势。②

合同与著作权法产生冲突，在一定程度上与人们对著作权法性质的认识发生变化有关。著作权在产生之初被视为一种在无形财产上创设产权的机制，立法对该权利的确认与其他财产权相同，权利人能够自由行使和处分权利。著作权人在权利许可、转让以及价格费用等方面拥有广泛的合同空间。这一观点印证了麦迪逊提出的"公共物品与个人要求一致"的主张。公共财产与私人财产的一致性源自对于具有商业特征的产权依赖的推定。自愿交换能使买卖双方都获益，而自愿交换是以具有产权为前提。在著作权方面，则是假定作者与公众都能从信息财产权中获益。③

然而，如今的趋势发生了改变。著作权法不仅构建了无形财产权机制，更成为一种界定无形财产权利范围的手段。两种观点的实际区别在于，在"作为财产的版权"观点下，个人能够自由缔约并确定合同内容，著作权法期望或鼓励合同成为利用该财产的机制。此时，著作权合同能够轻易地限制作品的合理使用，也能够轻易限制购买者在首次销售后的权利。在"版权为责任"的观念下，作品的使用和交易都要受到限制，包括作品交易后的合理使用以及首次销售后的继续出售或出租等。在责任规则机制下，著作权法被认为已经明确了权利与非权利之间的界限，不允许越界行为的发生。著作权的"财产权论"解释和"责任论"解释为我们理解合同与著作权法之间的关系增添了一个全新的认识视角，有助于我们进一步分析越界的著作权合同的可执行问题。

---

① 参见王翼泽. 版权许可格式合同扩大版权人权利范围的应对［J］. 中国版权，2020（8）：61-64.

② See HUGENHOLTZ P B. Copyright, Contract and Code: What Will Remain of the Public Domain［J］. Brooklyn Journal of International Law, 2000 (26): 77. See MERGES R P. The End of Friction: Property Rights and Contract in the Newton World of On-Line Commerce［J］. Berkeley Technology Law Journal, 1997 (12): 115.

③ HARDY I T. Contracts, Copyright and Preemption in a Digital World［J］. Richmond Journal of Law & Technology, 1995 (1): 2.

　　总体而言，基于合同成本下降、合同信赖利益保护以及区别定价优势等原因，数字时代的著作权合同具有积极意义。当前的司法裁判主要以当事人的意思自治为核心，不会轻易否定此类合同的效力。

　　然而，当意思自治的著作权合同与著作权法、宪法等法律发生冲突时，其可执行性易遭受质疑。美国法律对此明确了优先适用规则，即联邦版权法或宪法条款优先适用于州合同法规则（美国版权法第 301 条）。该法律的立法目的明确，旨在防止州法阻碍联邦法律的立法宗旨和立法目标的实现。当著作权人的权利因合同而扩张，用户的权利因合同而缩小时，优先适用问题将更为明显。但该规则仅适用于意图通过合同获得超越著作权法外之权的情形，简单的权利转移合同并不会受到优先适用规则的影响。

　　当前我国《民法典》和《著作权法》对于该问题并没有明确的指向。面对越来越多的使用者对此提出相同的疑义和现实需求时，裁判者应作何解释，以及未来《著作权法》修法是否应明确，值得我们深思。

第三章

修正解释的理论依据：利益平衡原则的基本功能

　　著作权及著作权法的特殊性要求著作权合同不仅要遵循合同法的基本规范，实现合同订立和合同立法的目标，还必须符合著作权合同订立和著作权立法的特定目标。本章提出，针对著作权合同中初始权利配置失衡的问题，传统的合同解释方法（如阐明解释和补充解释）无法实现著作权合同解释的全部目标。原因在于，传统合同解释重在探究当事人的真实意思，最大程度地支持当事人已达成的协议。然而，著作权合同解释不能忽视著作权法的立法目的和利益平衡原则。当著作权合同超出著作权法所设定的利益保护界限时，裁判者可能需要否定当事人的意思表示，对越界的著作权合同进行修正性干预。

第一节　著作权法利益平衡原则

　　从作品的产生、开发到利用的整个过程中，协调著作权的赋权与限权关系的本质在于平衡作者、传播者、使用者之间的利益。利益平衡不仅是著作权保护的一个重要支点，也是裁判者在司法活动中要始终坚守的行为准则。

利益平衡原则要求立法与司法要注意避免出现两个问题：一是从事创造性劳动者无法获得应有的合理报酬。二是文学艺术的发展进步受到阻碍。利益平衡原则要求各方主体在追求自身的利益时应适度，因为一旦超过限度，就会影响他方权利，打破主体间的利益平衡状态。

一、利益平衡原则的内涵

利益平衡指的是著作权法所调整的各利益主体之间的关系处于相对和谐的状态，主要涉及作者与其他著作权人之间的权利义务平衡、著作权人的私人利益与公众接近作品的公众利益之间的平衡。[①]

利益平衡原则首先体现为作者与制作者（包括出版商、电影制作者等主体）之间的利益平衡。作品的创作与传播激励依赖于作品经济价值的回报来实现。作品的经济价值并非在创作完成之后自动形成，而是通过作品的商业化开发利用和传播来达成。因此，从利益平衡的角度出发，保护作者因创作而享有的利益、保护传播者因传播而享有的利益，以及协调二者在利益分配中的问题都极为重要。

从作品的创作层面来看，作品是作者的智力劳动成果，作者在著作权中占据主导地位，因而著作权法要确认并保障作者的专有权，包括保障其从作品利用中获得公取报酬。因此，著作权法应以维护作者利益为核心。[②]保护作者的作品与作品传播是源与流的关系，作品的开发和利用都必须以尊重作者权利为前提。作者权利得到尊重与保护，才能调动作者的创作热情，保证作品源源不断地产出，满足人们日益增长的文化需求。需要注意的是，充分保护作者利益的关键还在于确保其获得著作权交易产生的合理

---

① 参见易艳娟. 著作权法利益平衡机制之要义［J］. 电子知识权，2004（2）：13-15.

② 冯晓青. 著作权法目的与利益平衡论［J］. 科技与法律，2007（2）：84-87.

经济利益回报。正如美国最高法院在 Harper&Row 案中提出的，"基于著作权而产生的各种权利的目的在于，确保对知识宝库有所贡献者能获得对其劳动的公平回报"。[①]

从作品的传播层面而言，作品的功能并非供作者自身消费，而是通过作品的开发、利用和传播来实现，所以作品的开发利用者、传播者的劳动同样需要得到鼓励。只要是建立在合法基础上的开发、利用和传播作品过程中的利益也应当予以保护。这既是平衡作者与制作者之间关系所必需的，同时也有利于鼓励作品传播、增进社会知识、促进学习等著作权立法目的的实现。因此，如果行为人的行为违反了这一利益平衡要求，则可能面临合法性的质疑。

此外，著作权法利益平衡原则还体现为著作权人的私人利益与公众接近作品的公众利益之间的平衡。[②]

从作品的使用层面而言，作品被使用和消费才能实现著作权法的社会目的。[③] 著作权法的赋权与限权的并行协调旨在激励作者创作、保障公众接触作品的机会以及维护未来创作的自由之间的平衡。著作权法的赋权针对著作权人而言，旨在让著作权人控制公开后的作品，防止他人擅自使用。而著作权法的限权则针对使用者而言，旨在确保所有公众（包括作者、未来作者和其他使用者）获取知识和信息的权利。

利益平衡原则要求著作权法的赋权与限权都要适度。赋权水平过高会增加公众接触知识的成本，而不会补偿社会利益；严重时还可能走向著作权保护的反面，严重阻碍知识的借鉴和后续的创新。赋权水平又会影响作品创作的数量和质量。

---

① Harper & Row v. National Enterprises, 471 U.S. 539, 545-46 (1985)［M］// 冯晓青 . 知识产权法利益平衡理论 . 北京：中国政法大学出版社，2006：97.

② 冯晓青 . 著作权法的利益平衡理论研究［J］. 湖南大学学报（社会科学版），2008（6）：113-120.

③ 雷群安 . 版权作品权益分配的利益平衡理论再思考［J］. 韶关学院学报（社会科学版），2004（5）：56-58.

根据利益平衡原则，赋权的限度标准应以公共利益受影响的程度为基准。著作权法为保护公共利益规定了诸如合理使用原则、法定许可和强制许可制度以及著作权保护期限等著作权限制规范。我国《著作权法》第 4 条也明确规定，权利人（包括著作权人和与著作权有关的权利人）在行使权利时，不得违反宪法和法律的规定，不得损害公共利益。换言之，著作权立法与司法的目的是维护主体之间的利益平衡状态，而不是使著作权人获得比现在更为广泛的权利。

二、著作权立法目的与利益平衡原则

"我们需要具有均衡和协调感的法律。用亚里士多德的话说，法律的目标应该是'中道的'，不能太过（夸张）或不足（简约）。换言之，要避免太强或太弱的保护。[①]"法律由政策（policy）、原则（principles）和规则（rules）三个层次构成，政策指的是法律的目的，原则帮助落实政策，规则用来执行原则。[②] 著作权法的利益平衡原则体现了著作权立法的二元价值目标取向——激励创作的私权保护与促进文化繁荣的公共利益保护。[③]

从第一部著作权法到现代著作权法律制度，著作权法一直被作为一种政策性工具。1709 年的《安妮女王法》（全称为"为鼓励知识创作而授予作者及购买者就其已印刷成册的图书在一定时期内之权利的法"）被认为提供了健全的版权政策，[④] 其序言部分明确规定保护作者的权利和行使权利的自由，旨在

---

① 理查德·斯皮内洛. 铁笼，还是乌托邦——网络空间的道德与法律［M］. 李伦，译. 北京：北京大学出版社，2007：123.

② 林德伯格，帕特森. 版权的本质：保护使用者权利的法律［M］. 郑重，译. 北京：法律出版社，2015：48.

③ 冯晓青. 著作权法的利益平衡理论研究［J］. 湖南大学学报（社会科学版），2008（6）：113-120.

④ 林德伯格，帕特森. 版权的本质：保护使用者权利的法律［M］. 郑重，译. 北京：法律出版社，2015：41.

矫正过去过分保护印刷商、出版商和书商的现象。①美国宪法中的知识产权条款继承和阐释了促进学习、保护专有权以及维护共有领域的基本政策。

此外，《日本著作权法》②《韩国著作权法》③，以及我国的《著作权法》均在第1条阐释了著作权法的立法目的。通过分析，我国《著作权法》的立法目的主要包含三层含义：①保护权利（作者的著作权以及与著作权有关的权益）；②鼓励创作和传播；③促进知识文化事业繁荣，增进社会福利。

可以说，著作权法保护专有权与促进公共利益的双重立法目标是并行不悖的。著作权立法目的的实现是通过激励作品的创作和传播进而促进文化事业的发展繁荣。因此，著作权法既要始终坚持作者权保护本位的思想，同时还需协调好作者与其他主体（包括传播者、使用者）之间的利益关系，妥善解决"没有合法的垄断就不会有太多信息被生产，但有了合法的垄断就不会使太多信息被利用"这一著名悖论。

对利益平衡原则的遵循有助于落实著作权法的政策性目标。通过平衡作者与制作者之间的利益，保障作者在著作权许可转让过程中的合法利益，有助于实现激励创作的著作权法目标。通过平衡著作权人与社会公众之间的利益，防止公众接近作品和使用作品的合法利益受到限制和排除，有助于实现促进文化繁荣的著作权法目标。

① 该法案明确，"鉴于近来时常发生印刷商、书商和其他人不经作者或所有者的同意，随意印刷、翻印和出版图书，使图书作者或所有者受到极大的损害，而且常常使他们及其家庭破产；为防止今后发生此类事情，为鼓励学者们编写有用的图书，特制定本法案"。参见费安玲.著作权权利体系之研究——以原始性利益人为主线的理论探讨［M］.武汉：华中科技大学出版社，2011：30-31.

② 该条规定：本法的目的在于通过规定有关作品以及表演、录音制品、播放和有线播放的作者权利以及与此邻接的权利，在注意这些文化财产公正利用的同时，保护作者等的权利，以促进文化的发展.《十二国著作权法》翻译组.十二国著作权法［M］.北京：清华大学出版社，2011：361.

③ 该条规定：本法的目的在于保护作者的权利以及与此相关的权利，促使作品公平利用，促进文化及相关产业的进步及发展.《十二国著作权法》翻译组.十二国著作权法［M］.北京:清华大学出版社，2011：509.

第二节　著作权合同解释以动态平衡为目标

利益平衡既是一种状态，也是一个过程。作为一种状态的利益平衡，指的是当事人之间、私人利益与公共利益之间处于一种公平的状态。作为一个过程的利益平衡，是由于著作权受到科技、经济、社会等多方面因素的影响，因而始终是一个动态的平衡。① 静态的平衡与动态的平衡能够相互转化。著作权合同解释的目标便是将利益失衡的著作权合同重新实现平衡。

一、动态平衡是利益平衡原则的内在要求

著作权法对于权利的初始配置具有重要意义，它通过赋权与限权的相互交替作用来实现利益主体的平衡状态。但作品权利若要产生价值，则必须是动态流转的，而非静止的。著作权许可转让合同是当事人对作品权利进行再分配的方式，也是作品实现经济价值的主要途径。合同的本质并非我们所见的作为纸张的静态平面体，它涉及主体、客体、内容等不同侧面，体现了不同主体的利益博弈。裁判者通过在合同的天平上为弱势方增加砝码的方式，调整合同主体的权利义务状态，并使之恢复平衡。

例如，互联网时代的数字化、无中心化特点使公众（包括著作权交易以外的第三方作品开发利用人）能够快速便捷地以近乎零成本的方式获取和使用作品，这导致利益的天平严重倾斜。此时，在立法中明确网络传播权及相关利益的归属就显得尤为关键。1999 年王蒙案率先在司法中判定因网络传播产生的利益归属，起到了定纷止争的作用，此后，我国在《著作权法》修

① 冯晓青 . 我国《著作权法》对作品权益分配的均衡思想探析［J］. 知识产权，1996（4）：16-18.

订时专门增设了网络传播权这一新的财产权类型。立法明确网络传播权归属于作者，实际上是为作者在利益天平上增添了砝码，从而使失衡的天平恢复平衡。

再如，当前的著作权合同实践显示，越来越多的著作权人在合同中约定了对著作权限制构成反限制的条款，超越了利益平衡原则所要求的适度保护标准。若立法与司法对此置之不理，将导致公众排斥合同和制度约束的不良后果。因为，当著作权保护程度过高，以至于公众动辄侵权时，就会促使公众索性不顾约束和限制，甚至对整个著作权保护体系产生反感。[①]司法对此应当保持高度警惕，力图在保证激励创作的前提下，争取网络信息的合理共享，并在保护网络传播权与合理使用网络作品之间寻求最佳的平衡点。

综上所述，除了著作权法上的初始权利配置外，以合同方式进行的权利再分配同样发挥着不可替代的作用。著作权合同是实现著作权价值的基本途径。但在权利再分配过程中，由于不同主体的利益追求不同、议价能力不对等等原因，著作权合同对权利的再分配可能会产生利益失衡的问题。

著作权合同当事人之间、当事人与社会公众之间的利益状态是衡量合同是否符合利益平衡原则的主要依据。当合同利益分配不公、阻碍立法目的实现时，当事人会诉至法院寻求重新分配。进入司法程序的合同，主体双方利益相互冲突、相互作用。此时，法官应遵循利益平衡原则，善于发现著作权合同利益失衡的根源，并依据一定的标准，通过为弱势一方增加砝码的方式实现著作权再分配的动态平衡。

---

① See MAHAJAN A J. Intellectual Property, Contracts, and Reverse Engineering after PROCD: A Proposed Compromise for Computer Software［J］. Fordham Law Review, 1999 (67): 3297.

二、著作权合同解释需应对动态环境的变化

新技术时代的到来，权利类型、权利行使方式、作品传播方式、商业模式等因素的变化，导致利益协调变得更为复杂，利益平衡也更为脆弱。但无论怎样变化，利益平衡始终是著作权法的主旋律，它指引我们不断革新理念、创新制度，积极适应科技进步带来的社会变革，填补法律的滞后性漏洞。

第一，著作权合同解释要适应利益主体的变化。在"特许状"时期，印刷商和出版商作为主要的利益主体，处于特许权保护的核心。《安妮女王法》的颁布，使作者开始占据著作权主体的位置，为作者行使自身权利奠定了基础。第二次工业革命后，作品的开发利用方式和传播方式均发生了巨大转变，市场需要更复杂、制作难度更高的作品，此时依靠作者个人单独制作已力不从心。资本投资者也不再满足于出版发行商的身份，逐渐以"委托人"或"雇主"的身份加入作者的队伍，与原始权利人共享利益。

数字技术时代，著作权纠纷主体发生了显著的变化：一方面，以往著作权人与盗版书商之间的复制传播矛盾转变为著作权人与不特定使用者之间的矛盾。数字技术时代，社会公众可以更快速、便捷、广泛地接触作品。通过借助数字技术，使用者传播和使用作品的能力大幅增强，这对著作权人的经济利益构成了严重威胁。因此，著作权人开始扩张著作权以弥补损失，由此产生了社会公众使用作品的能力和需求的增加与法律赋予其使用作品的利益萎缩之间的矛盾。可以说，在当今时代，社会公众已成为著作权利配置极其重要的主体。另一方面，在当前新技术时代，未转型的传统版权产业的传播者已逐渐在产业链中丧失绝对重要地位，而网络服务提供者在诸多领域的地位正在超越甚至取代传统产业模式下的传播者。欧盟《数字单一市场版权指

令》第15条为出版者增设法定权利以提高其缔约地位，便是对这一变化的回应。[①] 在技术和商业模式均发生巨大变革的互联网产业模式下，也出现了大量网络服务提供者迫使作者接受不合理条款的现象。[②]

在当前的商业模式下，相关的著作权利益主体的能力与地位均发生了较大的变化。例如，网络服务提供者登上历史舞台，作为发挥着关键作用的新传播者，在缔约过程中处于强势地位。著作权合同解释主体必须留意到这些变化，以做出恰当的利益权衡。

第二，著作权合同解释要适应权利范围的变化。著作权的保护范围取决于作品类型和权利类型。技术的进步促使作品类型和权利类型发生变化，例如，作品类型从最初的文字作品发展到后来的摄影作品、建筑作品、电影作品、计算机软件等。权利类型从复制权、发行权拓展到后来的出租权、广播权和信息网络传播权等。这些变化无不彰显着技术进步推动权利范围改变的痕迹。再如，当前被广泛探讨的音乐喷泉、人工智能生成物、游戏直播画面、体育赛事直播画面权利的归属与保护问题，都表明著作权保护范围需要持续进行调整。

新技术带来的作品新利用方式产生的利益无法被既有权利类型囊括，那么这些新利益的归属便成为新的纠纷源头。例如，涉及作品未知利用方式的著作权合同条款的效力以及所产生的利益归属问题。作品的新利用方式是否能被当事人签订的许可转让合同覆盖？再比如，"一揽子协议"是否包含新的权利类型和新的作品类型？著作权法未明确的与作品有关的利益应留存于

[①] See Directive of the European Parliament and of the Council on Copyright and Related Rights in the Digital Single Market and Amending Directives 96/9/EC and 2001/29/EC, Art. 19.

[②] 文中指出当前音乐人与某些音乐平台因明显不对等的关系而产生了日益凸显的矛盾，主要表现在二者签订的不公平的合同条款，例如，音乐人被要求"免费、永久和不可撤销地转让著作权"。同类案件例如网文写作平台与自由作家所签订的霸王合同条款。参见任文黛.独立音乐人权益被平台"绑架"［N］.民主与法制时报，2018-05-26（4）.曹颖.阅文合同风波中的网文平台与作者：谁在议价［N］.南方周末，2020-5-14（4）.

公有领域，还是归属于作者，或者归属于被许可人、受让人？当作品著作权被再许可或再转让后，第三方能否适用物权法中的善意取得制度获取作品权利？

这些问题并非传统的阐明解释方法和补充解释方法所能解答。由于利益的未知性或不可预见性，著作权合同解释也并非单纯对当事人真实意思的探究。鉴于著作权的公共属性特征，这些问题涉及著作权利益平衡，裁判者需要在各利益主体之间权衡，结合具体个案对合同条款和著作权法律条文进行综合的价值分析与衡量，并寻求最佳平衡点。

第三，著作权合同解释要适应著作权限制的变化。例如，思想—表达二分法的局限性以及独创性内涵的模糊性致使著作权限制规则呈现出不断弱化的趋势。另外，著作权合理使用制度、法定许可和强制许可制度也面临新的挑战。著作权人利用著作权反限制合同条款寻求权利扩张性保护行为的合法性有待明确，裁判者需要在重新解读著作权限制内涵的基础上，对著作权反限制合同条款的合法性进行解释。

综上，利益平衡是现代著作权法的基本精神，[1] 是著作权法价值目标的体现。著作权合同解释必须始终以著作权立法目的为依据，以利益平衡原则为导向。因为解释如果无助于立法目的的实现，无助于法律对社会生活的有效调整，解释法律将异化为单纯的逻辑游戏，并将害及法律的正确实施。[2]

第三节　修正解释恢复被越界著作权合同破坏的利益平衡

修正解释方法，即裁判者依据一定标准，对违背著作权立法目标和基本原则的著作权合同条款的效力予以否定。裁判者否定越界著作权合同能够产

① 吴汉东 . 著作权合理使用制度研究（第三版）［M］. 北京：中国人民大学出版社，2013：13.
② 辛正郁 . 法律的出与入：妥当适度的法律解释方法［J］. 法律适用，2015（5）：76-84.

生当事人意图产生的法律效力，并以合理内容对空白部分予以补充，以使合同主体的利益平衡得以恢复。

一、作为修正解释方式的合同效力认定

所谓修正解释，是指若依照狭义解释方法（阐明解释和补充解释）确定的合同内容存在不合理之处，则通过修正其内容使其变得合理。[①] 也有学者提出，它是依据一定标准，对合同条款的效力予以否定，并对空白部分以合理内容补充的作业。[②] 从其定义可知，修正解释的本质是对当事人意思自治的司法干预。其目的在于通过裁判者的修正解释促使合同内容向公平原则和诚实信用原则回归，使当事人彼此之间的利益以及个人利益与社会公共利益相互协调。[③]

尽管学者对于修正解释的具体表述有所不同，[④] 但都包含以下几个方面：①修正解释是基于公共政策或公平诚信原则的考量；②修正解释不考虑或者无视当事人的意思表示；③修正解释的路径是否定合同产生当事人意图产生的法律效力，并以合理内容予以补充。

合同的效力，指的是法律赋予依法成立的合同对当事人的法律拘束力。[⑤] 合同效力被划分为有效、无效、可撤销和效力待定四种情形。立法者设定合同效力制度的目的在于规范当事人的合同行为，由司法机关在个案中对诉争

[①]　参见韩世远.合同法总论（第三版）[M].北京：法律出版社，2011：707.

[②]　韩世远.合同法总论（第三版）[M]//四宫和夫，能见善久.民法总则（第五版增补版）.北京：法律出版社，2011：707.

[③]　韩松.合同法学（第2版）[M].武汉：武汉大学出版社，2014：171.

[④]　如被称为拟制解释、合同的司法变更、合同解释之社会化等。

[⑤]　惠从冰.合同效力比较研究[M].北京：法律出版社，2013：2.

合同的效力予以认定。本书认为，合同效力①的认定是修正越界著作权合同的方式，理由如下：

其一，合同效力认定体现了立法者对合同行为的规范，实现法律规范与当事人约定之间的协调，司法机关对合同效力的认定反映了其对立法政策的判断和应变。合同效力制度体现了法律对社会关系的调整目的，裁判者认定合同效力以对合同效力规范进行目的解释为前提。著作权合同是著作权行使的主要方式，对著作权合同的解释不仅关系到当事人之间的利益分配，还影响整个国家文化事业的发展和进步。裁判者可通过对越界著作权合同的效力认定方式来实现著作权法的政策性目标，例如，通过否定著作权反限制合同条款的效力，维护公众使用作品的利益。

其二，合同的效力对当事人意义重大，著作权合同效力的认定表现为著作权法对当事人意思的肯定和纠正。②并非所有当事人订立的合同都能产生法律效力，立法和司法可能肯定合同对当事人产生法律拘束力，也可能否定合同产生当事人意图产生的法律效力。合同纠纷被诉至法院后，法院首先审查合同的合法性，只有合法的合同才是有效合同，才能被赋予强制执行力。合法性审查体现了法官对当事人意思自治的评价。法官对越界著作权合同的修正解释，实则是法官不认可当事人的意思自治。

其三，著作权合同效力认定可以弥补当前著作权合同制度的不足。当前，虽然国际条约和国际性组织的指令（如《欧盟信息社会版权指令》）对数字时代出现的技术性保护措施和权利管理措施等都有所规定，但未涉及数字时代下的著作权合同问题。WCT 和 WPPT 也没有这方面的规则，有关著作权合同规则主要由成员国自行规定。欧洲学者路西·吉博指出，欧盟法对于作者与制作者、权利人与终端用户之间的合同关系保持沉默，但欧盟各成员国都普

---

① 根据部分无效不影响其他部分效力的原则，本书所称的合同效力主要指的是具体的合同条款的效力，即某一合同条款被宣布无效不应影响其他合同条款的效力。

② 参见李仁玉．合同效力研究［M］．北京：北京大学出版社，2006：4．

遍认同对合同中处于弱势地位的一方予以特殊保护的做法。路西·吉博提出，适时否定合同中限制弱势一方合法权益条款的效力是一种解决途径。[①] 在美国，美国法院通过合同与联邦版权法冲突时优先适用联邦法的规则来认定著作权合同的效力。可见，如果立法上未明确合同与著作权法的冲突解决规则，法院可通过司法认定涉诉合同的效力来弥补这一缺失。

其四，合同效力制度是合同自由这一民法核心与国家管制之间冲突与协调的产物。[②] 崔建远教授指出，在实体法的基础上，探讨如何运用现行法规则判断合同效力，是在解释论立场上实现合同自由与其他公共政策之间的协调。[③] 著作权交易既要遵循合同法的核心原则——合同自由原则，同时也要遵循著作权法利益平衡原则。因此，从解释论上去分析越界著作权合同的效力，实际上是运用修正解释方法来平衡著作权合同当事人之间的利益。

二、司法干预意思自治与利益平衡

根据形式正义理念，在合同自由的前提下签订的合同相当于当事人之间的法律，当事人必须严格执行，法官也必须严格依据当事人约定的条款作出判决。至于当事人在签订合同时的实质地位如何、一方是否利用自身优势或对方劣势、当事人履约时的社会经济条件是否已发生根本性变化等，均不考量在内。[④] 这种以形式合理性为特征的合同，将任何自然人与被抽象为"法人"的力量强弱不同的组织都视作抽象的平等主体。

然而，形式正义的古典契约理论从一开始就忽视了契约当事人之间可能

①　路西·吉博. 著作权法与合同法的联系［M］// 埃斯特尔·德克雷. 欧盟版权之未来. 徐红菊，译. 北京：知识产权出版社，2016：405-424.

②　刘贵祥. 合同效力研究［M］. 北京：人民法院出版社，2012：崔建远做序言二部分.

③　同上。

④　梁慧星. 从近代民法到现代民法［J］. 中外法学，1997（2）：4-8.

存在种种不平等状况。契约自由意味着一方当事人能够自由选择相对人，能够完全自由地安排双方的权利义务。但当自由竞争经济进入垄断阶段后，不同谈判力量的市场主体之间的平等基础被打破。此时，弱势一方只有"是"或"否"的选择，而失去了交涉"如何做"的自由。

在自由完备契约订立的客观环境发生动摇、当事人主体因素限制、合同语言文字局限等因素的影响下，实然的"契约自由"带来的并非应然的"契约正义"。合同解释也被法院用作解决合同不公平问题的常用方法。法院的合同解释标准——诚实信用、衡平、惯例或法律——被认为与给付、对待给付之间的平衡有关。① 正如德国法哲学家拉德布鲁赫在阐述法律解释的意义时指出："解释者对法律的理解可能比创立者对法律的理解更好，法律也可能比起草者更聪明——它甚至必须比它的起草者聪明。②"合同解释也同样如此。在自由且完备的市场中，法官可以充当"游戏监督者"，按照当事人已分配的合同利益进行裁判。但这样的市场实际上并不存在。

当在非自由市场中产生非正义合同时，法官会突破契约的字面含义，并根据公平原则对当事人的约定进行修正性干预。法官突破字面含义对合同条款进行解释被称为现代合同解释制度在罗马法上的萌芽。③ 因为罗马早期的法官判定合同效力的唯一标准是合同是否符合法定形式，对合同的解释也只能以合同所载文字含义为准。到了罗马法中后期，商品经济的发展带动了法学昌明，罗马法中出现了所谓的诚信契约受到法官和诚信诉权的保护，法官可以不受契约字面含义的约束。④ 例如，"不利于提供者"的格式合同解释规则被广泛用作规制不公平合同的规则。德国、意大利、西班牙的民法典以及

---

① 海因·克茨.欧洲合同法［M］.周忠海，李居迁，宫立云，译.北京：法律出版社，2001：181-182.

② 拉德布鲁赫.法哲学［M］.王朴，译.北京：法律出版社 2005：115.

③ 参见周枏.罗马法原论（下）［M］.北京：商务印书馆，1994：584.

④ 参见徐涤宇.论合同的解释［M］// 梁慧星.民商法论丛（第8卷）.北京：法律出版社，1997：709.

《联合国国际商事合同规则》第 4 条、《欧共体关于消费者合同的不公平条款指令》第 5 条均以立法形式明确了该规则。

修正解释的目的并非取代意思自治，而是对合同自由的补充。法律确定的初始权利配置的平衡不可能一直保持，它会随着动态交易情况而发生变动。一旦出现合同利益失衡的现象，当事人原来达成的合意将不存在或者部分消失，直至因无法自行解决纠纷而向法院寻求救济。此时，法官以解释之名干预当事人的意思自治。法官设置一个开放的诉讼程序，使参与者在其中全面主张、论证、质询和辩驳，然后使合同在事实、规范和价值等相互冲突之后得到修正，最终达到相对平衡的结果。

具体到著作权合同，著作权法与合同的冲突表现在：第一，作者被迫转让给制作者广泛的著作权。第二，使用者面临严格的授权许可条款的约束，被迫放弃依据著作权限制而应获得的特权。对于这些违反著作权法保护界限的越界著作权合同的效力认定，既体现了裁判者对具体法律规范的目的解释，也体现了裁判者在争议中对失衡的权利义务关系重新分配的态度。为了平衡合同当事人之间的利益，对越界著作权合同进行修正十分必要。

三、修正解释平衡作者与制作者之间的合同利益

从作者与制作者合同利益平衡的层面来看，对于某些在"非真实意思自由"情况下同意的合同条款，裁判者适时否定其产生当事人一方意图产生的法律效力是必要的。

如前文所述，著作权合同是作者实现作品经济利益的必要途径。但与制作者相比，作者可能受到预算限制、外部选择限制、不对称信息限制以及风险承担能力限制等多方面不利因素的影响，因此，作者与制作者之间的实质

地位并不平等。①莫塞·伊图拉斯佩提出谈判能力不同的人自由达成的共识可能不符合正义。例如，进行躲避风险、应对眼前困境等原因，作者常常接受过度转让权利的合同条款，以低于预期的一次性总付方式卖断权利。

实质不公平的合同不但无法给予作者合理的经济回报，也无法实现著作权法激励创作的立法目的。长期以来，作者与制作者之间存在的不公平合同被认为是作者收入得不到保障的主要原因，也被作者们视为一个迫切需要解决的问题。著作权合同虽不是改善作者经济状况的"灵丹妙药"，但若法律允许制作者通过双方"自由"订立的合同压榨作者的利益，将会使作者的经济状况进一步恶化。②

法官干预合同的真实原因在于平等原则受到侵害，③法官的适当干预能够起到有益的、引导性的以及确保公平的作用。④当强势方利用市场强势地位推行单方面的合同"自由"时，法律应当限制他们利用优势地位支配弱者的自由。⑤在司法实践中，合同双方地位不对等越明显，法官越容易发现处于不利地位的一方可能被欺骗、胁迫或误导，并判定合同在订立程序上存在漏洞，法官也更倾向于以不道德或违反公共政策为由否定合同（条款）的效力。例如，对于无合理对价的著作权买断合同，法官可能通过修正解释认定，合同条款不产生未来作品权利转移的法律效力。

---

① See DARLING K. Contracting about the Future: Copyright and New Media［J］. Northwestern Journal of Technology and Intellectual Property, 2012 (10): 485.

② See DUSOLLIER S. European Parliament's Committee on Legal Affairs, Contractual Arrangements Applicable to Creators: Law and Practice of Selected Member States［R］. 2014. Available at: https://perma.cc/TXC9-7FLY.

③ 海因·克茨.欧洲合同法［M］.周忠海，李居迁，宫立云，译.北京：法律出版社，2001：181-182.

④ 参见莫塞·伊图拉斯佩.契约［M］//德利娅·利普希克.著作权与邻接权.联合国教科文组织，译.北京：中国对外翻译出版公司，2000：209.

⑤ 参见安连成.民事法律制度研究［M］.天津：天津人民出版社，2018：191.

四、修正解释平衡著作权人与社会公众之间的利益

著作权限制是立法者经过审慎的政策性权衡，将社会付出的代价限制在正常的再创作动力范围内，从而构建起知识产权法精细的利益平衡机制。[①] 也就是说，著作权法并未给予著作权人笼统的、全方位的、无边际的作品支配权。立法上为著作权人确认的权利类型、权项权能，以及为社会公众利益设置的合理使用和法定许可等著作权限制规范，都是经过深思熟虑的结果。

数字加密技术以及其他类似技术为权利人通过著作权合同控制作品的使用提供了更大的便利。著作权人凭借其在网络授权中的优势，迫使使用者必须同意其使用协议才能访问作品。而在线的格式授权许可合同所约束的已不只是单个用户和内容所有者，而是想要访问作品的不特定用户。即，著作权人通过"针对不确定的多数人的合同""在线传播技术""控制、监视等物理手段"等一系列操作构建了事实上的产权，而不只是合同上的相对权。

这些因素的综合作用使制作者往往能在合同谈判中获取更大份额的谈判盈余，从而产生利益失衡的问题。著作权人凭借在著作权合同中约定著作权反限制条款，获得远超著作权法定范围的权利，这损害了一般公众的利益，也影响了未来作者的后续创作。

那么，若立法者认为为公众利益而限制著作权范围是恰当的，而著作权人在著作权许可协议中约定排除著作权限制的条款，这就违背了立法者的意图。对此，法律应当允许著作权人自由地将著作权法定限制置之不理，还是应当对这种合同予以必要的限制？本书认为应当是后者。理由是：裁判者

---

① See Bonito Boats, Inc. v. Thunder Craft Boats, Inc., 489 U.S. 141, 147 (1989) [J] // 崔国斌. 知识产权法官造法批评. 中国法学，2006（1）：144-164.

认可当事人处置私权的合同效力，其前提是"公共利益因私人处置而得到促进"。[①] 若当事人订立的合同违反了法律或公共政策，阻碍了公共利益的实现，该合同将不具有约束力。[②] 裁判者拒绝赋予某个违背公共政策的协议以强制执行力，是出于阻止当事人不当作为的考虑（拒绝强制执行可以起到制裁措施的作用），并避免"法院成为不当行为的帮凶"。

对违背公共政策的著作权合同予以修正的理念在 ProCD 案的法官意见中有所体现。尽管 Easterbrook 法官在 ProCD 案中以合同只对相对人有效为由认定合同有效，但在其判决意见中实际上还保留着一个常被忽视的重要信息，他认为个人将信息从公共领域中提取出来的合同是不可执行的。简而言之，当一个合同条款的限制对公共政策目标构成威胁时，将适用版权法优先原则，判定该合同不可执行的。[③]

总之，动态的著作权交易合同改变了静态的著作权法所设定的平衡，此时必须依靠裁判者在司法活动中对这一失衡的天平予以修正。尤其是在当前法律尚未明确规定的情况下，我们应当始终将著作权立法目标作为决定权利人权利范围的一个重要考量因素。裁判者应以著作权限制规范的目的为核心，在解释的基础上进行适用，甚至是修正，并调整权利人与公众利益冲突的利益平衡点。

---

① E·艾伦·范斯沃思.美国合同法（第3版）[M].葛云松，译.北京：中国政法大学出版社，2004：321.

② See Sternamen v. Metropolitan Life Ins. Co., 62 N.E. 763 (N.Y. 1902).

③ See ProCD, Inc. v. Zeidenberg, 86 F.3d 1453 (7th Cir. 1996).

第四章

修正解释的展开路径：著作权法强制
性规范的应用与完善

　　维续社会共同体需以尊重必要的强制秩序为前提，该强制秩序不得为任何个人意志所改变，处于自治领域之外。[①]法官可通过修正解释方法恢复著作权合同主体之间的利益平衡、维护著作权法的强制秩序。然而，法官对越界著作权合同的修正性干预不能毫无边界。本章首先探讨修正解释要有限度，即修正解释需依法展开。在此基础上，本章进一步探讨修正解释的展开路径，提出著作权法强制性规范是修正解释的合理展开路径。本章的结论是，著作权法强制性规范的明确与完善有利于推动著作权合同的动态平衡。

第一节　修正解释的法律限度

　　与围绕当事人意思自治进行的阐明解释和补充解释不同，修正解释是有权解释主体发挥主观能动性，依据法律规范所体现的公共政策理念对当事人意思自治进行限制或否定，因此必须受到严格限制。修正解释的基本边界是

---

① 朱庆育.《合同法》第 52 条第 5 项评注［J］.法学家，2016（3）：153-174.

符合法律，裁判者发挥司法能动性进行的修正解释要避免与立法刻意安排的利益分配产生冲突。[1]

一、修正解释中的自由裁量

通常情况下，法院不能改变当事人的意思表示，更不能为当事人订立合同。但阿迪亚认为，这种观点具有误导性。因为在实践中，许多合同义务是由法院判决产生的，这些义务实质上并非契约性的，而是在假定契约存在或者根本没有契约的情况下产生的义务。[2] 在这些情况下当事人并不想承担这些合同义务或未意识到他们可能必须承担相关义务，例如，合同的附随义务。法官行使自由裁量权是实现合同正义所难以避免的。

首先，成文法的局限性导致法律不可避免地存在漏洞，[3] 当前我国知识产权研究领域整体薄弱导致法学知识输出质量较低，新技术的飞速发展使得知识产权领域的法律漏洞更为明显。[4] 对于著作权法未明确的利益，法官将进行司法的利益衡量，并依据著作权法的公共政策适当扩张或限制权利。[5] 例如，尽管著作权法规定了众多权利限制的法律规范，但法律并未明确这些法律规范的性质。然而，法官不能拒绝裁判，所以法官对违反这些限制规范的合同进行修正时，必须充分发挥其司法能动性。

其次，"法律的生命在于经验而非逻辑"，立法者不可能将某一学说纳入

---

[1]　参见魏胜强.司法能动与价值衡量［J］.华东政法大学学报，2010（1）：121-127.

[2]　P·S·阿迪亚.合同法导论［M］.赵旭东，译.北京：法律出版社，2002：91.

[3]　梁志文.法官发展知识产权法：判例、法律方法和正当性［J］.华东政法大学学报，2011（3）：25-37.

[4]　参见李雨峰.知识产权民事审判中的法官自由裁量权［J］.知识产权，2013（2）：3-11.

[5]　参见梁志文.法官发展知识产权法：判例、法律方法和正当性［J］.华东政法大学学报，2011（3）：25-37.

立法之中，[①] 法官往往需要在个案中针对具体案件事实作出符合时代的判决。而这个判决是一个时代的人们所能感受到的，符合时代需求、主流道德、政治理论以及对公共政策的直觉（无论是公开宣布的还是下意识的，甚至是法官或其同胞们的偏见）的结论。[②] 在合同形式正义时代，合同自由神圣不可侵犯，法官只需对合同进行形式审查即可作出符合那个时代的正义判决。但在关注实质正义的当今时代，实质正义是裁判者追求的目标。对于越界著作权合同的修正依赖法官发挥其主观能动性，恢复著作权合同主体之间的利益平衡，实现分配正义的目标。

最后，著作权法规定了许多开放性概念、兜底性条款，弹性化的法律文本本身就体现了立法者"审慎的政策性权衡"，即法律授权法院进行具体的利益平衡，以期在技术发展和权利保护之间进行及时的利益调整。[③] 在著作权合同纠纷案件中，遇到法律无明确规定的情况会更为复杂。例如，假设在王蒙案[④] 中，作者王蒙已在多年前将其著作权的一部分或全部转让与第三人，第三人能否依据转让合同获得当年未预料到的信息网络传播权？此时法院必须首先对合同条款以及法律条款作出解释，填补这一漏洞，才能解决纠纷。在转让一部分著作权的合同中，要解释新出现的作品利用方式是否能被已转让权利类型涵盖。如当年转让的权利是作品的播放权，则需解释后出现的卫星广播是否属于播放权范畴。在这些著作权转让合同中，作为受让人一方，制作者当然希望合同产生包含作品未来所有权利在内发生转移的效力，

---

① 参见小奥利弗·温德尔·霍姆斯.法律的生命在于经验［M］.明辉，译.北京：清华大学出版社，2007：304.

② 参见小奥利弗·温德尔·霍姆斯.普通法［M］.冉昊，姚中秋，译.北京：中国政法大学出版社，2006：1.

③ 梁志文.法官发展知识产权法：判例、法律方法和正当性［J］.华东政法大学学报，2011（3）：25-37.

④ 参见（1999）海知初字第 57 号民事判决书。被告未经许可在其网站上转载了原告的《坚硬的稀粥》，原告认为被告的行为侵害了其著作权。该案发生在 1999 年，当时还没有现行著作权法上的"信息网络传播权"。对于在网络上传播他人作品的行为，在当时的著作权法中属于法律空白。

而作者则希望权利保留，此时裁判者需综合考量判断是否认可此类合同条款的效力。

综上，著作权合同的修正解释离不开裁判者自由裁量权的行使。一方面，与"法律适用不过是将案件事实装入法律规范这一自动售货机进而得出判决的过程"[①]这一观点不同，法官自由裁量权行使的必要性得到了学界和实务界的广泛认可，法律也赋予了法官发挥司法能动性和创造性的空间。另一方面，法官的自由裁量权必须受到约束，适用法律作出裁判的过程实质上是立法者与裁判者在精神层面进行深入理性沟通的过程。

二、修正解释的合法性

"一切有权力的人都容易滥用权力"，无限制的司法能动行为有可能损害法律的统一性、稳定性和妥当性。因此，裁判者必须坚守一定限度，保持审慎的自制。

我国是成文法国家，裁判者的任何裁决都应有具体的法律依据。尤其是我国知识产权立法历史较短，本土化的立法体系尚不完善，司法解释论也仍处于初期，裁判者针对知识产权案件的司法技能还有待提升。因此，对意思自治的修正必须依法展开，即"解释合同应符合法律"[②]。

合法性解释原则要求"法官自由裁量必须克制，不可肆意将自己的价值强加于法律文本，必须将自己限于一定的界限内"[③]。知识产权案件的法官要围绕知识产权法，受限于司法政策，基于历史、现状、效果、权宜和公平进行考量。[④]法官为保护特定主体利益进行的造法活动不能没有边界，

---

① 马克斯·韦伯.经济与社会（下）[M].阎克文，译.上海：上海人民出版社，2010：895.

② 梁慧星.论合同解释[J].法学季刊，1986（1）：3-5.

③ 李雨峰.知识产权民事审判中的法官自由裁量权[J].知识产权，2013（2）：3-5.

④ 孔祥俊.商标与不正当竞争法[M].北京：法律出版社，2009：877-880.

而是要深入分析现行法律为何拒绝对这些客体提供保护，关注背后的立法政策。①

越界著作权合同效力的认定不仅要受到民法立法精神的限制，还需要受到合同法，尤其是著作权立法精神的限制。例如，我国《合同法》中关于合同的订立程序、合同效力制度和合同解除等制度都体现了合同法鼓励交易的精神，司法机关在认定合同效力时不能贸然判定合同无效，而要严格考察合同本身是否有违合同的生效要件。同样，也不能贸然判定越界著作权合同无效，不仅要判定其是否违反合同法上有关合同有效的一般要件，还应当严格考查合同所违反的法律规范的性质、规范目的、规范精神等。

综上，修正解释是对当事人意思自治的否定或调整，合同效力的认定是法官行使修正解释权的基本方式。为控制修正解释的限度，修正解释应依法展开。并且，知识产权纠纷的最终裁决所依据的理论都必须源于知识产权法律文本的总体精神，而不能在知识产权框架之外寻求根源。②

第二节 修正解释的法律困境与合理化路径

修正解释是司法对意思自治的干预，因此应在法律设定的边界内活动。本节分析法院展开修正解释的可能性法律路径，并指出，适用一般现行法律规则修正越界著作权合同存在局限性，因为它们未考虑到著作权制度的功能。③ 完善著作权法上的强制性规范是修正越界著作权合同的重要路径。

---

① 崔国斌. 知识产权法官造法批判［J］. 中国法学，2006（1））：144-164.

② 李雨峰. 知识产权民事审判中的法官自由裁量权［J］. 知识产权，2013（2）：3-5.

③ See GUIBAULT L. Copyright Limitations and Contracts: An Analysis of the Contractual Overridability of Limitations on Copyright［M］. Part: Stellingen, 2002 .

一、作者与制作者之间著作权合同修正解释的法律困境

（一）适用《民法典》修正的局限性

当前，我国《著作权法》中关于著作权合同的规定较为粗疏。对于著作权合同中的利益失衡问题，司法机关只能依据《民法典》中的显失公平、格式合同规则、合同解除规则等合同法一般规则进行调整。例如，上海阅文信息技术有限公司与常书欣案[①]便是依据合同法一般规定处理的。

然而，合同作为形塑民事主体追求私人利益的工具，因当事人需求的不同而形态各异，不公平合同条款的表现形式也多种多样，仅凭合同法规则很难做到合理调整。[②]本书将首先检视适用这些合同法规则修正作者与制作者之间著作权合同的局限性。

第一，适用显失公平条款进行修正存在困难。根据《民法典》第151条及该条的法律释义，适用显失公平建立在证明一方处于危困状态、缺乏判断能力、合同订立时权利义务明显失衡或不相称的基础上。[③]具体而言，要证明著作权许可转让合同条款显失公平，既要求制作者在订立合同时主观上明知作者处于不利情境，并故意利用该不利情境，又要求客观上权利义务分配明显失衡。显然，判定主观明知以及客观利益失衡本身就存在困难，而对于未来作品以及涉及作品未知适用方式的著作权许可转让更因其未知性更无法预先判断合同利益是否分配失衡。并且，无论是线下还是在线合同，作者的同意已默认其接受了合同利益的分配。

---

① 参见（2017）沪0115民初90500号民事判决书。

② 熊琦.著作权合同实质公平形塑［J］.法学，2020(6)：47-62.

③ 参见中国法制出版社.中华人民共和国民法典［M］.北京：中国法制出版社，2020：121-122.

在司法实践中，法院往往拒绝对作者合同进行显失公平的评定。例如，在上海某科技公司与王某的著作权合同纠纷案中，作者提出，《白金作者作品协议》内容违反公平和等价有偿原则，制作者未对合同中排除作者权利的限制性条款（如不允许作者为第三方创作作品）支付相应对价，协议显失公平。故作者提出撤销合同的请求。

法院认为，显失公平规则的适用以利益不均衡为前提。利益不均衡表现为价款与标的物价值过于悬殊、责任和风险分担的约定明显不合理等。对于无法评估价值的特定物或者特定服务，如该案中的作品，则不适用该规则。① 尤其需要指出的是，法院在该案中进一步论述有关合同效力认定的理由，并指出《白金作者作品协议》是依法成立的合同，内容并未违反法律的强制性规范，因而当事人应依法履行合同义务。

第二，作者无法分享作品在合同履行后的收益盈余，却难以适用《民法典·合同编》中有关情势变更原则获得救济。合同收益盈余的变化并非随合同成立基础的改变而产生，常被认为属于正常的商业风险范畴。在著作权法未明确相关权利归属前，作者如果起诉制作者要求撤销合同还可能招致制作者将其列入黑名单的风险。

第三，《民法典》第498条规定的格式合同解释规则能为处于缔约地位弱势方的作者带来一定的利益。即当对格式条款有两种以上解释的，应作出不利于提供格式一方的解释。例如，在前网络时代订立的合同，不能将电视剧改编形式解释成包括网剧形式。但《民法典》第496条和497条规定的有关公平的判断方法，同样面临与显失公平规则相同的困境。一方面，作者与制作者合同利益分配不公平无法适用格式条款无效情形中的"免除或减轻其责任、加重对方责任、限制对方主要权利"和"排除对方主要权利"的合同条款无效规则。这是由著作权的无形性、价值的难以评估性所决定的。著作权

① 参见（2011）沪一中民五（知）终字第136号民事判决书。

许可转让合同的主要权利义务通常与报酬有关。然而这些合同通常约定了报酬，当事人的给付金钱义务并未通过合同予以排除。另一方面，作为资本日益集中的平台经营者或其他制作者，其往往也会注意对"免除或减轻其责任"的条款作出特别说明或着重提示，使这两条条款无法适用。

第四，《民法典》第 563 条规定的法定解除制度也无法适用于著作权许可转让合同。从文义解释上看，该条旨在规范当事人一方不履行或迟延履行合同主要债务导致的合同目的无法实现的问题。然而，在著作权许可转让合同订立后，制作者通常按时履行支付版税义务，而作者当时获得许可转让费用被认为已实现其合同目的。在著作权法未明确作者享有其他具体著作权合同利益前，作者无法依据该条解除合同。

综上所述，由于实践中日益凸显的权利义务不合理分配很难通过当事人协商解决，作者与制作者之间合同不公平所体现的特殊性导致一般的民法和合同法规则难以很好地适用于著作权合同纠纷的解决。因而需要著作权合同立法与司法同时发力，回应著作权合同实质不公平的问题。

（二）适用现行《著作权法》修正的局限性

1.《著作权法》第29条的适用

当前适用于修正作者与制作者之间实质不公平著作权合同的著作权法依据主要是《著作权法》第 29 条，该条款在新《著作权法》实施前规定在第 27 条，新法对此条未作任何修改。[①] 依据该法条，著作权人未在著作权许可转让合同中明确许可和转让的权利，推定权利未发生转移。

换言之，即便合同中出现某一权利已许可转让的表述，也未必能产生制作者意图的法律效力。法官可能结合体系解释方法、合同目的解释方法等，

----

① 为表达统一，一般描述这条法律条款时称《著作权法》第 29 条。在引用判决原文时，则称原《著作权法》第 27 条。

对《著作权法》第29条作出限制性解释。从广义上讲，法官依据该法条否定受让人或被许可人一方获得相应广泛的权利，属于本书所探讨的为平衡双方利益所进行的修正解释范畴。笔者在"北大法宝"上搜索与原《著作权法》第27条相关的法律判例后发现，法院常以此条作为著作权合同权利范围限制解释的依据，目的是将未转让权利保留在作者手中，以保护其利益。以下列举几个代表性案例加以说明：

在《中国学术期刊（光盘版）》电子杂志社有限公司与北京世纪大医科技有限公司纠纷案[①]中，法院认定，作者向《右江医学》投稿的行为并不意味着作者授权将文章收录进学术期刊数据库。学术期刊公司既未提供其从作者处获得授权的证据，也未提供《右江医学》已取得作者授权将文章收录进学术期刊公司数据库的证据。而大医公司通过《个人作品授权书》从作者处获得了独占性的信息网络传播权，以及针对侵权行为有权以自身名义起诉的权利。故认定大医公司是起诉学术期刊公司的适格主体。

在谢鑫与深圳市懒人在线科技有限公司、杭州创策科技有限公司纠纷案中，争议焦点在于，合同约定许可改编的权利是否可解释为包含将作品制作成音频的权利。法院认为，改编权是一种演绎活动，而文字作品转为有声读物，只是形式改变，并未存在演绎行为。故改编权不包含通过有声读物传播作品的权利。在该案中，法院还需解释，协议约定的"制作、复制和销售电子出版物的权利"，是否包含将作品制作成录音制品并传播的权利。对此，法院提出应从有利于实现作者权利保护的立法目标角度出发，认为该约定指的是电子图书或者电子出版物形式，不包括有声读物形式。因此，创策公司在明知其具体获得授权范围的情形下，仍进行有瑕疵的转授权行为，故应与直接侵权的懒人公司承担连带责任。

在央视国际网络有限公司与乐视网（天津）信息技术有限公司侵害作品

---

① 参见（2021）京73民终794号民事判决书。

信息网络传播权纠纷案中，法院根据原《著作权法》第 27 条认定，合同中有关在央视所属网站的永久信息网络传播权，仅指在 CBOX 网站传播，不包括使用 CBOX 软件。既然合同中只提到网站，而未提到软件，那么该信息网络传播权的范围就不包括通过软件进行的网络点播方式。[①]

以上案例体现了法院依据原《著作权法》第 27 条对合同的授权范围进行限定性解释，否定一方当事人意图通过宽泛、模糊的用语获得广泛权利转移的意思表示。

2.适用《著作权法》局限性的表现

从作者合同利益保护的角度来看，仅依靠《著作权法》第 29 条作为修正解释的展开依据是远无法满足现实需要的。

第一，《著作权法》第 29 条法律规范性质明确，法院适用时可能会作出不同判决。例如，有的法院认为，该条款属于非强制性规范，当事人不能据此请求法院认定授权无效。在艺谈艾弗艾慈株式会社与北京工业大学出版社有限责任公司著作权合同纠纷案[②]中，当事人一方提出，依据《合同法》第 52 条第 5 项中"违反法律、行政法规的强制性规范的合同无效"，主张合同因违反原《著作权法》第 27 条的规定而无效。[③]但法院认为，由于该条并未明确规定无权或越权签订的著作权合同应无效，也不属于侵犯国家和社会公共利益的情形，故而认定原《著作权法》第 27 条属于管理性规定而非效力性强制性规定，当事人提出的合同无效抗辩理由因此被驳回。

第二，在全部转让著作权合同的案件中，技术发展带来的合同订立时未出现的权利类型或出现了未可预料的作品新利用方式时，这些预料之外的利益是否属于未明确许可转让的权利？对于此问题，《著作权法》第 29 条并未明确。若判定未来方式所产生的利益和未来权利应归入一揽子转让协议的权

---

① 参见（2019）京 73 民终 1851 号民事判决书。

② 参见（2014）三中民初字第 04463 号民事判决书。

③ 类似案例参见（2015）粤知法著民终字第 537 号民事判决书。

利范围，则该利益属于受让人，这对于作者而言可能有失公平的。简言之，《著作权法》第 29 条是否可作为修正解释的法律依据存在争议，目前无法依据《著作权法》第 29 条解决涉及未来作品或作品未知利用方式的实质不公平合同问题。我国学者提出，可通过规范解释该条文、明确该条的解释规则来解决著作权合同实质不公平的问题，① 具体方法将在后文进一步阐述。

　　第三，当前对于作者提出的在著作权永久转让和全部转让著作权合同中存在的合同约定报酬显失公平的问题，法院并未作出回应，也未找到可作为修正解释的依据。例如，在韩兆琦等诉三民书局股份有限公司等侵害著作权纠纷案中，法院并未对合同标的数额与授权范围是否成正比作出解释，单纯从字面含义去解释授权范围。作者称专有出版权许可授权的地域范围仅限于台湾地区。但法院认为，在双方未就地域范围作出限定的情况下，授权范围应包括中国台湾地区和中国大陆。② 法院完全根据字面含义解释授权范围的做法有待商榷。对于该案，法院结合市场交易惯例，考虑标的额与授权范围是否相协调等对授权范围作出解释会更具说服力。

　　第四，著作权法中没有有关著作权许可转让合理报酬的调整性规范。关于作品的付酬问题规定在《著作权法》第 30 条，根据该条规定，著作权许可转让报酬的判定有先后顺序。即，先根据当事人的自由约定，在未作约定或约定不明时，方按照著作权主管部门会同有关部门制定的付酬标准支付。而在司法实践中，也鲜有案例对当事人已约定的著作权许可转让费进行调整，对于作者提出的许可转让费用与作品产生的价值严重不符的问题，法院未予以正面回应。这是因为我国是成文法国家，在著作权法未有明确规则可适用时，法官只能尊重当事人的意思自治。

---

① 参见熊琦 . 著作权合同实质公平形塑 [J] . 法学，2020（6）：47-62.

② 参见（2013）高民终字第 3133 号民事判决书。

二、著作权反限制合同条款修正解释的法律困境

为作者寻求合理报酬激励作者创作是著作权法的直接目标，而通过激励创作使公众享受更多的艺术创作成果才是著作权法的最终目的。著作权法为保障公众使用作品的利益，设置了许多著作权限制规范。然而，著作权人试图通过"私人造法"扩张其私利，减损公众的使用利益，这必然面临法律效力的挑战。从理论上讲，现行合同法、反垄断法以及著作权法都能找到修正越界著作权合同的法律规范依据，但在适用上存在明显局限性。

（一）适用《民法典》修正的局限性

虽说《民法典·合同编》以合同自由为核心原则，司法以尊重当事人的意思自治为主，但合同法所崇尚的合同自由并非绝对自由。为防止合同自由产生的弊端，《民法典·合同编》设立了合同效力制度，将一些违背原则、损害公共利益和社会正常经济秩序的合同按存在效力瑕疵处理。

涉及公共利益的合同效力认定的原则和规则主要有：合同法中为保护社会公众利益或保护弱势地位一方当事人设置的诚实信用原则和公平原则、格式合同无效规则、免责条款无效规则、违反法律法规强制性规范和公序良俗的无效规则等。但这些原则和规则作为著作权反限制合同条款修正解释的法律依据仍不免存在适用上的困境。具体而言：

第一，诚实信用原则和公平原则具有高度的模糊性和抽象性，可适用性较弱。从理论上说，著作权人明知合理使用制度、思想表达二分等著作权限制是著作权法为保障公众的表达自由、信息沟通自由和知识积累等社会福利而作出的专门立法安排，但仍刻意在著作权合同中排除这些限制，意图通过

这些著作权反限制条款寻求超法的权利。这种行为违背了诚实信用原则和公平原则，损害了著作权法维护的公私利益平衡。然而，诚实信用原则、公平原则具有高度的抽象性和模糊性，导致在适用上难以统一和落实。因此，在认可公平原则和诚信原则的抽象指导意义的同时，更要完善具体的修正解释规则。适用公平原则修正越界著作权反限制合同条款，还需结合著作权法，在著作权法赋予权利人的权利、使用者的特权、合同自由之间进行适当协调。

第二，至于适用格式合同条款无效规则和解释规则虽可作为其中一条具体路径，但同样具有明显的局限性。格式条款订立规则要求合同提供者公平分配当事人的权利义务，并采取合理方式特别说明及提请对方注意具有重大利害关系的条款。适用该规则需要裁判者解释两个基本问题：一是合同条款是否公平地分配了当事人的权利义务。二是是否提请了对方的注意。在涉及著作权反限制的合同中，权利人往往向公众提供了作品，但不允许公众评价、引用作品或使用作品的思想，这种条款是否属于未公平分配权利义务难免存在争议。此外，著作权人也往往会通过加粗标记、突出显示，甚至是以最明显的弹窗跳动方式引起公众注意著作权反限制条款。因此，适用格式条款规则展开修正解释也陷入了困境。

第三，《民法典》中的无效免责条款规则无法适用于著作权合同的修正解释。这是因为，作品通常不会出现造成当事人人身和财产损失的情形，故免责条款无效规则很少有适用的空间。

第四，《民法典》第 153 条规定的违反法律法规的强制性规定无效规则在具体适用于修正解释时也存在困境。根据该条文，违反法律的强制性规定的合同原则上无效。强制性规范反映了国家意图维护的法律秩序，而合同是以私法自治、合同自由为核心，二者的价值定位和立场不同必然带来冲突。尤其是对于兼具公法与私法双重属性的著作权法来说，著作权限制规范与权利人以合同方式自由控制和支配权利的价值之间存在明显冲突。当动态交易的著作权合同打破了著作权法上已设定的初始权利配置分配平衡时，裁判者运用合同违反强制性规定的效力规则认定合同无效，以实现合同利益的动态平衡，这是一个切实可行的办法。但是，该条规定虽是一个裁判性规范，但只起到管道性规范的作用。因为认定合同效力的前提是法官需首先认定著作权合同所限制或排除的著作权限制规范是否属于强制性规定。故法官不能直接适用该条规定展开著作权合同的修正解释，而是需要通过它找到著作权法上的依据。

（二）适用反垄断法规则修正的局限性

著作权人利用自身的优势地位，通过合同对著作权限制进行反限制的行为，常被认为是滥用著作权从而限制竞争的行为。当著作权反限制合同条款达到排除竞争进而损害公共利益的程度时，就可能构成垄断。[①]

滥用知识产权而影响正常市场竞争秩序的情况通常发生在专利权领域，权利人利用其专利及专利产品控制市场从而形成垄断。但随着信息产业的发展，对计算机软件和布图设计等作品享有专有权的著作权人也可能滥用权利，利用使用协议限制竞争。例如，在著作权使用协议中约定禁止对计算机软件进行反向工程，就可能阻碍同行开发配套工具或进行软件升级等。当著作权协议达到限制竞争的程度时，竞争者当然可以依据《中华人民共和国反垄断法》（以下简称《反垄断法》）对该行为进行规制，使此类协议不产生法律效力。

但适用反垄断法进行修正存在一个明显的弊端，即构成滥用知识产权的垄断的判断门槛较高。首先，垄断的判断与某一行为有关，而非与某一权利有关，因而享有法定的排他性专有权，但不存在与竞争有关的行为，不会纳入垄断的考量范围。其次，垄断的判断需要分析相关市场，即相关者是否在市场上占据支配地位。最后，相关者必须实施了垄断行为，例如滥用市场支配地位、签订垄断协议和经营者集中等。即，滥用知识产权构成垄断的判断

---

① 参见《反垄断法》第 55 条。

是依据反垄断法意义上的"滥用"标准，而非根据行为是否违反知识产权法律法规来判断。那么，当著作权反限制合同条款缺少任何一个条件，便无法依据反垄断法规则进行修正。

例如，著作权人在合同中禁止使用者通过反向工程开发竞争性产品的行为损害了著作权法促进表达自由与竞争自由的公共利益。著作权合同中约定禁止使用者对作品进行评论的行为与著作权法维护表达自由的公共利益相违背。著作权合同将不受著作权法保护的内容（如作品的思想）纳入保护范围与著作权法所维护的信息自由相违背。然而，依据《反垄断法》的规制标准，这些行为都不能纳入反垄断法的调整范畴。而这些与著作权法最终目的相违背但又不构成垄断的行为，就会形成无法规制的法律真空地带。①

（三）适用现行《著作权法》修正的局限性

《著作权法》第4条被称为禁止著作权滥用条款。2020年4月，我国《著作权法（修正案草案）》中增加了禁止滥用著作权影响作品传播的规定，并在草案的第50条设置了滥用权利的罚则，但该草案一经提出便引发各方争议。首先，是否存在著作权滥用问题？有论者甚至认为知识产权滥用仅指的是专利权滥用，该问题是一个伪命题。② 其次，著作权滥用的标准不一。例如，有人认为只要损害公共利益就是著作权滥用。③ 有人则以违反反垄断法作为参考标准。④

尽管禁止著作权滥用条款被保留在新颁布实施的《著作权法》第4条中，但至今仍充满争议，并被认为仅具有宣示性作用。该条款的设置源于立法者已意识到滥用著作权的行为势必产生损害公共利益的结果，进而阻碍著作

---

① 参见陈婷. 著作权滥用的有关争议、误读及澄清［J］. 电子知识产权，2021（2）：36-46.

② 李明德. "知识产权滥用"是一个模糊命题［J］. 电子知识产权，2007（10）：4-10.

③ 王先林等. 知识产权滥用及其法律规制［M］. 北京：中国法制出版社，2008：283.

④ 李明德. "知识产权滥用"是一个模糊命题［J］. 电子知识产权，2007（10）：4-10.

法目标的实现。但该条款在适用上却为学者们所诟病。最根本的原因在于，原则性条款缺乏明确的权利义务规范和法律后果，整部法律中也未能找到明确的法律规范指引。这使得司法适用存在很大困难，可能造成裁判结果缺乏客观性和确定性。

此外，在司法上如何将禁止权利滥用原则予以规则化，还未形成方法论上的自觉。[①] 因此，在《著作权法》未规定著作权滥用的具体规则之前，第 4 条很难直接作为修正著作权反限制合同条款的法律依据。

三、著作权法强制性规范作为修正解释依据的合理性

千头万绪而博大精深的民法学有一条基本线索，即自治与管制。[②] 该理念在著作权法中同样适用。著作权的私权性质、著作权客体的公共物品属性特征，都决定了著作权法需要处理好私人与私人、私人利益与社会公共利益之间的关系，而强制性规范是国家意志干预私人自治的一种体现。

（一）著作权法的自治与管制

通常情况下，私法自治理念一直是私法论域中可接受的论辩前提。[③] 私法自治保障了私人处置自身及其财产的自由。在著作权法中表现为法律对作者人身权的绝对保护（例如，不可转让性、不可事先放弃），以及创作自由的不可侵犯性（例如，不可强制作者继续履行创作合同）。从经济学角度来看，保障自主决定权利是经济调节最有效率的手段。"特别是在一种竞争性经济制度

---

① 彭诚信. 论禁止权利滥用原则的法律适用［J］. 中国法学，2018（3）：249-268.

② 钟瑞栋. 民法中的强制性规范：公法与私法"接轨"的规范配置问题［M］. 北京：法律出版社，2009：1.

③ 朱庆育. 意思表示解释理论：精神科学视域中的私法推理理论［M］. 北京：中国政法大学出版社，2004：5.

中，自主决定能将劳动和资本配置到能产生最大效益的地方去。其他的调节手段，如国家的调控措施，往往要复杂得多、缓慢得多、昂贵得多，因此总体上产生的效益要低得多。①"

但是，国家在私法关系的形成、发展与消灭的过程中，也并非完全是被动的旁观者。如果允许全面自治，必然会带来自治的弊端。当缺乏当事人意思自治的理性人基础时，就需要国家对意思自治进行必要的干预。对著作权合同自由的干预与限制主要来自两个方面：一是合同自身，二是著作权法上特殊的公共政策。②来自合同的限制往往集中在监管显失公平合同条款的情形，来自著作权法上的限制则集中于著作权法为保护个人自主权、特殊主体利益，以及公共利益的特殊政策。

对于著作权这一特殊权利而言，著作权的产生基于作品的创作，而作品创作并非无中生有，所有的创作都是在前人的基础上进行的。因此，著作权法赋予专有权的前提是"给他人留下足够多的同样美好的东西"。著作权法也是一部特殊的财产法，不仅是作者的权利法，更是国家的政策性工具。因此，著作权法上的权利赋予与权利限制制度都是为实现著作权立法目的而设定的。当私人自治触及这一基本界限时，国家干预就会出现。当然，国家常常无法在第一时间对市场需求作出反应。当国家干预缺乏理性时，其期望实现的自由公平秩序的使命也常常难以完成。

因此，绝对的自治与绝对的干预都无法达到最佳效果，它们应是相互配合的。民法以意思自治为主，干预为辅，所以民法上的法律规范以任意性规范为主，强制性规范为辅。当合同进入信息交易环境时，合同可能被用于扼杀言论自由、发表评论或阻止人们访问公共领域材料。但合同与知识产权法是相互支持的，在许多相互支持的领域存在着积极的互动性。尽管互联网技

---

① 迪特尔·梅迪库斯.德国民法总论［M］.邵建东，译.北京：法律出版社，2000：143.

② NIMMER R T. Breaking Barriers: The Relation between Contract and Intellectual Property Law［J］. Berkeley Technology Law Journal, 1998 (13): 827.

术引起的作品发行和可访问性的变化，都可能扩大契约的作用，并改变著作权法，但在这些领域仍将继续相互依存。[①]

自治与管制在相互协调与配合中发挥作用，是市场权力配置的主要特征，这种相互作用对于实现任何平衡都至关重要。换言之，当事人所缔结的合同是私人为了实现自治而创设的法，原则上应当承认合同的效力。但当合同突破了"禁区"，合同的可执行力将被否定，而强制性规范就是法律划定的禁区，是连接公法与私法的纽带。如果当事人以合同方式排除，就会遭受某种不利的后果，甚至无法产生当事人所预期的法律效力。[②] 基于著作权客体的特殊性，著作权法有其需要维护的"强制秩序"——平衡权利主体的利益、实现文化繁荣。因此，有学者提出，要处理著作权法的限制规范与合同相对权的位阶关系，可以借鉴合同法强制性规范与任意性规范的划分方法。即，当合同与任意性规范冲突时，合同创设的权利应优先；当合同与强制性规范冲突时，则限制性规范优先。[③]

（二）司法干预意思自治的管道性规范：《民法典》第 153 条

如上文所述，修正解释即法院否定合同产生法律强制力，发挥着防止合同自由被滥用的作用。从这个意义上讲，修正解释与合同无效规则实际上发挥着相同的功能。因此，研究修正解释的展开路径可以从合同无效规则着手。

合同无效制度是立法者要在自由与限制之间寻找一个合适的平衡点，[④] 而修正解释则是裁判者适用法律时在自由与限制之间寻找一个合适的平衡点。通常情况下，对于违反法律法规的合同，其效力可能会受到司法的否定性评

---

① NIMMER R T. Breaking Barriers: The Relation between Contract and Intellectual Property Law [J]. Berkeley Technology Law Journal, 1998 (13): 827.

② 参见刘贵祥. 合同效力研究 [M]. 北京：人民法院出版社，2012：8-9.

③ 熊琦. 著作权激励机制的法律构造 [M]. 北京：中国人民大学出版社，2011：214.

④ 付俊伟. 合同无效制度的若干学术追问 [J]. 甘肃社会科学，2017（2）：160-166.

价。但是，违法与无效不能简单地等同，否则会对私法自治造成严重损害。违法与无效之间存在一个"自由裁量"的中间区域。^①而这个中间区域，在立法上表现为强制性规范，即只有违反法律强制性规范的合同才有可能无效。在司法上表现为法官对强制性规范的识别和判断。这一论断在我国现行法律中能够找到依据。

我国《民法典》在原《合同法》第 52 条及《合同法司法解释二》的基础上，对合同无效制度进行了完善。与《德国民法典》第 134 条相同，《民法典》第 153 条规定"违反法律、行政法规的强制性规定的民事法律行为无效"。并增加了但书，即该强制性规定不导致民事法律行为无效的除外。该条以正式立法的方式缩小了公权力干预意思自治的空间，从另一个角度来说也扩展了私法自治的空间。

从技术层面分析，国家通过设置法律强制性规范来调整私法上的法律关系需要一条"管道性"的规范。从整个法律体系来看，我国《民法典》第 153条就起着管道性规范的作用，有助于公法规范"进入"私法领域。由于我国《民法典》对著作权合同并无明确规定，有关著作权合同与著作权法或著作权立法精神相冲突的合同效力更没有具体规范。《民法典》第 153 条能否直接作为越界著作权合同修正解释的法律依据，需要首先分析该条法律规范的性质及功能。

德国学者在分析《德国民法典》第 134 条的技术功能时，提出了三种观点：^②

一是以 Flume 为代表提出的"引致规范说（Verweisungsnorm）"。他认为《德国民法典》第 134 条本身不具有独立的规范内涵，也不具有解释规则的意义，法官不能仅依据它做出合同无效的判决。这一条款的功能仅仅在于引致另一具体的法律规范。法官需要在此基础上对引致的具体规范进行解释适用，

---

① 付俊伟. 合同无效制度的若干学术追问［J］. 甘肃社会科学，2017（2）：160-166.
② 参见耿林. 强制规范与合同效力——以合同法第 52 条第 5 项为中心［M］. 北京：中国民主法制出版社，2009：100-102.

进而确定其法律后果。

二是以 Canaris 为代表提出的"解释规则说（Auslegungsregel）"，将该条款定性为解释规则。即合同违反禁止性规范时，只要没有相反的规定，原则上都是无效的，国家正是通过此立法干预经济和社会秩序以贯彻国家政策。

三是 Westphal 提出的"概括条款说（Generalklausel）"。此说介于前两种学说之间，认为第 134 条的规定既不是单纯的引致条款，也不是单纯的解释规则，而是需要借助法官超越立法者做出独立的价值衡量，甚至在价值补充的基础上做出裁决。

苏永钦教授认为概括条款说更具实用性，能够满足不断发展的社会现实的要求。① 具体而言，当具体的法律规范明确了违反无效的法律后果时，裁判者可以直接依据该法律规范宣布合同无效，此时第 71 条起着引致规范的功能。在具体法律规范未明示合同违反该规范的法律效力时，法官则需要在法益之间进行权衡，判断合同是否违法，然后进一步审查该规范的立法目的，以确定违法的合同无效更合理，还是产生其他效果更合理，此时该条规定就起着解释与概括的双重功能。

总的来说，以上这三种学说从不同层面概括了与《德国民法典》第 134 条同类的《民法典》第 153 条的功能，对我们理解《民法典》第 153 条具有重要的参考作用。在"具体强制性规范法律解释"占主导地位的情况下，具体适用该条款时必然要结合具体的强制性规范进行。② 因而，对于违反著作权法的越界著作权合同的修正解释，需要透过《民法典》第 153 条这一管道性规范，进而结合具体违反的著作权法律规范内容、规范目的等判断违反的法律效力。

---

① 参见苏永钦. 私法自治中的经济理性［M］. 北京：中国人民大学出版社，2004：35.

② 刘凯湘，夏小雄. 论违反强制性规范的合同效力——历史考察与原因分析［J］. 中国法学，2011（1）：110-121.

（三）明确著作权法强制性规范的意义

修正解释与强制性规范的最终结果都在于排除私法自治。修正解释属于司法活动范畴，体现为否定合同产生当事人意图产生的法律效力。强制性规范属于立法范畴，体现为立法者意图对私人活动进行管制。修正解释不能仅凭裁判者的主观意志，而应基于现行立法作出裁决。根据《民法典》第153条的规定，否定当事人订立的合同效力在于判断其是否违反强制性规范，以及是否违反公序良俗。

从强制性规范与公序良俗的关系来看，强制性规范是公序良俗的规范化形式，立法通常将涉及公共利益、国家利益、国家安全等问题的规范设定为强制性规范，不允许当事人随意违反。有学者将公序良俗分为五类：①基本权利的维护；②弱者利益的保护；③经济社会管理秩序的维护；④婚姻家庭秩序的维护；⑤善良风俗，即伦理道德的维护。[①] 换言之，司法可以依据一般性的公序良俗来评判某一法律行为的效力。但从法律适用的位阶来讲，公序良俗原则的适用前提是没有明确的法律、行政法规规定。如果一项公序良俗的价值足够重要且明确，会被立法以强制性法律规范明确下来，这样不仅可以提高法律的指引力和教导力，也能为裁判者提供明确的评判规则，避免法官向"违反公序良俗无效"这一抽象条款逃逸。简言之，合理设置强制性规范，可有效规范法官自由裁量权的行使，并为当事人提供事前指导。

在法律社会化阶段，强制性规范在民法中存在的目的是对财产权行使的限制及对契约自由的限制。[②] 对于著作权法中强制性规范的研究较为少见，原因在于一直以来未曾出现一个与著作权法相冲突的权利体系。本书所探讨的

---

① 刘贵祥.合同效力研究［M］.北京：人民法院出版社，2012：8.

② 罗斯科·庞德.法理学（第一卷）［M］.邓正来，译.北京：中国政法大学出版社，2004：442-448.

规定著作权合同效力解释方面的强制性规范，是建立在明确强制性规范与合同效力认定关系的思路之上。明确著作权法上的强制性规范具有重大意义：

首先，明确著作权法强制性规范有助于保障公众的基本权利。宪法规定的信息自由权、自由表达权等在著作权法中均有体现。著作权的赋权与限制是相对应的，权利限制的目的在于防止权利人滥用权利损害公众的基本权利。这些与宪法所确立的关涉基本权利的规则，应当体现为著作权法上的强制性规范。

其次，明确著作权法上的强制性规范，是保障当事人私法自治，构建自由秩序的必要条件。尽管私法所奉行的基本原则是意思自治原则，但自治的保障离不开强制性规范的有效贯彻。不同的合同主体利益具有多样性，且常常相互冲突、此消彼长，单纯凭借任意性规范难以协调，设置强制性规范能够确定一个稳定的利益协调方向。从另一角度来看，强制性规范的设置以及司法上对强制性规范的解释是否合理，也会对意思自治产生重大影响。例如，同一法律规范，可能被解释为违反即无效的强制性规范，也可能被解释为允许当事人更改的任意性规范，这会产生截然不同的法律效果。

再次，明确著作权法上的强制性规范，有助于实现司法统一。法律规范在法律适用中起着核心作用，法律的适用也是确认法律规范是否妥当的过程。对法律规范作出不同的定性直接影响着裁判的结果。例如，著作权法规定作者享有对作品未来利益的合理报酬请求权，对于当事人约定放弃该权利的合同条款的效力认定，需要首先对该法律规范的性质作出解释。再如，著作权法并未明确合同排除或限制使用者的合理使用行为时的效力，裁判者要判断该行为的合法性，首先需解释合理使用法律规定的性质。

最后，著作权法上的强制性规范是沟通著作权法公法价值与私法价值的桥梁，有助于实现著作权法公私法价值的融通。法律规范类型的构建是 21 世纪处理好公私法关系的重大课题。只有充分发现和掌握事实的本质与规律，才能调和公私法之间的价值冲突。强制性规范是民法立法论与解释论都无法回避的话题，承载着民法价值的转变。一方面，明确著作权法上的强制性规范有助于确定公权力介入私法自治领域的界限，防止公权力对私人领域的过度干预破坏私法自治。另一方面，明确著作权法上的强制性规范能够防止过度的私人自由阻碍著作权法政策性目标的实现。

综上，鉴于上文所阐述的修正越界著作权合同法律依据存在的不足，本书提出，将明确著作权法上的强制性规范作为修正解释的展开路径是合理且科学的。越界著作权合同的修正解释必须首先解决三个基本问题：第一，越界著作权合同与其相冲突的著作权法规范是否属于强制性规范？第二，著作权合同的效力是否因违反该强制性规范而受到影响？第三，依照法律是否不应使该著作权合同无效？

鼓励合同自由，承认私人造法在著作权利用中的作用并不等同于完全排除著作权法，只要处理好二者的效力位阶关系，即明确著作权法中哪些是不能通过合同加以规避的强制性规范即可。[①] 换言之，越界著作权合同纠纷解决的关键在于，要辨别著作权合同所违反的著作权法律规范的性质，并对越界著作权合同的效力作出合理的解释。甚至在必要时，要结合我国现有的著作权法规范与合同之间的冲突，借鉴域外的立法与司法实践，完善著作权法中为保护特定主体利益所设置的强制性规范。

第三节　违反著作权法强制性规范的合同效力解释

本节以强制性规范为分析对象，运用历史分析、逻辑分析、价值分析以及比较分析等方法，从解释论的视角揭示"违反无效"的一般原理。"违反法律强制性规范的合同无效"这一原则性规定无法直接作为修正解释的法律依据。裁判者还必须分析合同纠纷所涉及的具体法律规范的性质和功能目

---

① 参见熊琦.网络时代著作权法与合同法的冲突与协调［J］.法商研究，2008（2）：75-80.

标。实际上，对于违反强制性规范的合同效力问题，我们需要明确的是：当事人依据意思自治所形成的私法关系与特定的立法政策效果，哪一个更值得维护？

一、强制性规范的区分

（一）强制性规范的基本界定

我国不少学者依据效力强度的不同，将法律规范划分为任意性规范和强制性规范，前者又有在当事人无相反约定时适用，即当事人可以通过约定排除或变更任意性规范的适用，而后者不能依据约定排除或变更。[①] 本书通过探讨强制性规范与合同效力之间的关系来研究越界著作权合同的效力问题，并哪些属于著作权法的强制性规范及对其违反的合同效力。基于此，本书采用强制性规范与任意性规范这一划分方法。

有关强行性规范、禁止性规范和强制性规范等概念散见于学者们的专著中。有学者将强行性规范从肯定与否定两个方面区分为强制性规范和禁止性规范，即，将强行性规范作为强制性规范与禁止性规范的上位概念。强制性规范是从正面指出行为人必须为的行为规范，而禁止性规范则是从反面指出行为人不可为的行为规范。从定义上看，禁止性规范与我国《民法典》第153条中的强制性规范应为同义。[②]

本书认为，无需区分强制性规范与禁止性规范。理由是"强制"与"禁止"只是表达的角度不同，任何一个强制性规范都包含不得排除适用的禁止性规范，而禁止在很多时候也同样可认为是一种强制。[③] 因此，本书统一采用

---

① 崔建远.合同法（第四版）[M].北京：法律出版社，2007：102.

② 参见王轶.民法原理与民法学方法[M].北京：法律出版社，2009：245-251.

③ 同上书，p247.

"强制性规范"这一表述，并作广义上的理解，将其视为与任意性规范相对的概念。

强制性规范强制的对象是行为当事人。拉伦茨认为，强制性规范就是该规范的适用不以当事人的意志为转移，即不允许当事人协议约定排除适用或变更适用的法律规范。韩世远教授对此持相同观点。①

强制性规范作为一种行为规范，在性质上也属于裁判规范。因为如果行为规范所预示的法律效果不能在审判中加以贯彻，则该规范就失去了命令或诱导人们为一定行为或不为一定行为，以实现一定秩序的实际功能。②

如果说任意性规范具有补充私法自治的机能，那么强制性规范则具有排斥私法自治的机能，表现为对行为人行为效力的否定，③这一点对于我们理解著作权法上的强制性规范具有良好的启发意义。尤其是带有浓厚公共政策色彩的著作权法，其中包含较多的公法性规范，对于这些规范对私权自治的介入程度如何把握，需要我们进行分析，后文将进一步阐述。

（二）强制性规范的强制方式

对于强制性规范的强制方式，有学者将其分为直接强制和间接强制两种。④

直接强制的强制性规范体现为直接对当事人的意思表示行为进行强制。例如，合同法中对租赁期限的规定以及民间借贷利率的最高上限的规定。法律直接规定，若租赁合同或借贷合同超过法律划定的期限，则超出部分无效。著作权法也有类似的法律规范。例如，不同作品类型的作者对其作品享有一定期限的专有权（如自然人对其文字作品享有终身至其死后 50 年的专有权）。

---

① 韩世远.合同法总论［M］.北京：法律出版社，2004：198.

② 参见黄茂荣.法学方法与现代民法［M］.北京：中国政法大学出版社，2001：111.

③ 参见许中缘.民法强行性规范研究［M］.北京：法律出版社，2010：25-26.

④ 参见刘贵祥.合同效力研究［M］.北京：人民法院出版社，2012：8.

这意味着，作者对于超出保护期的作品不再享有专有控制与支配权。若权利人在著作权合同中延长专有权期限，则该合同条款不能产生法律效力。有些国家对于著作权合同的期限也有规定，例如，一些国家法律规定了未来作品著作权合同期限制度，那么未来作品著作权的转让只在一定期限内有效（如巴西、厄瓜多尔和委内瑞拉规定为 5 年，葡萄牙规定为 10 年）。①

间接强制，指的是该法律规范所规制的是具体事实行为，而非合同行为，但可以通过间接方式影响合同的效力。② 例如，《计算机软件保护条例》规定软件开发的思想、处理过程、操作方法或者数学概念等不受《著作权法》保护。但如果著作权人以合同方式将这些不受保护的内容纳入保护范围，此时需要分析该法律规范的性质，进而判定违法合同的效力。间接限制是著作权合同效力判断中极为常见但也较为复杂的情形。

（三）任意性规范与强制性规范的区分

人们普遍认可强制性规范与合同效力之间存在紧密联系，对具体强制性规范的解释成为合同效力解释的关键。有学者提出的一个担忧值得重视：随着社会经济与科技发展步伐的加快，社会问题也随之增多，国家对经济社会管控的扩张是必然的也是必要的。作为国家干预社会经济的主要形式之一，强制性规范在数量上必然会有所增加。如果单纯以"违反强制性规范即为无效"的简单判断模式来规范社会经济生活，显得过于片面和武断，因为这很可能从根本上颠覆私法自治的核心原则。

学者据此提出，辨别和区分法律规范的性质以及违反规范的合同效力，

---

① 德利娅·利普希克.著作权与邻接权［M］.联合国教科文组织，译.北京：中国对外翻译出版公司，2000：215.

② 参见刘贵祥.合同效力研究［M］.北京：人民法院出版社，2012：8.

或许是控制强制性规范对私法自治干预限度的一种必要途径。① 因此，识别强制性规范便成了必须解决的首要问题。任意性规范与强制性规范的区分可采用形式判断和实质判断两种方式。②

1.形式判断方式

由于强制性规范与任意性规范的最大区别在于当事人能否通过约定排除或变更法律规范的内容。有人将法律规范中存在的一些敏感性字眼当作强制性规范的标志，例如"必须""禁止""不得""应当"等。反之，将带有"可以"等字样的规定视为任意性规定。③

但实际情况并非如此。我们知道，《合同法》是典型的以任意性规范为主、强制性规范为辅的法律。然而，据学者统计，"应当"字样在我国法律中普遍存在，仅《合同法》就使用了341次，远高于"可以"字眼的182次。④ 对于这种单纯以法律规范的文义解释来辨别强制性规范的做法是不被认可的。这些字眼只能被看作是法律对行为人的一种行为限制，不能认定为绝对限制，也并不直接导致合同无效的后果。相反，也并非不包含这些字眼的法律规范就一定不是能导致合同无效后果的强制性规范。有些禁止性规范不一定以"禁止"来表达，强制性规范也未必以"必须"来宣示，法律有可能通过宣告无效的方式，或规定在一定条件下以许可的方式来表达禁止规范。⑤

若法条包含了违反的法律效果，则可据此认定规范的性质。例如，法律规范中有"当事人另有约定的除外"或"当事人声明可以除外"等类似的表

---

① 王文胜，朱虎，方金刚，等.效力性强制性规范的识别：争论、法理与路径［J］.人民司法（应用），2017（7）：103-111.

② 参见朱理.著作权的边界——信息社会著作权的限制与例外研究［M］.北京：北京大学出版社，2011：66.

③ 参见史尚宽.民法总论［M］.北京：中国政法大学出版社，2000：329.

④ 此外，"不得"使用了48次，"禁止"用了3次.参见耿林.强制性规范与合同效力——以合同法第52条第5项为中心［M］.北京：中国民主法制出版社，2009：189.

⑤ 黄立.民法总论［M］.北京：中国政法大学出版社，2002：328-329.

述，则该规范被认为属于任意性规范。例如我国《著作权法》第 32 条、第 40 条、第 44 条，《信息网络传播权保护条例》第 7 条等可被视为任意性规范。

此外，《著作权法》中关于委托作品权利归属的两款法律规范也可从形式上直接判断其分别属于补充性任意性规范和解释性任意性规范。但不能因为条文不包含"除外"字眼而想当然认为属于强制性规范，除非规范中明确当事人不得以约定排除，或不得事先放弃等包含法律效果用语的规定。

简而言之，诸如"禁止""不得""必须"等用语都不能作为区分不同性质法律规范的形式依据。法律规范的性质识别还需裁判者结合实质性标准进行，使两种标准相互印证。此外，强制性规范的识别不可架空现有的法律规定，仍需回归到具体的部门法中。解释法律规范的性质需以文义解释方法结合法律规范的整体来分析，包括该法律规范规定的行为模式、法律后果的描述以及法律规范的整体精神等。[①]

2.实质判断方式

无论法律规范中是否存在可供形式判断的类似用语，判断法律规范的性质都必须结合实质判断方式。

强制性规范多存在于涉及保护社会福利和维护社会秩序的方面。包括：第一，规定私法自治以及私法自治行使要件的规范，如行为能力、意思表示生效的要件以及合法的行为类型（限于对行为类型有强制性规定的情形）。第二，保障交易稳定、保护第三人信赖的规范。例如，由于物权常常涉及第三人，因此《物权法》中的大部分规定是强制性规范。第三，为避免产生严重的不公平后果或为满足社会需求而对私法自治予以限制的规范。[②]

本书认为，前两种与一般合同法上的强制性规范的判断无异，而著作权

---

① 刘凯湘，夏小雄.论违反强制性规范的合同效力——历史考察与原因分析 [J].中国法学，2011（1）：110-121.

② 卡尔·拉伦茨.德国民法通论（上册）[M].王晓晔，邵建东，程建英，译.北京：法律出版社，2003：42.

法上的强制性规范类似于第三种情形。例如，为保护作者在著作权合同交易中的利益、防止严重不公平后果而设置的强制性规范，以及为了保护公有领域、满足社会公众对文化产品消费等需求而设置的强制性规范。

另有学者将法律规范所涉及的对象作为实质判断标准之一。认为任意性规范仅涉及当事人之间的利益冲突，而强行性规范则涉及第三人利益、国家利益和社会公共利益。因此可通过分析该法律规范所要协调的利益冲突类型来判断该规范的性质。[①] 根据该标准，如果合同当事人意图改变或排除适用某一法律规范时仅涉及当事人的利益，不涉及第三方或国家与社会利益，则该规范属于任意性规范。反之，如果当事人排除适用该法律规范将损害国家和社会公共利益的，则该规范属于强制性规范，当事人排除适用的行为不具有可执行力，即合同条款无效。

王轶教授提出，如果没有足够充分正当的理由，立法和司法都不应主张限制民事主体的自由。他进一步提出，能限制民事主体的这一足够充分正当的理由是国家利益和社会公共利益，即公序良俗。公序是相对于国家层面而言；良俗是相对于社会层面而言。公序良俗原则的规范化形态就是强制性规范。[②] 国家利益指的是与国家政治、经济和国家安全等相关的利益。社会公共利益则可细分为：第一，涉及不特定第三人的利益；第二，与人的基本权利相关的利益，如人的生命、健康、人格尊严和发展；第三，弱势群体的利益，如儿童、消费者等；第四，与最低限度的道德有关的私人利益，如约定故意或重大过失造成他人利益损害的免责条款就涉及最低限度的道德义务，这样的免责条款属于违反强制性规范的范畴。[③]

---

① 　参见朱理.著作权的边界——信息社会著作权的限制与例外研究［M］.北京：北京大学出版社，2011：67.

② 　参见王轶.民法价值判断问题的实证性论证规则［M］//王轶.民法原理与民法学方法.北京：法律出版社，2009：53-54.

③ 　同上。

但本书认为，所谓的实质判断方式不仅仅以涉及对象作为判断标准。拉伦茨和王轶教授的观点都侧重于从具体法律规范所要保护的具体法益出发，本书认为具有较大的参考价值。强制性规范的识别和判断最终应回归规范本质，并结合体系性解释、目的解释等方法进行整体分析，在此基础上判断违反该规范的具体合同条款的法律效力。

二、违反著作权法强制性规范的合同效力

强制性规范与合同效力的关系，即违反强制性规范的合同效力认定问题，一直以来都是司法实践中亟待解决的难题。

（一）违反强制性规范的合同效力理论

从历史角度观察，早在罗马法时期，学者们就根据法律行为违反法律规范所产生的法律效果的差异，将法律规范分为次完全法律①、不完全法律②和完全法律。据学者考证，完全法律出现较晚，是指公权力干预契约自由、干预私法自治领域的规范，包含"违反无效"的法律后果，最终体现于公元439年的《狄奥多西法典》（Lex nondubium)中。③该法典阐明了一个重要思想：违反禁止性强制性规范的合同无效，即便该法律规范未直接规定无效，而具体的法律规范性质主要依靠"解释"来判断。④

我国《民法典》采用了《德国民法典》第134条的模式，即"违反强制性规范的合同原则上无效，例外有效"的模式。然而，该条法律规定较为简

---

① 根据古罗马法，如果契约违反的是次完全法律，当事人会遭受刑罚，但契约效力不受影响。

② 根据古罗马法，如果契约违反的是不完全法律，当事人不会遭受刑罚，契约效力也不受影响。

③ 刘凯湘，夏小雄.论违反强制性规范的合同效力——历史考察与原因分析［J］.中国法学，2011（1）：110-121.

④ 参见苏永钦.私法自治中的经济理性［M］.北京：中国人民大学出版社，2004：31.

略，仅从该条规定本身难以直接得出合同违反法律禁令的效果，必须依赖法官对具体违反的法律禁令进行解释才能得出结论。①

德国学者总结实务中所采用的解释标准，概括为：规范性质说、规范对象说、规范重心说、规范目的说。从这几种学说的发展可以看出，实务中对该问题的判断从形式标准转向实质标准，从宽松转向严格，在社会和经济法领域配合行政和立法等部门对私法的干预趋势明显。

本书赞同 Westphal 提出的检验标准。Westphal 指出，法律行为"违反"法律是一个有待价值补充的"规范性"概念——因为法规直接禁止的通常是事实行为。但在实际适用时，法官需要就禁止法规所保护的法益与法律行为所体现的法益进行权衡，而非单纯的事实权衡。②

例如，在审查违反强制性规范的合同的效力时，需审查保护合同自由的法益是否大于所要保护的强制性规范所欲保护的法益。如果是，则合同有效；如果否，则合同无效。若强制性规范所维护的是生命、健康、言论自由、平等等宪法上的基本权利，或是正常的市场经济和文化等社会公共秩序，则违反该强制性规范的合同将被认定无效。当然，如果该强制性规范已经明示合同违反本规范的法律后果，则可以直接判断效力，法官无需进行利益权衡。

但是，除了以上这两种较为明显且明确的情形外（这些情形往往为少数），多数情形下往往需要法官作出价值补充、仔细斟酌各方面法益的质与量，进而评估是否做出无效的法律判断。在 Westphal 看来，将类似《德国民法典》第 134 条的法律规范认定为一个为法官授权的概括性条款，而非单纯的无内容的引致性规范或解释规则，有助于"法官透过意识的司法创造来建立一套精致的法律行为控制标准，以使得私法自治的原始理想和国家对社会、

---

① 参见梅迪库斯．德国民法总论［M］．邵建东译．北京：法律出版社，2006：521-536.

② 参见雷裕春．无效合同判断标准的法理学研究——以违反公序良俗为视角［J］．学术论坛，2008（6）：6.

经济进行的种种干预得到最佳的调和"。① 苏永钦教授高度赞同这种以法益权衡方法代替传统的形式性标准，认为这种方法在实务中更具说明力和指引效力。②

长期以来，最高院的司法解释以及不少学者在论著中都将强制性规范区分为效力性强制性规范和管理性强制性规范。然而，这种区分的合理性存在很大争议。有学者认为，这种划分并未给出一个具体的识别标准，绝大多数的强制性规范并未直接明确其违反的法律后果，因而该具体的规范是否属于效力性规范在文义中通常找不到答案。③ 并且，以此种标准作为认定越界合同的效力会陷入同语反复的境地，即很难说清楚到底是因为合同被判定无效而推导该规范是效力性规范，还是由于合同违反的是效力性规范所以才导致无效。④ 实务界的学者则提出，该区分方法虽然不够周延，但还是有坚持这种划分的意义，理由是此种划分能起到指示功能，提醒法官进行说理和进行合理化论证。⑤

2020 年，《民法典》颁布后，以第 153 条替代了原《合同法》第 52 条第 5 项，其中最重要的变化体现在第 153 条的但书条款。该条文完善了有关违反强制性规范的法律行为的效力内容，具有一定的进步性。从文义解释来看，该条款显然赋予了裁判者可自由裁量的空间，即合同违反了强制性规范的效力如何，还需要裁判者对该规范的性质、立法目的和实际功能等进行进一步解释。

---

① 参见卡尔·拉伦兹.德国民法通论（下）[M].王晓晔，邵建东，程建英，等译.北京：法律出版社，2003：589-590.

② 参见苏永钦.私法自治中的经济理性［M］.北京：中国人民大学出版社，2004：32.

③ 杨代雄.民法总论专题［M］.北京：清华大学出版社，2012：135.

④ 杨代雄.《民法典》第 153 条第 1 款评注［J］.法治研究，2020（5）：124-1. 朱庆育教授也认为（2016）强制规定之效力性与管理性二分，一则同义反复，一则含混游移，错乱的逻辑无助于概念认知。参见朱庆育.《合同法》第 52 条第 5 项评注［J］.法学家，2016（3）：153-174.

⑤ 参见刘贵祥.合同效力研究［M］.北京：人民法院出版社，2012：34.

　　本书赞同当前《民法典》所确立的违反强制性规范的合同的效力解释规则，即违法不一定无效。合同法上有关合同效力的规定都属于强制性规范，当合同效力存在瑕疵时，在适用合同效力规则上要遵循一定的顺序。即应遵循具体优于一般的原理：首先判断合同是否属于可撤销、效力待定或合同未生效等具体情形，若属于则按具体的规则判定合同的效力。否则，需考察合同违反的法律规范是否属于强制性规范，最后考察是否违反社会公共利益。①

（二）违反著作权法强制性规范的合同效力解释规则

　　著作权是一种特殊的私权，以调整与著作权有关的权利义务关系为核心的著作权法也具有其特殊的立法目的。著作权法是国家实施公共文化政策的工具，具有强烈的公益性。著作权法对特殊主体利益的保护、平衡公私利益是其最核心的特征，这决定了著作权交易自由必然受到著作权法的限制。

　　著作权法强制性规范是著作权人控制和支配权利的边界，体现了国家意志对合同自由的干预。国家意志通过司法机关评定违反强制性规范的合同效力来平衡合同主体之间的利益。

　　通过上文对强制性规范与合同效力关系理论的历史考察、域外考察以及我国相关理论的分析，本书认为，上文关于违反民法上强制性规范的合同效力理论成果对探讨违反著作权法中强制性规范的合同效力具有重要的指导意义。

　　第一，著作权法强制性规范无需区分管理性规范和效力性规范。著作权法兼具公法与私法的双重属性，其公共政策属性特征尤为明显，因此其中有许多涉及著作权法所保护的公共利益以及著作权立法目标实现的强制性规范。著作权合同违反了这些规范将受到裁判者的否定性评价，除非该法律规范规定违反不会导致合同无效。简言之，本书所称的著作权法强制性规范即为可

① 　参见刘贵祥.合同效力研究［M］.北京：人民法院出版社，2012：26.

能影响著作权合同效力的法律规范，即效力性强制性规范，而非管理性强制性规范。

第二，违反著作权法强制性规范的合同效力解释，应先审查该规范是否明确或暗示了违反的法律后果。例如，著作权法上关于作品保护期限、构成作品的独创性要求、著作权法不保护思想等规定本身就是作品获得著作权法保护的基础条件。如果达不到这一基本条件，就不构成著作权法所保护的作品，或者不受著作权法保护。根据公共利益标准，违反这些强制性规范的合同因损害了公共利益而不具有可执行力。①

第三，在著作权法规范并未明确或暗示违反的法律后果时，可运用学者提出的"规范说"与"法益衡量说"相结合的标准来判定违反强制性规范的合同效力。② 具体而言：

首先，与公法上的强制性规范旨在惩罚或弥补损失的强制性不同，著作权法强制性规范与人格权法、物权法等私法的强制性规范一样，主要体现为一种授权性规范。著作权法强制性规范重在确定权利的归属及保护，以恢复当事人对权利的圆满支配。因此，当越界著作权合同无视著作权法的权利分配，严重侵害到某一方（尤其是弱势一方）的应得利益时，则合同可能无效。

其次，"法益衡量说"主要要求裁判者在合同自由原则的价值与著作权合同所违反的法律规范的价值之间进行权衡，对比哪一价值在该具体案例中更为重要。若合同自由原则的价值更重要，则认为合同有效；若该规范的价值更重要，则合同无效。

最后，本书认为，可采用"代入法"来解释违反著作权法强制性规范的

---

① 参见刘凯湘，夏小雄.论违反强制性规范的合同效力——历史考察与原因分析［J］.中国法学，2011（1）：110-121.

② 同上。

合同效力。[①] 即先推定著作权合同所违反的法律规范为强制性规范，将其纳入《民法典》第 153 条的考察范围。然后深入考察该规范的目的、规范对象，在进行利益平衡后判断宣告无效是否能实现其立法目的。若宣告合同无效能实现立法目的，则认定著作权合同因违反著作权法强制性规范而应无效。若宣告合同无效不能实现立法目的，则认定著作权合同所违反的并非著作权法强制性规范，合同应有效。

第四节　我国著作权法强制性规范的完善

伴随技术的发展，许多作品的新利用方式和新型交易模式不断涌现，社会利益主体呈现多元化特征，各主体的利益分配平衡问题愈发凸显。为了平衡新的利益关系，国家通过设置强制性规范来加强对私法自治的干预。例如，国家为稳定市场交易秩序而加强对垄断协议的干预、为保护消费者利益而加强对消费合同的干预等。[②] 合同领域所体现的国家管控规则同样可用于解释著作权法强制性规范的设置。从著作权立法目的出发，著作权法律制度设置的目的在于平衡作品的供需关系，充分保护作者利益和促进知识传播使用的公共利益，这是著作权法的二元价值目标。本书认为，为保证作品的供求平衡，著作权法需要在两个方面干预私法自治：第一，为保障作者与制作者之间的著作权合同实质公平，著作权法要完善保护作者合同利益的强制性规范。第二，为防止著作权人利用著作权反限制合同条款破坏公私利益平衡，著作权法要明确著作权反限制合同条款的修正解释规则，将著作权限制解释为强制性规范。

---

① 参见刘贵祥. 合同效力研究［M］. 北京：人民法院出版社，2012：30.

② 参见苏永钦. 私法自治中的国家强制［M］// 苏永钦. 走入新世纪的私法自治，北京：中国政法大学出版社，2002：13.

一、保障著作权合同实质公平的强制性规范

（一）基本原则：作者权利保护首位原则

本书第二章已详细阐述了作者在著作权合同交易中所遭受的不公平待遇，著作权法应关注作者在著作权交易中的弱势地位，在立法上明确一定程度的干预措施，以防止作者不慎或被迫过度转让权利。

如上文利益平衡原则所述，著作权法首先被视为保护作者权利的法律，因而要明确作者权利保护首位是一项基本原则。尽管我们的社会文化生活在很大程度上依赖于制作者，但作者是我们所欣赏的音乐、电影电视节目、戏剧表演、画作等各类艺术作品的源泉，他们理应得到更好的对待。[①] 因此，作者创作的作品应得到充分开发和利用，并且作者的合理报酬请求应得到法律保障。

著作权法保护作者通过市场交换实现作品的经济价值，目的是为作者提供收入激励。然而，大多数自然人作者不具备将自己的作品进行商业化运作与传播的能力，为了将自己的作品推向市场，他们只能与那些愿意实施和传播他们作品的出版商、广播组织、制片人、商业企业等制作者签订合同，授予后者销售其作品的权利。[②] 囿于技术、资源、经验和财力等方面限制，作者为了眼前小利而签订不公平合同的情况时有发生。

最近有观点提出，作者与过去相比已不再那么依赖制作者。在 19 世纪和

---

① See DUSOLLIER S. EU Contractual Protection of Creator: Blind Spots and Shortcomings［J］. Columbia Journal of Law & the Arts, 2018 (41): 435.

② See GINSBURG J C, SIRINELLI P. Private International Law Aspects of Authors' Contracts: The Dutch and French Examples［J］. Columbia Journal of Law & the Arts, 2015 (39): 171.

20 世纪，一项以牺牲创作者利益为代价而偏袒出版商和中间商的法律比在 21
世纪更具实际意义。因为当时的纸张、印刷机、广播塔、电影和摄像机、商
店、卡车和其他用于大规模分发网络的布置都非常昂贵，出版商大量发行署
名作品需要大额资本投入。在数字网络出现之前，我们完全有理由认为，只
有保障分销商能从版权作品中获得最大份额的收益，才有可能回报他们的投
资。然而，当前数字技术和网络极大地降低了出版和传播的成本，作者不必
依赖出版商就可以对自己的作品做更多的事情。

但事实并非如此，在大部分文化领域中，作品的制作与发行者所扮演的
第一发行人角色依然举足轻重。[①] 许多普通作者仍然无法掌握核心技术，对制
作者的依赖度仍旧是极高的。例如，在大数据时代，网文平台在作品的发行、
传播甚至创作方面都具有相当大的优势，网文作家对其依赖性极大，甚至将
网文平台作为唯一能够传播其作品的渠道，所以网文平台在合同谈判中占据
强势地位。强势一方出于实现利益最大化或减少侵权诉讼等原因会通过合同
寻求对作品的最大程度的控制和支配，进而极度压缩作者的合同利益。正如
杰西卡·利特曼在 2010 年所说："在大多数创造性领域，作者对作品的控制是
短暂的，他们从作品中获得的收益也不高。他们对作品的控制权及其应赚取
的大部分收益都由作者和观众之间的中间人即版权所有人持有。[②]"

在数字时代，制作者越来越全球化，技术也越来越成熟，他们在合同谈
判中继续居于主导地位。例如，他们通过模棱两可的合同或不可谈判的格式
合同，从一开始想要获得权利，到想要永久的权利，再到在合同中随意扩张
其权利的范围。然而，作者一次性地将权利一揽子出售给制作者，制作者即
便竭尽所有技术手段开发作品，但作为创作作品的原始作者却很少能分享到
技术带来的红利。因此，著作权被认为一直是（并将继续是）出版商的权利，

①　See DUSOLLIER S. EU Contractual Protection of Creator: Blind Spots and Shortcomings［J］.
Columbia Journal of Law & the Arts, 2018 (41): 435.

②　See LITMAN J. Real Copyright Reform［J］. Iowa Law Review, 2010, 96 (1): 10.

而不是作者的权利。①

基于此，本书认为，法律应关注问题的本质，关注作者在合同谈判中所处的地位，并作出适当的倾斜性保护措施，完善保护作者合同利益的著作权法强制性规范。

（二）问题凸显：保护作者合同利益的强制性规范缺位

1.域外法上保护作者合同利益的强制性规范

针对上文提到的解决作者在缔约以及履约过程中产生的著作权合同利益分配争议问题，尤其是防止作者在合同谈判中可能遭受的利益不公，许多国家和地区在著作权法中制定了许多"亲作者（pro-author）"的法律规定。这些规则涉及权利归属、合同形式要求、权利范围、作者的获得报酬权、合同的修订与终止、不公平合同，等等。但这些规定的效果欠佳，难以获得实证支持，本书主要从理论及方法论意义上尝试探索，以期评估这些规则的价值，并为我国相关制度的完善提供建议。

第一，德国是最重视作者合同利益保护的国家。1965 年，德国在起草现行著作权法时提出，应出台一部更广泛的合同法，以将所有种类的著作权合同包含在内。2002 年，德国为加强作者和表演者在订立合同时的地位，保障他们能更充分地享受法律赋予的权利和保护，出台了一部名为《加强作者和表演者合同地位的法律》，使之成为著作权法的一部分。② 当前德国形成了相当完善的著作权合同制度，主要规定在《德国著作权法》的第 31 条—43 条。其中内容包括关于未知利用方式的合同、使用权授予合同、关于未来著作的

---

① See D'AGOSTINO G. Copyright, Contracts, Creators: New Media, New Rules［M］. Cheltenham, UK:Edward Elgar Publishing, 2010: vi.

② See DIETZ A. Amendment of German Copyright Law in Order to Strengthen the Contractual Position of Authors and Performers［J］. International Review of Industrial Property & Copyright Law, 2002 (7): 828.

合同以及报酬请求权等。

具体规定有：其一，不承认著作权转让合同（因其秉持的是著作权一元论主义）。其二，详细规定作者的报酬权。例如，规定作者继续分享作品后续利益的"畅销书条款"。其三，规定作者在未知利用方式合同中享有撤回权。其四，规定作者对后来所知的使用方式享有合理报酬请求权。其五，规定作者在受让人行使使用权与其合理预期不符时享有召回权。其六，为作者规定了未来作品合同中的通知终止权。其七，规定因未行使权利而产生的召回权。其八，因观念改变而产生的召回权等。其九，当合同条款存在疑义时，作有利于作者法律效果的合同解释规则。例如，第 37 条规定，著作权许可合同条款有疑义时作有利于作者的解释，即当事人意思不明时将权利保留于作者，但出版合同与汇编作品合同的疑义解释除外。其十，以上保护作者利益的规定都明确其性质为强制性规范，不允许当事人通过合同放弃、撤回。若当事人在合同中作出相反约定，法官可据此对合同进行修正。从该法第 31—43 条可以看出，德国调整著作权合同的规范有一个突出特点，那就是将保护作者的利益置于首位，注重保护作者从著作权交易中获得应得的报酬。

第二，法国也同样为保护作者合同利益制定了一系列规则。《法国知识产权法典》为保障作者在合同交易中的经济利益，明确规定了著作权转让的条件、形式和合同的内容要求，尤其对许可转让报酬的计算、给付方式等作出特别详细的规定。

具体规定有：其一，《法国知识产权法典》第 L.131-3 条要求每一项权利的授予都必须在合同中明确规定，并根据其目的、地域、期间确定授予的范围。[①] 这是为了防止作者受到强势转让的影响。其二，法典规定作者按版税收取报酬，而非一次性付款；法律列出了允许统一收费的有限的特定情形。[②] 其

---

① 《法国知识产权法典》L.131-3.

② 《法国知识产权法典》L.131-4，L.132-6.

三，为保障作者收取版税的权利，法典还明确禁止作者放弃获得报酬的权利。其四，著作权合同必须保证作者从作品的数字版本的商业化传播中获得公平合理的报酬。固定费用支付"只允许用于特定情形，每一次新的情形都需要重新协商费用"。[①] 其五，规定收回权制度，赋予作者根据规定收回已许可或转让的权利。在知识产权法新改革方案中专门规定了一定情形下作品数字出版权的回归。即，如果被授权者未能在一定时间内出版作品，或未能以一致的方式行使权利，或未能重新发行已绝版的书籍，将导致印刷权或电子权利归还作者。[②]

第三，《巴西著作权法》在第三编第五章"作者权转移"（transfer）规定了著作权合同制度。该法第 49 条规定权利转移限定的范围（即可转移除著作人身权和法律明确排除的权利以外的所有权利）、转移的要求和转移的合同形式（全部转让要求书面形式）、合同的期限（非书面合同的转移，最长不超过五年，转让将来作品的期限不得超过五年）、合同的限制性解释规则（合同未明确约定转让的权利行使方式的，应解释为仅限于为履行合同所必须的权利行使方式的转让）等。其中的限制性解释规则类似于《德国著作权法》第 31 条第 5 款所确定的合同目标转让理论。

第四，新修订的《荷兰著作权法》规定了对合同范围的严格解释原则：授予的权利仅包括契约中所述的权利，或从契约名称或许可的性质和目的能必然推导出来的权利。[③] 这一规定确认了司法判例中对涉及合同订立后新出现的作品利用方式利益归属采用的狭义解释规则，与德国法上"合同目标转让理论"如出一辙。

第五，尽管美国法崇尚合同自由，但其版权法同样关注到了作者在合同

---

① 《法国知识产权法典》L.132-17-6.

② See GINSBURG J C, SIRINELLI P. Private International Law Aspects of Authors' Contracts: The Dutch and French Examples［J］. Columbia Journal of Law & the Arts, 2015 (39): 175.

③ See Dutch Copyright Contract Act, art. IA (modifying art. 2 of the Dutch Copyright Act).

谈判中所处的弱势地位。《美国版权法》规定，版权的转让或版权的独占授权都必须采用书面形式，且必须由作者签署。[①] 换言之，作者不应丧失对其作品利用的控制，除非有证据显示他们确实已明确放弃控制。

值得特别注意的是，《美国版权法》规定的"终止权制度"起到作者合同利益保护保险机制的作用。其第 203 条规定了终止权行使的条件和终止的法律效力：在许可（转让）协议生效日起 35 年后，符合条件的作者可以终止合同，收回自己的权利，并重新转让或授权，以获取经济利益。这被称为"作者的第二次机会"（author's second chance）。[②] 该制度背后的政策考量具有合理性，这是因为，处于职业生涯初期的作者在签订许可或转让协议时，由于身处弱势地位，可能接受于己不利的条款。根据该条规定，作者在一定年限后可重新许可或转让版权，使他们能够分享作品依然存在的商业价值。[③] 终止权制度实质上是著作权的恢复机制，由于作品寿命很长，在著作权保护期内有可能出现许多未知的作品利用方式，而作者在最初谈判时往往难以预见到未来新技术手段可能创造的利润，故往往不会就未来利益作出约定。因此，著作权转让超过一定年限后，将权利恢复给作者通常会明确作者（或其继承人）有此权利，而且可以在权利恢复后进行清晰的授权。[④]

2.我国作者合同利益保护的现状

长期以来，我国主要基于合同自由原则调整著作权合同法律关系。在合同自由原则的主导下，合同当事人可自由约定合同事项，法律不应加以干预。尽管作者们曾有诸多反对之声，并认为作者的普遍低收入与其所订立的不公

---

① 帕梅拉·塞缪尔森著，侍孝祥，宋红松译.版权基本原则：改革的方向［M］// 金福海.版权法改革：理论与实践.北京：北京大学出版社，2015：16.

② 李明德，许超.著作权法［M］.北京：法律出版社，2003：144.

③ 帕梅拉·塞缪尔森著，侍孝祥，宋红松译.版权基本原则：改革的方向［M］// 金福海.版权法改革：理论与实践.北京：北京大学出版社，2015：16-17.

④ 同上书，p59。

平著作权合同存在一定关联，但立法在应对作者与制作者合同利益分配不公平的问题上几乎未起到应有的作用。政府和学界也鲜有谈及如何通过制度改革解决该问题。

与上述域外法相比，我国著作权法在保护作者合同利益、平衡作者与制作者之间的合同关系方面尚有欠缺。受限于我国 20 世纪经济文化发展较为缓慢，著作权交易市场不够繁荣，因而我国的著作权合同规范仅限于一些原则性的条文，且具体规范较为粗疏。例如，《著作权法》第 10 条规定，允许许可或转让全部或部分著作财产权，第 26 条和 27 条分别规定了著作权许可合同、著作权转让合同应记载的主要条款，但这些条文中并无专门针对作者合同利益保护的规定。

与保护作者合同利益直接相关的是《著作权法》第 29 条[①]，该条常被法官适用为有利于作者的合同解释规则，目的是将合同权利范围限定在合同中已明确许可转让的权利。然而，《著作权法》第 29 条表面上看似与德国法上的"合同目标理论"以及法国、比利时和西班牙法确定的"有利于作者的严格解释规则"相同，但从文义解释来看效果却有很大差异。

根据《德国著作权法》第 31 条，在著作权授权合同中未明确约定作品的具体利用方式时，要根据当事人订立合同的目的来确定合同中包含了何种利用方式。利用权是否已授予、涉及的利用权是独占的还是非独占的、利用权和禁止权的范围、利用权受到何种限制等问题也准入上一条规定。[②] 德国法明确了该条的解释规则，即结合合同目的解释合同的授权范围，包括授权的权利类型的解释和作品利用方式授权范围的解释。《法国知识产权法典》第 L.131-3 条则要求每一项转让的权利必须分别指明，并明确转让权利的使用范

---

① 《著作权法》第 29 条规定：许可使用合同和转让合同中著作权人未明确许可、转让的权利，未经著作权人同意，另一方当事人不得行使。

② 《十二国著作权法》翻译组.十二国著作权法［M］.北京：清华大学出版社，2011：154.

围、目的、地域及期限。① 该条文不仅强调未明确转让的权利不发生转移的效力，还包括全部概括转让的禁止以及转让必须明确转让的地域和转让的时间期限。

而单凭我国《著作权法》第 29 条的规定，可能产生适得其反的效果。因为制作者为确保其获得的权利范围足够广泛，常常要求作者永久地许可转让现有的和未来可能产生的一切方式利用作品的权利。然而如上节所述，我国该条法律规范的性质被法院认定为非强制性规范，且未出台进一步有利于作者合同利益分配的法律解释和配套规定。因此，适用我国现行《著作权法》难以修正作者与制作者间的实质不公平合同。

总的来说，我国针对作者合同利益保护方面的法律规范尚付阙如，更谈不上对其违反的合同效力问题，本书将在比较法的基础上探讨如何完善我国作者合同利益保护方面的强制性规范。

（三）解决之道：作者合同利益保护规范的完善建议

为了修正作者与制作者之间利益失衡的合同，我国著作权修法可适当借鉴域外法上的经验，在权利转让范围、转让期限、解释规则等方面做出回应。下面将重点分析可采纳的制度、采纳的前提条件以及违反强制性规范的合同效力。

1.书面形式不作为合同生效的必要条件

从合同形式上来说，著作权转让合同和专有许可合同应当采用书面形式订立，但书面形式并非生效要件。根据《最高人民法院关于审理著作权民事纠纷案件适用法律若干问题的解释》第 22 条，如果著作权转让合同未采用书面形式，法院根据《民法典》第 490 条审查合同是否成立。② 即审查当事人一

① 《十二国著作权法》翻译组 . 十二国著作权法［M］. 北京：清华大学出版社，2011：77.

② 参见《最高人民法院关于审理著作权民事纠纷案件适用法律若干问题的解释》第 22 条。

方是否已实际履行合同的主要义务，另一方是否未表示异议而接受合同。如果是，则合同视为已成立。因此，书面形式不宜认定为影响合同效力的强制性规范，在立法上明确要求书面形式只是为当事人提供行为指引，特别是让作者在深思熟虑后签订许可转让合同。但形式要求不应规范得过于强硬，结合具体案件中当事人对合同的履行情况进行效力认定更为合理。

2.著作人身权的不可约定放弃或转让及行使限制

著作人身权不可转让或放弃应是最基本的底线，是不可违反的强制性规范。立法禁止著作人身权的放弃和转让是当前的通行做法。但是，可以允许在某些情况下通过合同处分著作人身权。例如，依照《德国著作权法》第39条规定，一般情况下，出版者不得修改作品以及作品的标题。但出版者依据诚信原则可以对作品进行适当修改。如作者不能阻止出版者对标点符号或者书写错误的修改、为适合歌唱者而换声调、因版面限制而限缩文章篇幅等。[①]本书认为，若合同中约定作者放弃或转让著作人身权条款，该合同条款不产生法律效力。同时，著作权法也应明确禁止作者以著作人身权保护为由阻碍受让人对作品进行合法有效的利用。

3.完善合理报酬请求权制度

著作权法的一个重要目标是通过授予作者专有权，使其将权利许可转让给对作品进行有效商业利用的制作者，并从制作者处获得应得的报酬。[②]实质不公平的著作权合同被视为导致作者低收入的根源。合同谈判地位的不对等，使得作为强势一方的制作者很容易利用格式合同侵蚀作者应得的利益。例如，作者可能转让了大部分或全部版权，但其获得的回报与其转让的权利并不成正比。为此，各国采取了不同的应对策略：

---

① 德国著作权法（德国著作权与邻接权法）[M].范长军，译.北京：知识产权出版社，2013：58.

② See DUSOLLIER S. EU Contractual Protection of Creator: Blind Spots and Shortcomings [J]. Columbia Journal of Law & the Arts, 2018(41): 435.

第一，除合同特别注明免费授权之外，作者对所有授权均可要求付酬。若酬金未作约定，则根据授权类型及其收益确定。例如，波兰法的相关规定。

第二，规定作者享有合理报酬请求权。《德国著作权法》根据作品使用频率、使用程度、使用时间等情况，赋予作者不可剥夺的合理报酬权。[①] 若作者认为报酬不恰当，还享有合同变更权。在荷兰，作者也拥有相应的公平报酬权，即若合同不满足法律规定的最低报酬标准，作者有权获得额外报酬。[②]

第三，规定作者有权分享作品成功所得利益的畅销书条款。畅销书条款是针对作品获得巨大成功，以至于最初商定的金额与实际收入"严重不相称"（荷兰）或"明显不相称"（德国）时，著作权法赋予作者请求额外报酬的权利。[③] 该条款被明确为强制性规范，不允许作者事先放弃。

第四，按比例付酬制度。西班牙、意大利和法国赋予作者依据作品利用所产生的价值，请求按比例付酬的权利。同时也允许在难以计算收益时采取一次性付款的方式。

第五，透明权制度。若无法了解作品的收益数额，那么公平、合理或者按比例付酬就无从谈起。鉴于此，越来越多的国家规定"透明权制度（transparency rights for authors）"[④]。例如，德国法规定作者有权获得作品利用及收益相关的信息——不仅来源于签约相对人，还来源于第三方。透明权制度旨在解决作者与制作者之间信息不对称的问题，要求制作者提供清楚的版税声明，确保更好的信息透明度和问责制。

关于作者的报酬权，我国《著作权法》第 30 条规定，著作权许可使用费

---

① See SENFTLEBEN M. More Money for Creators and More Support for Copyright in Society: Fair Remuneration Rights in Germany and the Netherlands［J］. Columbia Journal of Law & the Arts, 2018 (41) 413.

② Art. 25c of Auteurswet.

③ 参见德国著作权法（德国著作权与邻接权法）［M］. 范长军，译. 北京：知识产权出版社，2013：46-48.

④ See Directive of the European Parliament and of the Council on Copyright and Related Rights in the Digital Single Market and Amending Directives 96/9/EC and 2001/29/EC, Art. 19.

由当事人约定为准，只有在当事人约定不明确时才按照有关部门制定的付酬标准支付。该条属于补充性的任意性规范，至于该费用约定是否基于真实自由的基础确定，是否存在不公平等情形则在所不问。并且，在我国目前涉及著作权的部门规章中，只有专门针对文字作品和广播组织使用音乐作品的付酬标准，而且业界普遍认为上述标准远低于作品的市场价格。[①]

实质不公平的著作权合同导致的结果往往是作者一方无法获得作品的应得利益。随着我国著作权保护力度的加大，著作权交易日渐全球化，产业市场日益繁荣，作者遭受不公平待遇的问题也愈发凸显，立法需要予以正面回应。学者对此有所讨论，但都因争议过大而未能在《著作权法》修正案中提出立法建议。

本书认为，在《著作权法》中规定强制性的合理报酬请求权制度可作为一个参考的路径。当然，合理报酬的确定及其规范化并非易事，还需要同时完善其他配套制度（如我国的集体管理组织制度和透明权制度）。

4.确立著作权合同期限制度

鉴于作品的无形性，作品收益与作品的开发、利用等密切相关，因而作品能够持续产生经济利益。在实践中，为了不让作者参与作品的后期利益分配或避免未来的侵权风险，制作者常与作者签订永久的全版权合同或买断版权合同。[②] 但当制作者转变为许可人或转让人时，例如，将作品的重印权或外国出版权另外授予其他公司时，其通常不会签订作品终身有效期的合同，而是签订一个固定期限（例如，5 年或 7 年）的合同。

---

① 2009 年国务院《广播电台电视台播放录音制品支付报酬暂行办法》、2014 年国家版权局《使用文字作品支付报酬办法》。参见熊琦 . 著作权合同实质公平形塑［J］. 法学，2020（6）：47-62.

② 我国相关案例参见上海市第一中级人民法院（2011）沪一中民五（知）终字第 136 号民事判决书，典型事件如 2020 年 5 月 5 日阅文集团旗下作者集体代表发起的抗议活动。在美国也出现过类似的合同条款争议，See Maureen A. O'Rourke, Bargaining in the Shadow of Copyright Law after Tasini［J］. Case Western Reserve Law Review, 2003, 53: 605. 由于《美国版权法》对于作者转让权利的限制性规定也很少，因此也常出现这种现象。参见熊琦 . 著作权合同实质公平形塑［J］. 法学，2020（6）：47-62.

合同期限越长，越有可能给作者带来不公平的后果。以网文平台为例，网文平台的运营模式多是通过将各类作者的作品版权全部买入，再根据质量和市场反应度进行推广和运营。然而，尚未上市或刚刚上市的作品，其市场价值往往难以确定，作者所获得的转让费和许可使用费可能与作品的真实市场价值不成比例。[①] 可见，永久著作权合同将作者锁定，未考虑数字开发形式的不断变化可能使原始约定的报酬与作品所产生的经济价值严重失衡。

此外，无限期的著作权合同还可能造成资源浪费。在无限制的合同期内，受让人实际上可能已不再对某些作品或者作品的某些权利感兴趣，或者可能受限于人力、财力或技术水平等原因无法全面开发利用作品，例如，受让人只专注于以传统形式开发利用作品而忽视数字形式的开发利用。这导致这些作品可能因得不到有效开发和利用而渐渐无人问津，甚至被湮没在历史长河中。

为此，域外法规定了收回权制度，即允许作者收回其已转让的著作权。收回权设立之初是为了使作者在图书绝版时获得收回作品的版权，随后人们呼吁改革，将该权利适用于数字电子书时代和按需印刷情形。许多国家都赋予了作者在某些条件下可以收回已转让的著作权，而不论合同对许可转让期限的约定。

例如，上文所述的美国法中的终止权制度。虽然行使终止权需要一定的条件和能力，但对于作者来说，权利授予的上限为 35 年。加拿大法规定作者去世 25 年后版权自动恢复。在欧洲，荷兰法规定作者有撤销合同中不合理的长期条款的权利。德国法则允许作者在 10 年后将专有许可转换为非专有许可（报酬是固定费用而不是版税时），并在最新修订案中增加了第 40a 条，规定作者可在合同生效 10 年后撤回相关权利。虽然这一权利仅限于签署了版权

---

① 李明德，许超．著作权法［M］．北京：法律出版社，2003：163．

买断合同的作者，但这一修订能在很大程度上终止期限为作者有生之年及其死后 70 年（即德国法上的版权保护期）的合同。① 波兰法规定，若无相反约定，作者可在提前一年发出通知后终止 5 年或更长期限的合同（包括无限期合同）。② 西班牙和葡萄牙法则在许可转让合同未明确约定期限时，限定一个最长期限。③

可见，无论是终止权制度、回归权制度还是合同期限推定，域外著作权法都为作者在许可和转让权利后设置了一个保险机制以进行利益的弥补和平衡，而我国《著作权法》对此并未做任何回应。本书认为，可以考虑借鉴域外法上的收回权制度，建立著作权合同期限制度，即限定许可转让合同的期限。

著作权合同期限制度有助于实现著作权法三大主体（作者、制作者与公众）的利益。通过设计合同期的上限，促使第一级权利受让者更高效地利用作品。对于公众而言，作品有望被更多制作者开发利用，从而可以获得更多不同的有竞争力的产品。对于作者而言，作者在期限届满后可根据市场需要与受让方重新谈判合同的续展，也可自行开发或与其他制作者合作开发利用作品。对于其他制作者而言，社会上优秀的作品不会因其中一家制作者的永久垄断而永远没有被其利用的机会。待合同到期，作品重新回归作者，其他传播者也获得了新的投资机会。因此，合同期限制度将大大提高作品的利用率和传播率。

---

① 格哈德·芬妮格著，许晓亮译. 德国有关作者合同的立法修订［M］// 周林. 知识产权研究·第二十五卷. 北京：社会科学文献出版社，2019：230.

② See Author-Protective Copyright: How It's Done by Other Countries［EB/OL］.（2018-02-16）［2024-09-23］. https://authorsinterest.org/2018/02/16/author-protective-copyright-hows-it-done-by-other-countries/.

③ 《西班牙著作权法》第 43 条第 2 款规定：权利转移如未提及期限，则限于五年，如未指明领土范围，则限于订立转让合同所在国家。倘若未指明使用作品的任何具体方式，转让范围则限于合同本身必然产生的、为实现合同目标而必不可少的范围。《葡萄牙著作权法》第 43 条第 4 款规定：著作权转让或许可是临时性的且未规定期限，该期限一般最长限于 25 年，如果是摄影作品或实用艺术作品，最长期限是 10 年。根据这些法律规定，著作权转让或者许可使用，都将因为期限届满而终止。

著作权合同期限制度无需符合其他条件，也无需作者提出申请。美国式的终止权制度需要达到法定条件，且需作者提出申请才可能收回权利。但实践中作者可能并不愿主动提出申请。作者可能因考虑到与制作者建立的长期私人关系的重要性，或者担心若其行使了收回权，可能会被制作者列入行业的"黑名单"，这可能成为阻碍作者收回权利的因素。① 合同期限制度提供了一种法定限制，超过合同期限的权利行使可能将被认定为侵权。因此，直接限制合同期限的制度对作者更为有利，同时降低了权利行使的成本。

鉴于作品 IP 开发是一个长线投资过程，合同期限以 20—30 年较为适宜。为了保护开发者继续投资的计划和利益，可以赋予其在所约定的期限届满后与作者续签的优先权。此外，由于非专有许可合同并不会对作者向第三人授权产生实质性影响，故非专有许可合同无需限定期限。

具体制度设计为：在现行《著作权法》第 27 条著作权转让合同的主要内容项下，增加"转让的期间"，并在第 29 条后增加一条："著作权专有许可合同、转让合同的最长期限为 25 年，当事人在同等条件下有优先续签的权利"。此外，著作权合同期限制度同样应适用于未来作品的著作权合同，且由于未来作品以及作品利用价值的双重不可预测性，其合同期限可能更短。后文将详细阐述未来著作权许可转让合同。

5.明确严格解释规则的强制性

相比物权法上的所有权、用益物权、担保物权等概念能够在立法和合同中得以明确，著作权中各个子权利的内涵和外延难以被完全精准表述。著作权许可转让的范围只能由当事人在合同中通过从反面约定限制使用方式来加以确定。② 因此，对于著作权合同许可转让范围常常引发争议。

---

① See Author-Protective Copyright: How It's Done by Other Countries［EB/OL］.（2018-02-16）［2024-09-23］. https://authorsinterest.org/2018/02/16/author-protective-copyright-hows-it-done-by-other-countries/.

② 德国著作权法（德国著作权与邻接权法）［M］.范长军，译.北京：知识产权出版社，2013：42.

　　法国、比利时、巴西和西班牙为此规定了一项有利于作者的严格解释规则，在合同约定不明或不完整的情况下保障作者的利益。例如，当合同约定不明时，法官假定作者只会以明确的方式转让其版权，从而限定解释作者转让权利的范围。这与《德国著作权法》第 37 条、38 条、44 条及第 88 条第 2 款所体现的合同目标转让理论的解释规则相一致。上文已在对比域外法合同目标转让理论的基础上，阐述了适用我国《著作权法》第 29 条进行修正解释存在的不足，此处不再赘述。

　　有学者提出，问题并非在于《著作权法》第 29 条法条本身，而在于对该法条的解释。学者认为，可通过规范解释方法从四个层面来对该法条进行解释以消除这种风险。[①]首先，认定该法条为强制性规范，将"一揽子著作权转让合同"认定为无效。其次，裁判者在解释著作权合同时，要严格遵循合同的目的进行，避免作者可能因经验和理解水平差异等原因造成的糊涂授权情形。再次，对于未来著作权的许可或转让认定为未明确授予或转让的权利。最后，将"明确"一词加以具体化解释。即要求许可或转让合同必须明确每一权利的类型、使用范围、目的以及版税标准。不允许笼统地授予或转让所有权利或概括计算和支付版税，要求按每一权项分别计算，使作者充分且明确知晓所授予的内容及市场价值。[②]

　　本书认为，有利于作者利益的严格解释规则具有重要意义。因而在修正实质不公平的著作权合同时，应首先明确《著作权法》第 29 条是不允许约定排除的强制性规范。其次增加合同目标转让理论的内容，明确该条的解释规则：一方面，规定著作权许可转让合同中未明确许可转让的权利保留于作者，使未明确约定已许可转让的权利及作品未知利用方式的利益保留于作者。另一方面，在约定模糊或有疑义时将著作权许可转让的权利范围严格解释为合

---

① 熊琦. 著作权合同实质公平形塑［J］. 法学，2020（6）：47-62.

② 同上。

同目的所需的权利范围。除非有证据证明，合同条款是经过当事人充分协商的结果，并且合同约定的报酬是合理的报酬，即，受让方已就所受让的权利支付了合理对价。否则，一揽子协议的权利转让范围与作品利用仅限于实现合同目的所需的范围和方式。对于未来作品著作权的许可和转让，以及作品未知利用方式的利益归属等问题将在著作权合同修正解释的具体适用章节进一步阐述。

二、保障著作权合同公私利益平衡的强制性规范

（一）基本原则：著作权限制不可约定排除

著作权实质上是一种利益妥协，即作者利益、制作者与公众之间利益的博弈，最终以专有权及其限制的方式达成的一种公正或合理的妥协。[1] 当权利人通过合同形式打破这种利益平衡时，公权力将以修正解释的方式予以限制。具体理由如下：

第一，著作权限制的不可约定排除原则由著作权的公共属性和著作权法的公共利益目标属性所决定。著作权虽为私权，但其与公共利益的关系尤为紧密。著作权法的公共利益地位愈发重要，甚至占据首要地位。[2] 鉴于维护公共利益已成为著作权法的政策工具属性，在构建著作权政策时需要施加公众影响机制，以确保著作权规则不会过度增加公众获得有著作权材料的成本。[3]

在合同中约定著作权反限制的行为，是为公众获得消费作品、创作新作品施加的负担，如禁止接触、禁止合理复制、禁止合理研究等。著作权人寻

---

[1]　参见德利娅·利普希克. 著作权与邻接权［M］. 联合国教科文组织，译. 北京：中国对外翻译出版公司，2000：166.

[2]　冯晓青. 著作权法与公共利益再论［J］. 人民司法，2007（7）：4-7.

[3]　RYAN M. Cyberspace as Public Space: A Public Trust Paradigm for Copyright in a Digital World［J］. Oregon Law Review, 2000, 79 (2): 647.

求超法保护的行为违背了著作权法让公众获取更多知识的立法宗旨。正如日本学者所言，"著作权保护范围过宽也会阻碍技术的发展"。① 从这一层面而言，著作权限制规范理应是强制性的，它塑造了权利人的权利边界，同时也划定了使用者使用的最底线。

第二，著作权法是利益协调的平衡器，著作权的赋予与权利限制相互配合。如洛克的财产权劳动价值理论中的经典论述所言，"要想获得完整的财产权，需要留下足够的同样好的东西给其他人所共有"。著作权与其他财产权利在排他性上并无太大差异，在产权语境下，排他性的权利意味着不能做出有利于义务主体的解释。为了确保"好书供应"，版权赋予是一种必要之恶。②

产权是一种完全排他的工具，而设计这一工具的初始目的在于排除他人跨越财产权界限去侵害权利人的权利。在产权语言的包装下，其本质是排他，并没有准备承认利益的平衡。③ 然而，法律赋予权利人权利，那么这一权利就代表着一种力量。若权利行使无边界，就可能产生权利的滥用、暴利和剥削，从而破坏正常和谐的经济和社会秩序。

因此，对著作权的法律规制绝非偶然。自18世纪以来，著作权就一直是尝试平衡作者、出版者和使用者之间权利的产物。④ 著作权法既要关注著作权人的专有利益，同时也必须照顾社会获取知识和信息的需要，并试图在二者之间达到平衡。⑤

第三，著作权法要注重预防权利的过度扩张。智慧成果的传承性决定了

---

① 杉山庆治著，张广荣译. 还原工程和日本软件保护的其他问题［J］. 法学译丛，1992（6）：3-7.

② GORDON W J. An Inquiry into the Merits of Copyright: The Challenges of Consistency, Consent, and Encouragement Theory［J］. Stanford Law Review, 1989, 41: 1343.

③ 参见彭多顿. 当今世界信息产业面临的知识产权问题［M］// 唐广良. 知识产权研究（第十二卷），北京：中国方正出版社，2002：144-147.

④ LOREN L P, PATTERSON L R, LINDBERG S W. The Nature of Copyright: A Law of Users' Rights［M］. Athens:University of Georgia Press, 1991: 2.

⑤ 曲三强. 现代著作权法［M］. 北京：北京大学出版社，2011：167.

作者的创作离不开前人的成果，因此，著作权限制是作者对社会应承担的义务。[①] 权利与义务是相对的，这一法定义务限制权利人不能随意扩张自身的权利。

正如美国费歇尔教授所言，"知识产权各部分的历史繁杂且各异，但是有一个总体的扩张趋势"。[②] 当前著作权的权利类型和权利内容的扩张趋势已日益明显，知识产权人不断扩张自身的权利，增加了权利滥用的可能性。在市场经济条件下，我们不能寄希望于权利人的善行义举来增加社会福利。[③]

当然，一般情况下，个别合同对社会整体利益平衡的影响并不会太大。但是，某些著作权合同，例如计算机软件的拆封许可等合同涉及众多不特定使用者的利益，其中的著作权反限制合同条款将足以影响社会公众利益，与著作权的立法目的及其蕴含的公共政策相违背。而社会公众是一个分散且变动的群体，不会有人清晰地计算他们为知识产权保护已经和将要支付多少社会成本。大部分的社会成本（包括经济成本、政治成本、道德成本等）是分散、零碎、不可计算的，并不能即刻准确描述，而只能等到将来才能感受到。[④] 因此，作为从著作权限制规范中最为直接受益的群体，社会公众的利益不能随意被践踏和排除。

第四，自由订立的合同不一定符合社会公共利益。一般而言，符合社会公共利益发展需求的合同才是受法律保护的合同。当合同所期望实现的私益与社会公益不冲突时，私人利益的增加同时也会促进社会整体利益的增长，此时法律不应予以规制。而权利独占、公共财产、外部因素和公平性质等情

---

① 来小鹏. 知识产权法学（第 3 版）[M]. 北京：中国政法大学出版社，2015：123.

② FISHER W W III. The Growth of Intellectual Property: A History of the Ownership of Ideas in the United States [EB/OL]. (2021-10-13) [2024-09-23]. http://www.law.harvard.edu/faculty/tfisher/iphistory.html.

③ 肖志远. 知识产权权利属性研究——一个政策维度的分析 [M]. 北京：北京大学出版社，2009：192.

④ 徐瑄，袁泳. 从 Eldred v. Ashcroft 诉讼案看美国版权法价值转向——美国 200 年来首次对 "版权扩张" 法案进行违宪审查 [J]. 中外法学，2003（6）：10-20.

形，均无法通过契约自治而达到社会利益最大化的目的。①

当合同与社会公共利益、社会善良风俗相违背相冲突时，私人利益的实现必然会使公共利益受损，此时需要法律对意思自治进行强制干预。即使立法、司法和行政监管等对这类合同的规制和调整需要支付高额的成本（包括制度侵害、牺牲效率成本以及处置贪污腐化等其他成本），也仍然需要施加必要的管制和规范，直至管制所促成的利益大于管制成本。②

第五，面对技术进步带来的著作权扩张，不能忽视日益增长的公共文化需求，应让权利人与使用者共同享受技术发展带来的红利。禁止权利人通过合同无度扩张私权是在新技术时代进行利益再平衡的需要。

美国沃伦·厄尔伯格大法官曾言："著作权法中蕴含着两条真理：一是著作权法中存在大量复杂的需要调和的利益冲突。二是著作权法将不断受到科学技术发展的挑战。③" 著作权与其他一般民事权利的扩张不同之处在于，著作权的扩张往往是对技术发展的回应，包括对技术的保障和引导。鉴于技术的双刃剑效应和知识代际传承的特点，著作权法本身承载着权利保护、利益均衡的职能，同时也包含着防止权利滥用和扩张的职责。因此，技术时代下权利扩张与权利限制应同步，以达至新的平衡。

（二）问题凸显：著作权限制规范的性质不清

1.著作权反限制合同条款效力认定的域外考察

针对著作权反限制合同的修正解释问题，尽管欧美国家在著作权法概念上存在差异，但对版权法与合同之间的冲突及协调均做出了回应。

美国法方面，美国版权法旨在为潜在作者提供足够的激励措施，以促进

---

① 曲三强.知识产权许可合同中契约自由原则的适用和限制［J］.云南社会科学，2006（2）：47-51.

② 同上。

③ 参见郭威.默示许可在版权法中的演进与趋势［J］.东方法学，2012（3）：78-86.

健康的创新产业，同时保持富有活力的公共领域。这一点在美国宪法中也有直接体现。一方面，从美国宪法的角度来看，版权法被视作信息政策的工具，法律不保护文学、科学和艺术领域的主题。另一方面，运用联邦版权法优先于州合同法适用的规则来保证美国版权的宪法基础不变，保障州合同法不会破坏联邦版权政策。

在美国，违反版权法基本公共政策的合同被认定为无效。早在 1997 年，美国的 Rick Boucher 和 Tom Campbell 就提出了议案，主张修改《美国版权法》第 301 条并增订两款，规定"不可协商的授权条款"——若合同条款限制对非著作权内容进行任何形式的利用，以及对著作权法例外与限制进行限制的话，则该合同条款无效。[①] 美国的《统一计算机信息交易法》（Uniform Computer Information Transactions Act，简称 UCITA）虽未确定公共政策的具体内容，但也做了类似禁止违反公共政策的著作权合同生效的规定——"如果合同条款违反基本公共政策，那么，在与该条款不一致的公共政策明显优于执行权益的范围内，法院可以拒绝强制执行该合同"。[②]

相比之下，欧洲大陆的作者权利基于自然权利理论，赋予作者专有权并非实现目标的手段而是目的本身。合同自由原则和欧洲著作权的"产权"性质为权利人约定著作权反限制条款留下了足够的空间。例如，一些未被明确界定社会功能的著作权限制（例如，允许在政府机构影印或播放音乐作品的法定许可）很可能被合同排除。但是，对于明显反映公共政策的限制，欧洲法明确禁止合同排除。例如，反映基本自由和权利（例如，隐私权、言论和信息自由等《保护人权公约》保护的基本权利）的著作权限制，合同是不可排除的。因而许可协议中若不适当地禁止私人复制行为、禁止私人批判性评价的条款被视为无效。

---

① Digital Era Copyright Enhancement Act, H.R. 2048, 105th Cong. (1997).

② See UCITA (2002) Section 105(b). 但有学者指出，该法对基本公共政策内容并无直接规定，UCITA 中所谓的公共政策与版权法上的有很大的差异。

此外，为保护消费者的合法权益、维护自由竞争而设置的著作权限制均禁止合同排除。欧洲立法会率先明确规定了具有强制性的著作权限制，《欧盟计算机软件指令》（The European Software Directive）就包含了四项侵权豁免，旨在保护消费者利益和促进竞争。例如，该指令第 5 条第 2 款规定，计算机软件的合法使用者有权就软件进行备份。第 3 款规定，使用者为特定目的有权使用依据前款备份的软件。即根据该指令，对计算机程序的观察、研究或测试不受合同限制。根据软件指令序言部分推断，该规定也同样适用于程序的运行和纠错。第 6 条规定，在满足特定条件[①] 时，为实现软件的兼容操作，有权复制和改编该软件的程序代码，明确了合同不能排除用户进行反向工程的权利。[②]

《欧洲数据库指令》也包含了一些强制性的侵权豁免。[③] 该指令赋予了使用者两项不可通过合同排除的权利：一是合法用户有权实施正常使用所固有的行为，[④] 即数据库合法用户为接触数据库内容以及为正常使用数据库的目的而进行任何行为。二是重新利用数据库非实质性部分的权利不得被剥夺（not be overridden），[⑤] 即使用者为任何目的对数据库的非实体部分进行提取、再利用以及质量评价的权利，不得在合同中约定排除。

此外，2005 年修订的《比利时著作权法》、2004 年修订的《葡萄牙著作权法》，以及《瑞士著作权法》也将著作权限制作为强制性例外。荷兰司法部长在给议会的一封信中建议引入所谓的"不可撤销的使用权"，以明确保护信

---

① 特定条件指的是：1. 行为实施人首先得有权使用该软件备份；2. 行为人为获得交互操作必要信息不能从已有处获得；3. 这些为获交互操作的行为限定于原软件的内容。

② 《欧盟计算机软件指令》第 6 条，第 9（1）条。

③ 《欧洲数据库指令》第 15 条。

④ 《欧洲数据库指令》第 6 条。

⑤ 《欧洲数据库指令》第 8 条。

息消费者免受不合理许可做法的侵害。① 在德国，Sozialbindung（社会责任）原则可以支持这样一种论点，即虽然法律没有明确提及著作权限制的强制性，但若该法律规范是为保护公共利益而精心设计的，则不允许合同排除。德国法院认为，禁止用户执行著作权法允许的某些行为的协议因违反公共利益和Sozialbindung（社会责任）原则而无效。

2.我国著作权反限制合同条款效力认定现状

我国学者也已认识到著作权人利用其市场中的优势扩张权利的现状，同样提出应解决著作权反限制合同条款的问题。② 修正著作权反限制合同条款的基本思路是将传统意义上属于任意法的限制性规范转变为强制性规范，禁止当事人在合同中规避。

当前，立法对著作权反限制合同条款的规制模式主要有两种：放任模式和无效模式。学者认为，《欧盟计算机软件指令》所采取的选择性无效模式较为可取，③ 即只有在合同违反的是具有强制性的著作权限制规范时才无效。

具有强制性的著作权限制规范可根据两个因素来判断：第一个因素是著作权限制对著作权立法目标实现的重要程度。首先，关于著作权客体的要件、著作权范围、财产权的设定、权利穷竭、权利存续期等相关规定界定了著作权法调整的范围，无疑属于强制性规范。其次，以"引致公法价值"④ 为目的的合理使用条款属于强制性规范，主要指的是来源于宪法的涉及言论自由、

---

① HUGENHOLTZ P B. Commentary: Copyright, Contract and Code: What Will Remain of the Public Domain [J]. Brooklyn Journal of International Law, 2000, 26: 77.

② 参见梁志文. 变革中的版权制度研究 [M]. 北京：法律出版社，2018：204. 另参见朱理. 著作权的边界——信息社会著作权的限制与例外研究 [M]. 北京：北京大学出版社，2011. 熊琦. 网络时代著作权法与合同法的冲突与协调 [J]. 法商研究，2008（2）：75-80.

③ 参见朱理. 著作权的边界——信息社会著作权的限制与例外研究 [M]. 北京：北京大学出版社，2011：175-201.

④ 熊琦教授认为，与消除市场失灵的限制条款相反，以"引致公法价值"为目的的合理使用完全不是从经济分析或者市场交易的角度建立的，其法律渊源一般是宪法，主要包括言论自由、新闻自由、信息获取自由以及隐私保护等。保留信息共有领域，才能保证公众的知情权和表达自由的权利。

新闻自由、信息获取自由以及隐私权保护等基本权利的合理使用条款。[①] 第二个因素是考量实践中哪些限制繁被合同排除。例如，计算机软件领域常出现的在使用协议中禁止用户进行反向工程、合法复制和修改的权利。

可见，尽管我国《著作权法》对于著作权限制的性质并无明确规定，但实际上我国学者与域外学者的观点十分相似，即都主张与公共利益直接相关的著作权限制应属于强制性规范。从我国立法上看，我国《著作权法》并未明确著作权限制规范的性质，更没有解决著作权合同与著作权法冲突的具体法律依据。并且，如前文所述，我国《合同法》反垄断法》以及《著作权法》第 4 条都无法直接作为著作权反限制合同条款修正解释的展开路径。

（三）解决之道：明确著作权反限制合同条款的修正解释规则

1.两个基本问题

对著作权反限制合同条款的效力认定并非如此简单。首先必须考虑两个问题：第一，是否所有的法定限制条款都属于强制性规范。第二，合同违反著作权限制规范的法律后果是否都相同，不论其是否经过充分协商。

对于第一个问题，法律评论表达了相似的观点，即著作权法定限制是立法机构对使用者合法使用利益的认可和保护，一般情况下都应当属于强制性规范。但并非所有的利益都被认为具有同等重要性，例如只是"微小的保留"则没有正当依据要求得到强制必要性授予。[②] 但涉及使用者的基本权利和自由的，则会考虑给予强制性保护。

关于第二个问题，实际上是著作权限制的重要性是否适用于所有类型的

---

① 参见熊琦.著作权激励机制的法律构造［M］.北京：中国人民大学出版社，2011：216.

② See DE WERRA J. Moving Beyond the Conflict between Freedom of Contract and Copyright Policies: In Search of a New Global Policy for Online Information Licensing Transactions – A Comparative Analysis between U.S. Law and European Law［J］. Columbia Journal of Law & the Arts, 2001 (25): 239.

合同。学者对此持否定态度，认为广义规则可能存在的风险是，它可能挫伤那些有价值合同的协商和缔结。[①] 这种观点强调合同自由原则优先，若当事人充分自由协商后决定放弃某些权利，则不应径自否定合同效力。但针对当前广泛使用的标准格式合同试图重新划定著作权的保护边界的问题，由于其可能颠覆著作权既有的静态平衡、阻碍著作权公共政策目标的实现，且很少经过充分协商，故而一般不能产生法律效力。

2.基本思路

当前，著作权合同配合技术措施形成的"超著作权"结构已成为现实。若对合同自由产生的越界著作权合同缺乏必要限制，广大使用者就会为了能够接触和使用作品而被迫放弃著作权法赋予的特权。本书认为，在司法中对越界著作权合同的修正需明确著作权反限制合同条款的效力解释规则，包括明确著作权限制规范的性质及对其违反的合同效力。

首先，明确著作权限制规范的强制性性质。从著作权限制规范的立法目的来看，著作权限制是实在法中承认广大使用者可以在未经授权的情况下使用受著作权保护材料的"合法利益"，使用者通过法律的反射效应获得了一种"客观权利"或"特权"[②]，而社会公众是著作权限制最直接受益的群体。可以看出，著作权限制规范背后都有着"公众合法利益""公共政策目标"等强大因素作为支撑，而公共利益往往被认为比其他利益更为重要，甚至被视为著作权法的终极目标。因此，在对著作权反限制合同条款效力进行解释时首先

---

① See GUIBAULT L. Copyright Limitations and Contracts: An Analysis of the Contractual Overridability of Limitations on Copyright［M］. The Netherlands：Kluwer Law International，2022：194.

② 更有学者提出"公众使用权"概念，即公众作为作品的使用者也是著作权法中所不可或缺的主体，应享有作品使用权，著作权限制就是公众使用权的依据之一。参见刘银良.著作权法中的公众使用权［J］.中国社会科学，2020（10）：183-203.美国学者莱曼也提出，版权人获得的专有权目的是鼓励作者创作更多新作品供他人选择，版权法同样是使用者权利的法。使用者权利的法包括个人使用的法和合理使用的法。参见莱曼·雷·帕特森，斯坦利·W. 林德伯格.版权的本质：保护使用者权利的法律［M］.郑重，译.北京：法律出版社，2015：2.

推断这些规范是强制性规范具有合理性。

其次，合同的法律效力取决于合同条款是否与立法的公共政策目标相冲突。越界著作权合同的效力解释既要考量合同与之相关的缺陷，又要分析版权或与之相关的政策。[①] 如果缺陷影响使用者的承诺能力，或者合同条款与强力的、具有较高价值的政策相冲突，也足以使得裁判者重新确定这些条款的效力。著作权法强制性规范是基于著作权立法目的或公共政策需要制定的，是对著作权人私人自治进行适当限制的法律依据和标准。而合同是以私法自治、合同自由为核心。二者价值定位和立场的不同必然带来冲突。尤其是对于公法与私法性质并存更为明显的著作权法来说，著作权法强制性规范与权利人以合同方式控制和支配权利自由价值之间存在明显冲突。

最后，在适用《民法典》第153条解释著作权反限制合同条款效力时，可以采用上文阐述的"代入法"。即，先将著作权限制规范视为强制性规范，将其纳入《民法典》第153条的考察范围。同时，不能忽略第153条的但书条款。即违反强制性规范的著作权合同并非绝对无效，也可能存在例外有效的情况。什么时候适用但书条款，需要裁判者在个案中做出具体判断。例外情况的适用需围绕该限制规范的目的、规范重心，经过利益平衡后判断宣告无效是否能实现其立法目的。[②]

3.著作权反限制合同条款无效的例外

本书在理论界与实务界学者研究理论的基础上，结合著作权的特殊性，试图探析和总结可以作为著作权反限制合同条款无效之例外的考量因素。

学者帕梅拉·塞缪尔森召集组成的"版权基本原则项目组"针对美国版权法优先适用原则提出了众多参考因素，以保证联邦版权法优于合同条款和

---

① 参见梁志文.变革中的版权制度研究［M］.北京：法律出版社，2018：205.

② 参见杨代雄.民法典第153条第1款评注［J］.法治研究，2020（5）：124-132.

州合同法适用时更为谨慎。[①] 这一研究或许能为我们研究著作权反限制合同条款无效的例外情形提供一个可供参考的框架。总的来说，著作权反限制合同条款的效力解释可参考以下因素：

第一，涉案合同著作权保护范围的改变程度。

第二，涉案作品是否已发表或发行。

第三，合同条款是否经过单独协商（或者是一揽子格式协议中的一部分）。

第四，被纳入合同保护的材料或信息是否还有其他可获取的渠道。

第五，合同的履行是否不合理地抑制未来创作或造成非法垄断。

第六，合同是否会抑制已有作品的传播，例如不允许评论或批评。

第七，著作权人在合同中作特定约定的目的。

第八，合同条款若无法执行是否会影响著作权人专有权的有效行使。

第九，合同是否会限制不再受版权保护的作品的利用。

由于著作权合同有可能对著作权立法目标的实现构成阻碍，如果不在司法中进行严格审查，那么版权法所试图维护的生态平衡就可能被破坏。对著作权反限制合同条款效力进行多因素考量，既尊重了合同自由这一核心原则，同时也修正了放任的合同自由打破著作权法既有平衡的问题。

综上，著作权限制被认为是著作权法的重要组成部分，著作权法的目标不仅在于激励创作，更在于鼓励作品向公众传播、激发公众的后续创作。在欧洲大陆，著作权限制代表着立法者对未经授权而使用版权材料者合法权益的明确承认。在美国，著作权限制被认为有助于实现公共政策目标。而我国著作权法体现了两大法系理念上的融合，著作权限制从两个不同侧面反映了著作权法对使用者利益的保护以及对共有领域持续发展的保护。

① 参见帕梅拉·塞缪尔森等著，侍孝祥，宋红松译. 版权基本原则：改革的方向［M］// 金福海. 版权法改革：理论与实践. 北京：北京大学出版社，2015：55-56.

如果立法者和理论界都认为为公众利益而限制著作权人专有权的范围是适当的，那么，当事人以私人协议方式排除这些限制的行为则违背了著作权立法宗旨，需要司法予以修正。但立法也并非是封闭的、狭窄的，而应是发展的、留有余地的。在司法个案中，若有充分的理由证明合同自由的价值远高于著作权限制规范的价值，裁判者可在对以上诸多要素进行充分说理后适用违反无效的例外。不能让法律的强制性规范客观上成为背信一方当事人手中的武器，否则将间接而深刻地挑战立法的目的。[①] 司法也并非刻板地执行法律，而是要始终紧密跟随立法及解释的目的，适当灵活司法。

---

① 参见辛正郁.法律的出与入：妥当适度的法律解释方法［J］.法律适用，2015（5）：76-84.

第五章

修正解释的具体适用：典型著作权合同争议的理论求解

本章在前文探讨修正解释基本理论的基础上，讨论著作权合同修正解释的具体适用。修正解释方法能够让利益失衡的著作权合同恢复平衡。在作品供给方面，修正解释要确保作者获取应得的经济回报，恢复作者与制作者之间的利益平衡。在作品需求方面，修正解释要防止著作权人通过著作权反限制合同条款侵蚀广大使用者的利益，恢复著作权人与社会公众之间的利益平衡。本章从作品供给的角度，选取两种典型合同展开分析：未来作品著作权许可转让合同和涉及作品未来使用方式的合同。在作品需求方面，则选取当前最为热门的网络授权许可合同进行分析。

第一节 未来作品著作权许可转让合同的修正解释

未来作品，是指尚未创作产生的作品，包括尚未开始创作的作品和未创作完成的作品。未来著作权即为就未来作品所享有的著作权。未来作品著作权许可转让合同指作者依照法律将未来作品的全部或部分著作权转让给另一方当事人所有的法律行为。

一、争议问题

如今，"约稿"已成为常见现象，例如，歌曲作者在歌曲完成前就将演唱权交予某一歌手。电影《集结号》和电视剧《宝莲灯前传》均在拍摄完成前以该作品版权向银行作担保，分别获得了 5000 万和 600 万的贷款。[①] 随着互联网技术的普及与深化，媒体呈现融合态势，众多职业作者与网络服务提供商、内容提供平台签订作品协议。作品协议的内容是将未开始创作或未创作完成作品的版权许可转让给平台。至此，与未来作品著作权许可转让合同相关的纠纷日益增多。

案例一：

在上海玄霆娱乐信息科技有限公司（以下简称"玄霆公司"）与王某的著作权合同纠纷案[②]中，被告王某（乙方）系原告玄霆公司（甲方）的签约作家，双方签订了《白金作者作品协议》。协议约定乙方将协议生效之日起 4 年内所创作的全部作品（即"协议作品"，包括协议作品的所有语言版本，创作完稿的和未创作完稿的）在全球范围内的信息网络传播权，协议作品电子形式的汇编权、改编权、复制权、发行权等全部永久转让给甲方。

同日，双方又签订了《委托创作作品协议》，约定乙方作为原告的专属作者。乙方受甲方委托创作的协议作品（包括但不限于《著作权法》第 3 条所列的所有作品种类）的著作权以及相关的一切衍生权利完全归属于原告。甲方享有的著作权内容包括但不限于《著作权法》第 10 条所列的各种著作人身权和财产权。

---

① 参见易继明.私法·第 15 辑第 1 卷·总第 29 卷［M］.武汉：华中科技大学出版社，2018：128.
② 参见（2011）沪一中民五（知）终字第 136 号民事判决书。

协议还约定，乙方不得以真实姓名、笔名或其他姓名、名称等任何名义，将乙方在协议期间内创作的包括协议作品在内的各类作品交予或许可第三方发表、使用或开发，或为第三方创作各类作品（包括但不限于《著作权法》第3条所列的所有作品种类）。同年，被告与第三人签订了劳动合同，并以笔名在另一中文网站上发表了一部作品。于是原告起诉要求确认该部作品的归属，并要求被告继续履行合同并承担相应的违约赔偿责任。

案例二：

在北京书生网络技术有限公司与上海玄霆公司纠纷案[①]中，原告书生网与作者刘某签订了《合作协议》，约定作者将其协议有效期内所有创作的作品以及之前所发表的作品的数字形式的全部专有权和再许可权授予书生网。该案争议焦点在于，作者刘某以参赛形式向玄霆公司提交涉案作品的作家协议是否有效。

案例三：

在北京网尚文化传播有限公司与贵阳花溪守望者计算机网络信息服务中心侵害作品信息网络传播权纠纷案中，电视广播有限公司向网尚公司出具的《授权书》中约定，本公司拥有合法版权的所有电视剧的信息网络传播权及其他必要权利都独家授权给北京网尚公司。该案争议焦点在于，对于该条所提及的电视剧作品是否包含授权时尚未制作完成的未来作品。[②]

案例四：

在完美世界（北京）软件科技发展有限公司与广州华多网络科技有限公司不正当竞争纠纷案中，原告是否适格的争议解决前提是确认其是否已获得授权。即必须首先确认作者张某与原告关联公司之间有关"诛仙"系列作品

---

① 参见（2010）朝民初字第00327号民事判决书。
② 参见（2012）黔高民三终字第62号民事判决书。

及其未来创作的与"诛仙"有关的所有作品的授权有效性问题。[1]

上述案例所涉及的协议作品皆为未来作品。案例中所涉及的理论争议主要有：合同标的尚不存在，未来作品著作权何时发生转移？未来作品著作权许可转让合同的效力如何？未来作品著作权利益的分配是否公平？未来作品著作权许可转让合同的违约责任怎样承担？等等。

如前文所述，鉴于作者与制作者之间实质地位的不平等，双方达成的协议可能有失公平，并阻碍著作权立法目标的实现。故许多国家和地区在著作权法中对未来作品著作权的许可转让加以限制。相比之下，我国《著作权法》对未来作品著作权合同没有直接明确的规范，司法多适用合同法规则解决未来作品著作权合同纠纷。然而，合同法规则在对未来作品著作权许可转让过程中可能存在的实质不公平问题进行修正时存在局限性。[2] 本节将在此背景下分析未来作品著作权许可转让合同相关的争议问题，并试图对其中有失公平的部分提出修正建议。

二、未来作品著作权许可转让合同的效力认定

（一）未来作品著作权许可转让合同效力认定模式

通常情况下，只要合同当事人就合同主要条款协商一致，合同便可成立。但对于未来作品著作权许可转让合同的效力及生效时间，存在较大争议，各国立法例也表现出不同的态度：

第一，明文禁止未来作品权利的转让。例如，埃及法。

《埃及知识产权保护法》第 153 条规定，作者对其将来智力创作成果的处

---

① 参见（2016）京 0108 民初 30628 号民事判决书。

② 参见本书第四章第二节中的论述。

分，属于绝对无效的行为。原《俄罗斯著作权法》规定，转让仅限于已有著作权的作品，且限于财产权利，人身权利不可转让。[①] 签订合同时尚未存在的作品使用权不能成为许可转让合同的标的。

第二，完全承认未来作品著作权许可转让合同的效力。例如，英国法，南非法。

现行《英国版权法》第 90 条明确版权可以像动产一样转让、通过遗嘱处理或依法律方式转移。但同时要求版权转让必须以书面形式进行，不能无限期转让，亦不能转让全部版权。并且，《英国版权法》还在第 91 条专门定义了未来著作权，规定作者可通过协议将未来著作权的整体或部分让与他人。若版权产生时受让人或任何通过受让人主张权利者主张权利归其所有并对抗所有其他人，则应依据本款规定确认版权归属于该受让人或其权利继受人。[②] 此外，英国颁布的《版权和邻接权实施细则》也认可权利人未来邻接权许可转让合同的效力。[③] 我国香港地区受英国法影响，对于未来作品著作权许可转让合同与英国持相同态度。我国澳门地区和台湾地区著作权法均认可未来作品著作权许可转让合同的效力。台湾学者提出，作品未完成的，可准用承揽合同的相关规定。

第三，承认其效力，但作一定限制。例如巴西法、法国法、西班牙法、德国法等。

巴西限制未来作品著作权许可转让的期限。《巴西著作权法》第 51 条规定，转让将来作品的作者权期限不得超过五年。

法国限制未来作品著作权许可转让的范围和期限。《法国知识产权法典》

---

① 吴汉东 . 西方诸国著作权制度研究［M］. 北京：中国政法大学出版社，1998：455.

② 《十二国著作权法》翻译组 . 十二国著作权法［M］. 北京：清华大学出版社，2011：617.

③ 英国 1996 年颁布的《版权和邻接权实施细则》第 191C 条规定了表演者对其将来的表演可以签订转让或许可协议，英国 2003 年颁布的《版权和邻接权实施细则》第 37 条也规定了录音制品制作者可以就其尚未录制的录音制品签订转让或许可协议。

是世界上首部知识产权法典，在认可未来作品著作权许可转让合同有效的基础上，限定未来作品著作权授予的时间和份数。在其 L131-4 条中规定，"作者承诺授予出版人优先出版明确限定体裁的未来作品的约定为合法。该权利就每一体裁，以第一部作品的出版合同签订之日起五部新作品或该日起作者五年内的全部作品为限"。[①]

西班牙限制未来作品著作权许可转让的权利范围。《西班牙知识产权法典》也同样确认了未来作品著作权许可转让合同的效力，但不允许全部转让。

《德国著作权法》虽不允许转让版权，但作者可以将自己作品的使用权许可他人使用，并在第 40 条专门规定利用未来著作权的合同须采用书面形式。

总的来说，明令禁止转让未来作品著作权的立法例并不多见。我国著作权法起初并不认可包括已有作品的著作权在内的著作权的转让。直至 2001 年才明确规定作者能够以许可和转让两种形式利用作品。我国著作权法有关著作权交易的历史较短，著作权合同制度是著作权法中较为薄弱的环节，更没有与未来作品著作权许可转让相关的规定。这一立法现状与现实需求严重脱节，未来著作权法的修改可结合本国实际，做出适应本国著作权交易市场发展需求的立法选择。

（二）我国应认可未来作品著作权许可转让合同的效力

有观点认为，未来作品著作权许可转让合同签订后，尚未产生真正意义上的转让效力，需待作品创作完成后才可能生效。理由在于，与一般作品不同，未来作品由于尚未创作完成，并不具备现实的著作权，因而更多地表现

---

① 法国知识产权法典［M］.黄晖，译.北京：商务印书馆，1999：22-25.

为一种期待权，未来作品著作权许可转让合同被视为一种"待履行契约"①。相较于已履行契约，待履行契约是为了未来交易而预先达成的协议，是一种附期待权性质的合作，受让人只能在作品创作完成后，方能对作品进行开发利用从而获取作品利益。

这一观点实际上是基于版权自创作完成原始取得原理，认为未来作品因未完成而不享有版权，故而不能作为合同标的。例如，根据英国 1911 年版权法，未来作品著作权转让合同即便采取书面形式，也仅使受让人在作品创作完成后成为衡平法上的著作权人；受让人尚须经制定法上的转让，始成为制定法上的著作权人。②

这一观点及立法例显然难以适应当前著作权产业蓬勃发展的实际情况，也不符合市场对立法的期待。

第一，合同标的（即未来作品的版权）在转让合同签订时尚未产生不能成为否定合同效力的理由。这是由未来作品著作权的财产属性所决定的。在普通的买卖合同中，买卖所指向的标的既可以是现实之物，亦可能是未来产生之物。在技术开发合同中，技术成果在合同签订时同样不存在。因此，从民法理论进行分析，未来作品著作权未产生并不影响合同效力。

第二，从作者的角度来看，允许未来作品著作权的许可转让有利于作者获得前期资助并提前安排创作活动。尤其对于初出茅庐的作者，合同的订立可为其提供稳定和可预期的收入保障。③若不允许作者提前处分作品，将不利于作品的继续开发和推广，也难以获得资金支持，同时不利于作者提前安排创作活动。

---

① 待履行之契约（Executory Contract）是相对于已履行之契约（Executed Contract）而言的，是指协议已经达成，但是约订内容的必要之点（a material part）仍待履行。参见李清潭．资本主义下现代契约法的变迁［M］．台北：尚书坊出版社，2001：16-23.

② 刘波林．版权合同制度研究［M］//郑成思．知识产权研究．北京：中国方正出版社，1996：87.

③ 刘军华．处分未来作品权利合同的效力与违约责任［N］．法制日报，2013-1-16（12）.

　　此外，当前约稿现象早已成为常态，在作品的传播活动中，智力创作固然重要，但对于某些作品来说，例如计算机软件、影视作品摄制和地图创作等，前期资金投入也是十分关键的。① 较为常见的是，在电影作品正式拍摄完成前，电影制片人已就电影与国内外发行商签订发行权转让协议，提前完成融资。因此，认可未来作品著作权许可转让合同的效力，有利于激励作者创作，符合市场惯例，适应市场发展需求。

　　第三，未来作品著作权许可转让合同效力的不稳定可能降低投资者的投资意愿，增加交易成本。否定未来作品著作权许可转让合同的效力，意味着未来作品创作完成后当事人需要重新协商订立版权许可转让合同，需要重新对未来作品进行评估。未来作品著作权许可转让合同效力的不稳定性、被否定的可能性等都会降低投资者现下支付的意愿，而且这种不稳定性也会极大地影响双方谈判的空间。明确未来作品著作权许可转让的法律效力，有利于交易的稳定。

　　第四，允许未来作品著作权的许可转让有利于提高作品的发行利用率和收益率。立法对未来作品著作权许可转让合同效力的认可，意味着立法鼓励作者将未来作品著作权转移给投资人。这不但有利于提前开展作品推广、出版和进一步交易等活动，而且有利于制作者提高出版的效率和质量，从而满足公众的需求，活跃版权市场。并且，鼓励未来作品著作权的许可转让，促使产权流向最有利于作品开发和利用的一方，让投资人能够放心为未来作品的开发利用进行投资以及进行战略性规划，使社会投资达到帕累托最优。

　　第五，认可未来作品著作权许可转让合同的效力能够有效免关系专用投

---

① 刘军华.处分未来作品权利合同的效力与违约责任［N］.法制日报，2013-1-16（12）.

资（relationship-specific investments）① 可能被套牢的问题。② 当当事人一方已为合同的履行进行了关系专用投资，并且依赖合同的持续有效来收回该项投资时，若另一方当事人以终止合同相威胁，将产生套牢问题。此时，一方当事人为了避免合作被终止以及避免前期投资和利润的损失，可能被迫接受另一方当事人提出的不利条件。例如，未来作品的受让人可能已为某一影视作品做了市场评估、前期宣传推广甚至技术研发等大规模的投入，付出了大量的投资成本，正准备在作品完成后通过作品的上映收回投资成本。若合同被认定无效，将造成前期投资都变成沉没成本。

第六，允许未来作品著作权的许可转让，有利于避免重新协商带来的高额成本。在禁止模式下，当事人将面临重新协商，此时任何权利人都可能以终止合同相威胁阻止受让人发行该作品。若法律允许这种机会主义行为，将使受让人对未来作品的事前投入化为泡影，最终权利人理应在事前获得的合同利益也会被压缩，作品的发行和传播同样会受到不良影响。而认定有效模式能够保护投资人的稳定期待，从而提高投资人的投资积极性。

综上，未来作品著作权的许可转让具有现实必要性，合同的潜在经济利益也为当事人所认同。并且，认定有效模式符合当下社会版权产业市场的发展需求，使权利人能够获得创作所急需的资金支持，实现创作与再创作的良性循环。因此，只要合同未违反著作权法强制性规范，原则上应认可未来作品著作权许可转让合同的效力。

---

① 关系专用性投资，是指企业为特定的合作项目而专门投入的资产，当合作对象改变或合作关系终止时，该资产会大幅度贬值甚至失去价值。

② See DARLING K. Contracting about the Future: Copyright and New Media［J］. Northwestern Journal of Technology and Intellectual Property, 2012 (10): 485.

（三）未来作品著作权转移时间的确定

尽管大多数学者都认为未来作品著作权许可转让合同合法有效，但对于著作权何时发生转移存在争议。有学者提出，未来作品著作权许可转让现象的民法解释学基础是将未来著作权许可转让合同视为前后衔接的预约与本约关系。其理由是，未来作品著作权尚未产生，标的尚不存在，为保证版权产生后的顺利转让，双方可以就转让的价格、合同履行的时间、地点、方式等事项预先作出约定。在预约中明确双方的权利和义务，然后再根据该约定，待作品产生后签订一个正式的合同来实现双方的权利义务。[①]

这种观点亦有待商榷。

第一，当前包括版权交易在内的众多交易大多强调效率优先，作者与版权受让方往往通过一纸协议确定协议的全部内容，尤其是签约作者，在签约前就已明确了转让作品的相关权利和报酬，不存在第二次签订合同的情况。二次签订合同只会增加交易成本。即使需要第二次签订，也只是对先前订立的合同进行补充或修改。

第二，预约的目的在于签订本约，产生的是订立本约的请求权而非合同标的物的请求权，这与合同当事人订立合同的目的并不完全一致。根据预约与本约关系理论，作品完成后，受让人只能请求作者签订版权转让合同，但不能据此直接要求转移作品版权。然而，当事人签订未来作品著作权许可转让合同的目的是直接对双方的权利义务进行分配，并非旨在约束当事人在未来签订新的合同。

第三，合同的成立、生效和合同的履行是相互分离的，作品是否已完成

---

① 穆英慧，苏玉环. 未来版权转让合同之民法基础［N］. 华东政法大学学报，2003（4）.

只涉及合同履行的问题，而非合同生效的问题。若作者未能在约定时间交付合约作品，则应根据合同承担履行不能或未按时履行的违约责任。

因此，未来作品著作权许可转让合同具备合同的成立、生效要件后，合同即可成立并生效，当事人之间即形成债权债务关系。此时由于作品尚未创作或未创作完成，版权尚未产生，因而不能立即产生版权转移的效力。本书认为，作品创作完成时即产生合同约定的版权转移的效果，无需额外的手续，被许可人或受让人即可自然地顺承已转移的作品版权。当遇到与此相关的侵权纠纷时，被许可人或受让人可直接作为诉讼主体一方提起或参与诉讼。当然，如果所创作完成的作品不符合合同约定，也可能构成违约，作者可能需要承担修改、重新创作或给予补偿等违约责任。

三、未来作品著作权许可转让合同的修正解释规则

（一）作者利益保护优先原则

如前文所述，在交易谈判中，作者往往处于弱势地位。而作者所处的不利地位，在未来作品著作权交易中更为凸显。

鉴于未来作品价值的不确定性，未来作品著作权许可转让合同中作者利益受到侵犯的可能性更大。作为制作者的受让人基于在合同谈判中的相对强势地位，会尽量压缩作品的价值空间，或者对未来作品进行保守估值。正如法国学者克洛德·克隆贝尔所说："在作者转让他的现有权利时，一般合同法看来是足够的。但当合同标的为未来作品时，问题就暴露了，即作者受到合同的不公平约束。例如，在他初出茅庐时，没有知名度，满腔热血地接受了合同的条件。后来，他终于成了名却发现报酬很低，对他的约束过分，总之

令人失望"。①

法律的任务是保障作者获得其应享有的作品价值。②保护作者在著作权交易中的合法利益，是实现鼓励创作这一目标的关键手段，有利于保护好文化市场之"源"，体现了各国版权法立法目的条款的本质要求。

因此，本书赞同域外立法例中的第三种立法选择，即在认可未来作品著作权许可转让合同效力的基础上，注重保护作者的合同利益，在立法上规定适当的保护作者利益的强制性规范。强制性的限制规定旨在为裁判者针对未来作品著作权许可转让中不公平合同条款进行修正解释提供法律依据，以实现主体利益平衡、推动产业文化市场繁荣的目标。强制性规范能为交易中处于相对弱势的作者提供明确的保护，同时也有助于规范未来作品著作权许可转让合同的起草和提供，维持市场的相对公平和作品的利用率，进而实现文化市场的繁荣。

（二）著作人身权转让和放弃条款的修正

不同国家以不同的价值观作为版权立法的哲学基础，决定了其对待版权转让态度的不同。③以人身价值观作为版权立法哲学基础的大陆法系国家认为，作品是作者人格的延伸④，著作权法保护作者的创造个性。因此，以德国为代表的大陆法系国家的著作权法对作品的转让设置了大量限制，甚至直接禁止著作权转让，只允许在特定条件下许可使用。而以经济价值作为立法基础的英美法系国家，重点关注著作权转让的契约自由价值和著作权的商品价值。

---

① 克洛德·科隆贝.世界各国著作权和邻接权的基本原则——比较法研究 [M].高凌翰，译.上海：上海外语教育出版社，1995：9.

② 雷炳德.著作权法 [M].张恩民，译.北京：法律出版社，2005：61.

③ 来小鹏.著作权转让比较研究 [J].比较法研究，2005（5）：13-20.

④ 史文清，梅慎实.著作权诸问题研究 [M].上海：复旦大学出版社，1992：35.

　　在允许著作权转让的国家和地区，一般认为，著作权转让的客体只能是著作财产权。例如，我国《著作权法》第10条明确规定，著作权人可以全部或部分转让第10条第1款的（5）—（17）项财产性权利，不包括（1）—（4）项人身权。然而，对于人身权是否可以转移存在不同观点。有观点认为，发表权可以转让。① 也有观点认为，除发表权以外，保护作品完整权也可以转让。② 甚至有人认为，人身权与财产权可以一并转让。③

　　在未来作品著作权许可转让合同中，涉及著作人身权处分的主要有两种情形：一是转让著作人身权，尤其是在著作权买断合同中全部转让著作人身权和财产权；二是作者主动放弃著作人身权。

　　对于转让和放弃著作人身权合同条款的修正解释需要遵循作者利益保护优先原则。郑成思先生在其《版权法》中提到，版权中的精神权利，法人无法享有。理由是，精神权利的保护源于法国大革命时代的"天赋人权"观念，即便对于体现"法人意志"的作品，也不会有人承认法人享有天赋的权利。④ 此外，法人意志可能因法人的变更、消灭而发生变更或消失，而执笔作者则可能仍然在世且观念未变。因此，只有将精神权利赋予执笔的作者，才能真正起到鼓励创作、繁荣文化的作用，即应将未来作品著作权买断条款解释为不包括著作人身权的转让。

　　对于合同中声明放弃著作人身权的合同条款效力的判断应当区分不同的情形。我国《著作权法》只明确可以转让第10条第（5）—（17）项财产权，据此可推知（1）—（4）项著作人身权不可作为转让的标的，但对于著作人身权是否可以放弃的问题并未明确规定。"法无明令禁止"是否意味着自由呢？在注重保护作者人身权的大陆法系国家在司法实践中并不允许放弃，例

① 李建华，申卫星．知识产权法［M］．长春：吉林大学出版社，1998：132.

② 陈美章．知识产权教程［M］．北京：专利文献出版社，1993：367.

③ 刘波林，许超，孙建红．实用著作权知识问答［M］．北京：中国永利水电出版社，1996：87.

④ 郑成思．版权法（修订本）（上）［M］．北京：中国人民大学出版社，2009：313.

如法国和德国。甚至个别国家明文规定"精神权利不可放弃"，如巴西1973年版权法。

但也有观点认为，禁止作者放弃人身权实质上构成了对作者人身权的剥夺，因为放弃也属于权利行使的一种方式。瑞典、芬兰等北欧国家持有类似观点，他们承认可以有限度地放弃行使精神权利。例如受让人在某时间段以某种利用方式时，作者声明放弃行使自己的精神权利。与有限放弃不同的是，英国1987年版权法规定，作者既可以在版权交易中放弃已有作品的精神权利，也可以就未来作品预先放弃精神权利，但书面放弃方为有效放弃。

本书认为，四种著作人身权中唯一可放弃行使的是修改权。

首先，署名权是作者表明身份的权利，承担着消费者了解作品与作者关系的纽带作用，很多情况下消费者也是基于这种纽带关系选购作品。禁止放弃和转让署名权，既是维护作者利益的需要，同时也保障消费者的知情权。当然，署名权的行使方式多样，作者可用真名、笔名、艺名或不署名等方式行使。受让人不能通过合同要求作者放弃署名权的行使，但双方可以根据实际情况约定署名方式，例如，为特殊使用而不署名。

其次，发表权是决定是否将作品公之于众的权利。有人将作者与作品比喻为父与子的关系，发表权包含使作品为人所知或不为人所知两种情形，而作者理应保留这一权利。当然，作者通过合同转让作品，其实质就已表明作者要通过受让人将作品公之于众，应视为发表权的行使，受让人发表受让作品不构成侵权。

再次，保护作品完整权意为禁止歪曲作品，以免致使作者声誉受损。受自然权利说的影响，作品被视为作者人格的延伸，版权转让给受让人后，并不意味着受让人可以随意曲解作品。

最后，作者仅在特定合理的情形下可放弃行使修改权。例如，《德国著作权法》第39条规定，作者与被许可使用权人可以约定，使用权人在特定情形下修改作品的标题、作品内容和作者标记等。根据该条款，只要修改是"作者不能以合理原因拒绝"的情形即可。[①] 此处的合理情形既要以激励创作为原则，也应兼顾交易的公平。这不仅要求受让人就此付出相应的代价，还要求受让人的行为未对作者声誉造成不利影响。例如，作者在转让小说的改编权时，受让人为了更好地行使权利，在交易中额外支付代价要求作者放弃作品的修改权。若受让人在行使改编权时较大范围地改动了小说的语言和情节，但并未对作者的声誉产生重大影响，则作者不能以修改权侵权进行对抗。

　　总而言之，著作权法既要鼓励著作权交易，保护作者的合法利益，同时也不能忽视受让人合理合法利用作品的权益。因此，有必要对著作人身权作适当的限制，才能为版权转让扫除制度障碍。版权转让后人身权与财产权会产生分离，这时若不限制作者人身权的行使，受让人受让的财产权将受影响。正如郑成思先生所言："著作权转让的客体仅限于著作财产权，如果对转让的财产权与保留在著作权人手中的人身权不加协调，则财产性权利的转让就可能没有意义"。[②]

　　"精神权利部分穷竭"理论是解决以上忧虑的有效途径。根据该理论，如果作者在合同中对转让权利的范围、利用目的、利用地域、利用时间及利用条件等作出声明时，就被认为是在行使自己的精神权利，作者在合同履行期间不得再行使自己的精神权利来违背原先的承诺。[③] 同样，未来作品著作权买断的合同条款，虽不能解释为著作人身权的同时转让，但著作人身权的行使也要以不损害受让人的利益为前提，作者要积极协助和配合受让人行使著作财产权。

---

① 保罗·戈尔斯坦. 国际版权原则、法律与惯例［M］. 王文娟，译. 北京：中国劳动社会保障出版社，2003：226.

② 郑成思. 版权法（修订本）［M］. 北京：中国人民大学出版社，1997：305.

③ 郑成思. 版权法（修订本）（上）［M］. 北京：中国人民大学出版社，2009：348.

（三）未来作品著作权买断合同条款的修正

鉴于未来作品著作权的未然性以及价值的不确定性，除了前文所述一般著作权合同中的限制性规定外，各国立法以及学者针对未来著作权合同提出了一些限制规则，主要体现在权利范围和权利期限的限制上。

著作权的"买断"有时也被称为"卖绝著作权"。买断包括时间的永久性、权利的所有性和地域的所有性。其中权利的所有性包括现有的以及未来可能产生的权利内容。因此，严格意义上的"买断"指的是在所有国家和地区无期限的全版权的转让。[①] 实践中，当事人通常约定转让作者未来创作的所有作品的版权或者某一时间段内创作的所有作品的版权，包括：转让某一作者未来创作的所有作品的所有著作财产权、某一作者未来创作的所有作品的某一项或某几项著作财产权[②]、某一作者一定时间期限内创作的所有作品的所有著作财产权以及某一作者一定时间期限内创作的所有作品的某一项和（或）某几项著作财产权，有些协议中还明确许可或转让未来作品现有的以及未来可能出现的著作权，等等。

在域外立法例中，大陆法系国家对未来著作权买断做了较为严格的限制。这是因为大陆法系国家认为，作者与作品之间的关系十分密切，为了避免作者在全部转让合同中遭受不公平对价，导致其永久地与作品的经济开发利用脱离关系而无法获取应得的报酬，所以法律禁止全部转让未来作品著作权。例如，西班牙法就有类似的规定。

---

① 参见陆臻. 版权贸易理论与实务教程［M］. 上海：上海辞书出版社，2014：83.

② 例如，在王某与上海玄霆娱乐信息科技有限公司著作权合同纠纷案中，二者所签订的《白金作者作品协议》就约定作者王某在之后 4 年内所创作的所有作品在全球范围内的信息网络传播权及协议作品电子形式的汇编权、改编权、复制权、发行权等全部永久转让于玄霆公司。

此外，还有国家对未来作品著作权合同的期限做了限制，规定这种转让只能在法律规定的、自签订合同之日起的一定期限内有效。例如巴西、厄瓜多尔和委内瑞拉规定为 5 年，葡萄牙规定为 10 年。[①]另外，德国法赋予作者不可事先放弃的终止权。《德国著作权法》第 40 条规定，作者可以授权未来作品的版权给他人，但任一当事人在合同签订起五年期限届满后可通知对方终止该合同，一般行使终止权的期限为六个月，可约定更短期限。此处的终止权不具有溯及力，即只对未来合同的履行产生效力。[②]但是，当另一方对终止合同有异议而产生纠纷时，司法机关需考量终止权所依据的是否属于重大原因，即终止权的行使是否有效应当由司法机关综合考量个案的全部情况以及对双方利益进行衡量。如果最终判定不属于合理终止或给对方造成严重损失的，擅自终止一方可能要赔偿另一方因此带来的损失，例如为履行合同已付出的准备成本。

在学界，由于著作权的类型、作品的利用方式都是跟随时代和技术的发展变化而变化的。因而有学者提出，著作权买断会产生不公平的结果。一种情况是由于后面产生的权利类型在缔约时并未预见，因此受让方不可能在谈判时就为此付出对价。这就意味着受让方可能免费获得了基于作品的某一项或某几项新的著作权。反过来也是如此，如果受让方已就未来可能出现的新权项付了费，但在作品保护期或者合同期内并未真实产生新的权项，那么对于受让方而言也是不合理的。此外，若后来修法使作品保护期延长，对于转让方而言同样不公平。[③]

本书并不赞同禁止全部转让未来作品著作权的观点。因为合同的核心还

---

① 德利娅·利普希克.著作权与邻接权［M］.联合国教科文组织，译.北京：中国对外翻译出版公司，2000：215.

② 参见德国著作权法（德国著作权与邻接权法）［M］.范长军，译.北京：知识产权出版社，2013：58-59.

③ 参见陆臻.版权贸易理论与实务教程［M］.上海：上海辞书出版社，2014：83.

是应当尊重当事人的意思自治。合同也并非以绝对公平来判断其合法或有效与否，时代发展带来的价格波动不能构成合同法的情势变更原则或显失公平的情形，而应属于正常的商业风险范畴。但基于著作权本身的特殊性，尤其是作者客观上所处的弱势地位，本书认为，未来作品著作权买断合同的实质不公平问题可以运用前文所提及的著作权合同期限制度以及有利于作者的严格解释规则来解决。

著作权合同期限制度可适用于未来作品著作权合同，且由于未来作品以及作品利用价值的双重不可预测性，其合同期限可能更短。在当前我国著作权产业市场日益繁荣的背景下，现实生活中已存在大量尚未创作完成或尚未创作的作品的交易，也产生了不少争议，然而我国著作权法对此却尚无明确规定。我国未来著作权法的修订可借鉴域外的立法经验，在承认未来作品著作权合同效力的同时限制著作权合同的期限，这不仅保护了作者的未来利益，同时也保证了著作权合同期限制度的体系性和科学性。

有利于作者的严格解释规则则如前文所述，根据合同目标转让理论来解释未来作品著作权买断合同的权利范围。一般情况下，对于未来可能产生的权利类型应保留给作者。除非有证据表明合同是双方充分协商的结果，且合同中已对未来权项约定了公平的利益分配。

（四）未来作品著作权合同不适用强制履行的违约责任

根据一般合同法原理，当一方当事人不履行合同或履行合同义务不符约定时，应当承担继续履行、采取补救措施或赔偿损失等违约责任。当义务方仍不履行时，另一方当事人可请求人民法院强制其履行债务。在未来作品著作权合同中，作者违约的主要形式为未按期履行交付作品的义务或者所交付的作品不符合约定。此时，另一方当事人能否请求强制其继续履行交付作品的义务存在争议。

　　我国《民法典》第 580 条针对非金钱债务继续履行的除外情形作出规定，即债务在法律上不能履行或债务标的不适宜强制履行的，守约方不能强制违约方继续履行债务。对于不适宜强制履行的违约责任，只能接受违约方的金钱补偿，法院发布实际履行的裁决只发生在不需要被告个人协助的情况下。[①] 因此，若未来作品未创作完成，由于创作本身具有人格性，故不适宜强制作者继续履行创作作品的责任。但给对方造成损失的，作者须承担补偿损失的违约责任。

　　正如史尚宽先生举例所说："为某纪念日发行之著作物，不于适当时期交稿时，出版人得依民法相关规定，解除契约。于有过失时，并得请求损害赔偿。然不得强制著作人为著作物之交付，盖为尊重著作人之人格，其著作物虽已完竣，著作人尚得以其著作尚未成熟而不应其请求也"。[②] 但若在纠纷产生之时未来作品已创作完成，作者则应依约交付作品。

　　例如，在上文所提及的玄霆公司与王某案中，法院认为，已创作完成的作品《永生》依照协议约定著作权已转让给玄霆公司，理应归玄霆公司所有。但对于玄霆公司要求作者王某继续履行仍在履行期内的《委托创作协议》的请求，一审法院与二审法院作出了不同的裁决。一审法院支持玄霆公司要求王某继续履行创作义务。[③] 但二审法院认为，《委托创作协议》债务的继续履行涉及王某的创作自由，具有人身属性，是不适宜强制履行的，并且强制王某此时不得创作协议作品以外的作品，也是不符合著作权法鼓励创作之立法目的的。[④] 据此，法院认为，玄霆公司不能请求强制要求王某继续履行创作行为这一债务，只能请求其支付违约金或者赔偿损失。

---

① 　P·S·阿迪亚.合同法导论［M］.赵旭东，译.北京：法律出版社，2002：451.

② 　史尚宽.出版契约之研究［M］//郑玉波.民法债编论文选集（下）.台北：五南图书出版公司，1984：1322.

③ 　参见（2010）浦民三（知）初字第 424 号民事判决书.

④ 　参见（2011）沪一中民五（知）终字第 136 号民事判决书.

二审法院的做法是合理的。因为创作行为是具有人身属性的债务，在性质上并不适宜强制履行。否则，强制人身性债务的履行将使违约责任恢复其原始的人身责任性质，违背现代社会尊重人格、保护人身自由的基本价值。[①] 强制继续履行未来作品著作权许可转让合同，将违背创作自由和鼓励创作的立法原则，同时也违反了上位法所规定的权利，即公民的人身自由。[②]

（五）相关立法规则的完善

如上所述，合同当事人应审慎订立未来作品著作权买断合同条款。继续履行的违约责任不适用于未来创作行为的强制，即使约定买断作者的未来作品著作权，也不意味着该合同是"卖身契"。[③] 因此，律师提议，合同双方应尽量在合同中合理分配权利义务，使双方在合同中利益均沾，同时配合予较高额的违约金才能保证双方都积极履行合同。[④]

一方面，可以在著作权法中规定强制性的合理报酬制度（如上文第四章第四节中所述公平合理报酬制度部分），引导当事人依据立法确定的基本标准起草合同。另一方面，也可以通过作者集体管理组织与投资人确定一个相对公平的报酬基准，以此保障转让合同的基本公平，预防合同纠纷的产生。

实际上，在实务中，法院也会通过分析当事人在合同中是否明确所转让的权利类型以及权利范围，并且结合受让方是否已就超出一般权利范围的约定支付额外对价等因素，来判断该合同是否有违诚信原则和公平原则，是否需要司法调整对价和承担违约赔偿责任。例如，该案中，法院认为张牧野与

---

① 韩世远.合同法总论［M］.北京：法律出版社，2004：712.

② 转让未来创作作品的合同义务不可强制履行［M］//罗东川.中国著作权案例精读.北京：商务印书馆，2016：364.

③ 网络知名写手因违约赔偿文学门户网站60万元——王某与上海玄霆娱乐信息科技有限公司著作权合同纠纷案［M］//游闽键.文化创意产业知识产权案例律师点睛.上海：学林出版社，2014：83.

④ 同上。

玄霆公司签订的协议书中明确约定了转让费费用以及未来产生改编收益的比例分成，认为协议中对权利义务的分配符合公平原则而有效，当事人应依诚信原则履行合同。①

另一方面，可以构建合理的违约责任机制。未来作品著作权许可转让合同难以适用继续履行的违约责任，这势必会造成受让人为未来作品已付出的投资成本浪费、受让人的可期待利益受损，进而挫伤投资人的投资积极性等不良后果。因此，可以根据作者的违约事由和其心理状态来设计违约责任机制。

具体而言，若对于未如约交付作品，作者主观无过错（如作者死亡、重疾而丧失行为能力或因不可抗力事由导致作品毁损灭失），受让人可解除合同，作者或其继承人应退还受让人已支付部分的报酬。若作者完全未交付作品，则受让人可以要求返还已支付的报酬，但不能要求赔偿已支出的其他成本费用。若作者出于主观过错事由导致作品未能如约交付的（例如，另与他人签订合同私自转让作品或故意灭失作品），受让人可在解除合同的同时要求返还已支付的报酬，并赔偿受让人为该作品所支出的各项成本和合理损失。②当然，如果双方已在合同中约定了违约金，则可根据违约金规则进行赔偿。违约责任机制在一定程度上可以维护受让人的合法权益，促进版权产业市场的繁荣。

---

① 法院认为，涉案《协议书》约定张牧野转让其作品财产权的同时，亦约定了玄霆公司应支付相应对价的合同义务。其中，涉案《协议书》第5.1条约定涉案作品转让费为税前人民币150万元；第7.1.1条还约定作品如成功签署影视改编权协议，产生经济效益，则玄霆公司承诺将该部分影视改编所产生报酬的40%作为奖励支付给张牧野。协议签订后，张牧野已收到了玄霆公司根据合同约定支付的150万元对价。与此同时，玄霆公司在受让涉案作品的财产权后亦承担了相应的商业风险。法院判定，涉案《协议书》对双方权利和义务的约定符合公平原则。参见（2018）苏民终377号民事判决书。

② 参见钟瑞栋，王根长.论未来作品著作权的转让［J］.甘肃政法学院学报，2009（2）：115-119.

第二节　涉作品未知利用方式合同条款的修正解释

作品未知利用方式，指的是涉案作品的利用方式在著作权合同订立时并不存在或尚未可知，因未知利用方式所产生的相关问题也被称为著作权合同中的作品未知利用方式问题。在探讨问题之前，我们需要界定何为作品的未知利用方式。作品的"利用方式"，指的是根据交易观念能够清晰界定、从经济及技术角度来看具有统一且独立的使用可能性的利用。[①]"未知"需要从技术和经济两方面进行判断，且要求同时具备。如果在合同签订时，其技术可能性以及依靠该技术所能产生的经济效用已为人所知，则不属于未知。即便某种新技术可能已被知晓，但相关的商业利益程度仍不明确，此种利用方式仍应被视为未知。[②]

一、争议问题

技术的发展带动著作权的发展，新媒体的不断涌现持续催生新的、意想不到的版权作品传播方式，与技术相关的著作权纠纷也日益增多。例如，摄影、钢琴唱盘、录音、电视、录像带、光盘、MP3 音乐文件、DVD、电子书和数字文件的流媒体，当然还有现在已普遍流行的互联网无一不是如此。[③]诸如 CD、在线数据库、电子书等作品发行方式的变革已彻底改变了印刷媒体

[①]　德国著作权法（德国著作权与邻接权法）[M].范长军，译.北京：知识产权出版社，2013：43.

[②]　参见谈晓颖，张海涛.未来作品著作权的许可和转让[J].中国出版，2006（5）：57-59.

[③]　LANDAU M. New Technology, New Media, New Markets: The Continuing Importance of Contract and Copyright [J]. International Review of Law, Computers & Technology, 2012 (26): 257.

行业。数字时代的到来还使作品内容可以跨时空地扩展到旧媒介之外，彻底改变了信息的访问和发行方式，这几乎影响了所有类型作品的创作、利用和传播。

可见，新技术的发展往往带来作品新的利用和传播方式，[①]作品的利用与传播方式越来越现代化，或者取代旧方式，或者成为旧方式的补充，使旧内容具有新的价值，创造更多的经济财富，利益分配不均是引发纠纷的根源。[②]涉及作品未知利用方式的利益分配问题成为当前新媒体营销和开发领域的争论焦点。

新技术的发展改变了作品的创作、利用与传播方式，也加剧了作者与制作者之间关于合同利益分配的紧张关系。当事人对于谁能拥有作品未知利用方式所产生的利益、已签订的合同是否继续适用于新的利用方式等问题争论不休[③]。作者声讨制作者利用这些新方式是"抢夺权利（rights grabbing）"，认为新技术带来的经济红利应归作者所有。而制作者将开发新方式描述为"恪尽职守（due diligence）"，[④]声称他们承担了经营风险，理应享受其中的收益。法院必须对此作出裁判。如 Platinum Record 案[⑤]和 Rooney v. Columbia Pictures Industries 案[⑥]中，法院须裁定合同中宽泛的表述是否包含作品未知利用方式相关权利的转移；Manners v. Morosco 案[⑦]中，法院须解释制作戏

---

① 例如，当前许多网站平台上的电子书的销量已远超过了精装书和平装书的销量。

② See DARLING K. Contracting about the Future: Copyright and New Media［J］. Northwestern Journal of Technology and Intellectual Property, 2012 (10): 485.

③ See Tasini v. New York Times, 533 U.S. 483 (2001); Robertson v. Thomson Corp, ［2006］2 S.C.R. 363, 2006 SCC 43 (Can.)

④ KRETSCHMER M. Copyright and Contract Law: Regulating Creator Contracts: The State of the Art and a Research Agenda［J］. Journal of Intellectual Property Law, 2010 (18): 141.

⑤ See Platinum Record Co., Inc. v. Lucasfilm, Ltd., 556 F. Supp. 226 (D.N.J. 1983).

⑥ See Rooney v. Columbia Pictures Industries, Inc., 538 F. Supp. 211 (S.D.N.Y 1982).

⑦ See Manners v. Morosco, 252 U.S. 317 (1920).

剧权是否包括制作电影权；日本"快傑ライオン丸事件"一案中，"播放权"是否包含卫星播放权；① 我国的古龙小说继承人在版权卖断多年后是否可主张继承作品信息网络传播所产生的利益；董国瑛等与四大公司约定的"电视节目"形式是否包含将改编的电视连续剧以 VCD 形式发行等。②

　　当前我国著作权合同规范是著作权法中最为简略的部分，对于作品未知利用方式的权利分配问题也没有明确规定。司法实践中以合同法调整著作权合同这一特殊合同的做法受到质疑。③ 尽管近期已有学者关注到作者与制作者间的合同利益失衡问题，并形成了一些基本共识，比如，意识到需要构建相关制度提升作者的缔约地位，但都未涉及与作品未知利用方式相关的合同条款的效力以及效力所及范围等具体问题。本书试图在比较现有模式的基础上，对涉作品未知利用方式的权利的转让效力以及利益归属问题展开讨论。最后，结合我国著作权产业市场和法律发展阶段，探寻一条适合本土化发展的路径。

二、涉作品未知利用方式的合同条款产生利益失衡

　　著作权是技术之子，从印刷机到数字点播机，每当一种新媒介被开发和利用，版权纠纷就会产生。④ 技术的变迁催生新的作品利用方式，这可能带来合同订立时无法预知的巨大利益，而作者依据已订立的合同可能无法分享作品的成功。例如，作者在 20 世纪中期将自己的一部小说版权以一笔小额

---

① 参见東京高判平成 15 年 8 月 7 日平成（ネ）5907 最高裁 HP（原審：東京地判平成 14 年 10 月 24 日平成 12（ワ）22624）[J] // 安藤和宏 . 未知の利用方法にかかる権利の所属——快傑ライオン丸事件，知的財産法政策学研究，2010（26）：35-40.

② 参见（2004）沪高民三（知）终字第 137 号民事判决书。

③ 参见熊琦 . 著作权合同实质公平规则形塑 [J] . 法学，2020（6）：47-62. 周恒 . 著作权许可合同中利益失衡问题的治理——以《欧盟数字化单一市场版权指令》为镜鉴 [J] . 知识产权，2021（5）：41-55.

④ LANDAU M. New Technology, New Media, New Markets: The Continuing Importance of Contract and Copyright [J] . International Review of Law, Computers & Technology, 2012 (26): 257.

转让费卖断给制作者 A，二三十年后，制作者 A 以录像带方式重新发行作品并获得巨大成功，而此时作者未能参与这一新利用方式所产生的经济利益的分配。

（一）涉作品未知利用方式的权利转让合同样态

为了规避未来可能出现的侵权风险，将作者排除在作品后期利益分配范围之外，制作者往往要求作者订立最大范围的著作权转让合同。首先表现为永久全版权合同，即版权的"买断"。[①] 合同中常采用"包括但不限于"这类字眼，以图延伸权利转让的范围。如在上海玄霆娱乐信息科技有限公司与王钟著作权合同纠纷案中，双方合同约定转移包括但不限于著作权法规定的权利类型。[②] 在潘龙江与佛山市顺德区孔雀廊娱乐唱片有限公司著作权转让合同纠纷案中，合同约定"乙方以转让方式将作品全部相关著作权、邻接权及其他相关权利即日起都转让给甲方独家在全球永久享有"，"甲方有权根据著作权法规定的全部利用方式使用该作品，包括但不限于……"[③] 在上海紫源影视文化传媒有限公司与张某一案中，约定乙方对其根据张某小说改编后的电视剧作品及其衍生作品享有永久著作权，包括但不限于以当前常见发行方式利用作品的权利。[④]

另一种样态是概括转让合同。概括转让相对于具体转让而言，其中并未具体明确转让权利的具体行为方式，或者只是列举了其中的一两种具体利用方式并以"等"字兜底，或者采用"包括但不限于"字眼试图涵盖当前以及

---

① 我国相关案例参见（2011）沪一中民五（知）终字第 136 号民事判决书，典型事件如 2020 年 5 月 5 日阅文集团旗下作者集体代表发起的抗议活动。国外案例参见 O'ROURKE M A. Bargaining in the Shadow of Copyright Law after Tasini［J］. Case Western Reserve Law Review, 2003.

② 参见（2011）沪一中民五（知）终字第 136 号民事判决书。

③ 参见（2019）粤 06 民终 8200 号民事判决书。

④ 参见（2017）京 0105 民初 18110 号民事判决书。

未来可能的技术载体和使用作品的行为方式。例如，合同约定转让复制权，包括但不限于以印刷、复印、录音、录像等方式复制。

数字时代下著作权的转让还体现为在线性、格式性的著作权转让合同，而数字格式合同相较于双方线下协商一致的合同，产生的纠纷更为突出。如阅文集团下属的网络文学平台与作者签订的永久全版权转让等霸王条款引发了"五五断更节"事件。夏阳与宁波甬派传媒股份有限公司案中的原告提出其与新浪签订的使用协议中有关知识产权约定的 8.3 条是霸王条款，应为无效条款。[①]

在处置此类纠纷时，法院必须裁定合同中未预料到的或未列举的利用方式是否被授权类型所覆盖。如复制权的转让是否包括电子书的制作与传播的权利？制作"电视剧"的权利是否包括制作"网剧"的权利？[②] 此外，合同中宽泛的概括性权利转让的约定是否包含未知利用方式所得利益的转让？

（二）涉作品未知利用方式合同条款产生利益失衡的不利后果

面对上述合同引发的纠纷，法院必须首先裁定合同订立时未出现的利用方式是否能被宽泛的权利转让条款所覆盖，永久的全版权买断合同是否涵盖了未来一切可能出现的权利或未知利用方式所产生利益的转让。

永久转让著作权、模糊性的概括许可转让合同等若产生制作者所期望的囊括所有未知利用方式的效力，作者将被束缚在已订立的合同中。制作者以此类合同形式剥夺了作者以未知利用方式利用作品以及参与未来使用利益分配的机会。此类合同的无规制性会导致作者与制作者合同利益失衡，并产生与著作权立法目的相悖的结果。具体而言：

---

① （2018）浙 0212 民初 8838 号民事判决书。

② 新京报. 因《盗墓笔记》著作权纠纷，欢瑞世纪向南派三叔索赔 100 万［EB/OL］.（2019-12-01）
［2024-09-23］. http://m.bjnews.com.cn/detail/1575519730814481.html.

第一，如本书第二章所述，作者与制作者之间不对等的谈判地位，往往导致二者自由订立的合同可能存在实质不公平的问题。尽管技术的进步使作者有时可以不依赖制作者自行开发和传播作品，但囿于技术、资源、信息和能力等限制，作者更倾向于与制作者进行著作权交易并获得一次性付款。[①] 包罗万象的语言经常用于表达全面买断（buy-out)的交易形式，制作者的任何后续利用都无需向作者汇报。[②]

第二，著作权是一种"以用设权"的权利，技术时代的变迁带来作品利用方式更新迭代，这可能使原本约定的报酬和作品所产生的经济价值被严重低估。例如，数字技术的发展使已转移的权利在收入来源、福利保障和新的利润产生模式等方面出现了作者在缔约时无法预料的新价值。

涉及作品未知利用方式的合同条款可能断绝作者获得未知利用方式所产生的收益，有违作者利益保护首位原则。并且，这些条款若直接产生制作者意图产生的全部永久转让的效力，可能导致激励制作者通过订立一次性付款的买断合同或者概括转让合同，最大限度地攫取作品的所有经济利益。新技术带来的作品新的利用方式提升了作品的经济价值，而作者却完全无法享受到技术带来的红利，这将影响作者的创作积极性，阻碍著作权立法目标的实现。

第三，涉及作品新的利用方式的相关权利归属不明确还可能导致维权主体难以确定，从而增加打击侵权的成本。例如，在数字出版方式出现后，已有的出版合同对数字出版的相关权利约定不清晰，将导致权利来源不明，无法有效打击实际侵权行为。[③]

---

① See ZIMMERMAN D L. Authorship Without Ownership: Reconsidering Incentives in a Digital Age［J］. DePaul Law Review, 2003 (52): 1121.

② See The European Commission. Evaluation of the Impact of the Modernization of EU Copyright Rules ［R］. Staff Working Document, 2016, 1: 175. SWD 301-Part 1.

③ 参见何蓉. 合同法视域下数字出版著作权问题研究——以法国出版合同改革为借鉴［J］. 科技与出版，2021（5）：110-114.

三、涉作品未知利用方式合同条款效力认定

当前，涉作品未知利用方式合同条款的效力认定存在三种模式：第一种是由当事人自由决定模式，在美国和英国等国适用，以下简称自由模式。第二种是认定作品未知利用方式合同条款无效模式，即如果当事人签订合同约定许可转让订立合同时尚不可知的使用权的，该约定无效。例如，2008年以前的《德国著作权法》第31条第4款（现已被删除）、《比利时著作权法》（13条）、《希腊著作权法》（13条）、《意大利著作权法》（119条）、《西班牙知识产权法》（43条）均有类似规定，以下简称无效模式。第三种是附条件认可模式，如德国2008年以后的著作权法和法国知识产权法典的相关规定。[①] 市场和技术的变革要求我们对著作权法不断进行反思，我们可以通过对域外模式的比较分析，特别是深入分析德国法改革前后态度的转变，了解实现著作权立法目标的各种方法及其成本和收益，为我国著作权立法提供镜鉴。

（一）自由模式

以英美为代表的自由模式更多地尊重当事人的意愿，认为当事人对于新利用方式享有合同自由。英美法系一般允许转让全部版权，只要当事人在合同中明确表达完全转让权利的意愿，即承认专有权都转移给受让人，无论权利涉及的是作品已知或未知利用方式。当前我国著作权法并无明文禁止转让作品未知利用方式的权利，根据法无明文禁止即自由的原则，推断我国也采用自由模式。对于当事人约定转让包括未知利用方式所产生利益的合同条款，

---

① 参见尹腊梅，纪萍萍.论作品未知使用权的转让与许可［J］.知识产权，2009，19（5）：34-39.

我国法院也认可其效力。①

　　但值得注意的是，虽然美国法不禁止或限制作品未知利用方式所产生利益的转让，但并不意味着美国法忽视作品未知利用方式的利益分配问题。美国版权法在其第 203 条规定了"终止权制度"，规定在许可（转让）协议生效日起 35 年后，符合条件的作者可以终止合同、收回自己的权利，并重新转让或授权以获取经济利益，即立法赋予"作者的第二次机会"（author's second chance)。② 该条法律规定体现了国会对作者利益的关照。其立法理由是：作品的未来价值难以预测，而作者在作品发行与利用上经验不足，在合同条款谈判中的筹码较少，终止权就是为了保护作者这一弱势方。③

　　此外，相较于尊重当事人在合同中的明确意愿，美国在司法上更多地关注合同约定不明、意愿表达不清时对权利归属的解释，并形成了较为统一的解释规则，下文将在"约定不明的利益归属解释规则"部分进一步阐述。

（二）无效模式

　　为了防止作者放弃具有不可预见的未来价值，一些国家干脆禁止转让作品未知利用方式的利益，即"合同内容不能扩展至合同订立当时尚不存在或尚不为人所知的利用方式或传播手段"，④ "作者生前契约约定的作品权利转移只应局限于已经转让的权利和明文约定的利用方式"等。⑤ 如比利时、希腊、

---

① 参见（2019）粤 06 民终 8200 号民事判决书。

② 李明德，许超 . 著作权法［M］. 北京：法律出版社，2003：144.

③ See REGISTER OF COPYRIGHTS. Copyright Law Revision: Report on the General Revision of the U.S. Copyright Law［R］. H.R. Rep., 1976, 92: 124.

④ 参见德利娅·利普希克 . 著作权与邻接权［M］. 联合国教科文组织，译 . 北京：中国对外翻译出版公司，2000：215.

⑤ 同上书，p214。

意大利、西班牙和 1965 年的《德国著作权法》都做了类似规定。①

改革前德国联邦法院严格限制作品未知利用方式利益的许可转让，例如，1927 年，法院拒绝认可出版商对歌剧《音乐节》享有电影制作权，尽管当时电影技术已为人所知（虽未普及），而且合同条款措辞宽泛，涵盖任何时候（包括当前和未来）以文本和舞台展示的权利。②1929 年，德国联邦法院裁定，尽管有一份合同将威廉·布希所有作品的全部版权转让给该公司，但出版商不享有作品的广播权。③法院认为，不是所有利用方式都能包含在著作权一揽子转让协议中。

德国法院在 1965 年后的案件中继续适用这一禁止性规定。例如，根据该条款，报纸文章的出版权并未扩展到光盘技术。该法律条款被认为具有分配性（distributive），其目的在于将艺术作品的经济回报分配给作者。有学者认为，该条款的立法理由在于，虽然著作权法将权利初始配置给作者，但由于作者在谈判中处于弱势地位，人们担心作者会将新利用方式利益转让给制作者，因此法律进行干预以确保他们不会因不谨慎、缺乏经验或与出版商打交道时缺乏讨价还价的能力而使未来财富被"骗走"。④

（三）附条件认可模式

采用附条件认可模式的代表是改革后的德国法。鉴于德国法改革前的无效模式存在弊端，德国的司法及立法逐渐转变了态度，德国判例中认定无效

---

① 该条明文规定，为未知的使用类型授予使用权以及使自己在这方面负担任何义务的合同不具有法律效力。

② See DARLING K. Contracting about the Future: Copyright and New Media［J］. Northwestern Journal of Technology and Intellectual Property, 2012 (10): 485.

③ See RG Feb. 16, 1929, 123 RGZ 312 (Ger.).

④ See DARLING K. Contracting about the Future: Copyright and New Media［J］. Northwestern Journal of Technology and Intellectual Property, 2012 (10): 485.

的情形逐渐减少。对于发展后的媒介是否构成法律意义上不可预知的利用方式，法院表现出迟疑的态度。1995 年，德国联邦法院更是一反常态，允许风险协议，甚至认可格式合同中权利转移条款可以包括具有未知经济重要性的已知技术。在 1997 年的 Klimbim 案中，法院认为，授予已知的电视传播方式的合同，包括那些不普遍适用的方式——卫星传播和有线广播。① 在这些案件中，即使这些方式为制作者带来了额外利润，法院也不认为属于未知方式。

此后，呼吁法律改革的声音愈发强烈。1995 年，德国议会任命了一个委员会来分析技术发展和新媒体对德国版权法的影响。德国议会特别关注《德国著作权法》第 31（4）条，并注意到无效模式产生的实质性不良影响，最终委员会建议废除该条款。

然而，单纯地废除又走向了另一个极端，即无法保障作者从未知利用方式中获益。因此，肩负偏向性保护任务的德国立法机构，最终选择了一种相对限制的方式来解决这一问题。德国的相对限制模式是对未来利用许可合同作出形式要求，赋予作者一项不可事先放弃的撤销权 ② 以及合理报酬请求权 ③。《德国著作权法》第 31a 条规定，未来利用授权合同原则上必须采用书面形式；④ 另一方当事人在采用新利用方式前应当通知作者⑤，作者收到通知后享有撤回授权的权利，该撤回权属于形成权性质，如果双方就新利用方式所得报酬分配达成一致，则撤回权消灭，或者在作者接到通知后 3 个月内未行使权利⑥ 以及作者死亡⑦，撤回权也会消灭。对于集合类作品，单个作者不得违背诚

---

① See DARLING K. Contracting about the Future: Copyright and New Media［J］. Northwestern Journal of Technology and Intellectual Property, 2012, 10: 485.

② 参见《德国著作权法》第 31a（4）条。

③ 参见《德国著作权法》第 32 条以及第 32c 条。

④ 参见《德国著作权法》第 31a（1）条。

⑤ 参见《德国著作权法》第 32c（1）条。

⑥ 参见《德国著作权法》第 31a（1）条。

⑦ 参见《德国著作权法》第 31a（2）条。

信原则行使撤回权，阻碍作品被作为整体利用。[①]

类似的还有法国法。1954 年的法国立法草案表明，立法者认为有必要通过法律干预模式来保护作者的利益，以免他们在绝对自由的环境下听从另一方当事人的摆布，最终落得两手空空。[②] 在这样的理念下，1957 年《法国著作权法》草案对版权协议做了一些限制性规范要求，如其第 34 条—39 条都在不同程度上体现了对作者利益的保护，呈现出家长式的作风。现行《法国知识产权法典》也将这些条款纳入其中，规定在第 L.122-7 条、L.131-1 条、L.131-3 条、L.131-4 条、L.131-6 条、L.131-7 条。这部法典的立法总原则是对于作品未知利用方式利益推定未转让或未许可，一般性保护措施是，作者必须明确批准每一种发行作品的方法。特别是该法的第 L.131-3 条，其目的在于防止作者在不充分了解权利范围时随意转让权利，第 L.122-7 条则规定了严格解释规则，防止作者签署无限权利转让协议或误解权利转让的范围。

（四）我国的立法选择

如前文所述，作者处于谈判的弱势地位，绝对的自由常导致议价能力悬殊的合同主体之间经济利益分配不均，这不符合著作权法通过合理报酬回报作者、激励创作以维护共有领域可持续发展的立法宗旨。有关自由模式的弊端以及司法有必要适当干预著作权合同自由，上文已有阐述，此处不再赘述。

简言之，绝对自由带来的并非实质的正义，这一点受到德国与法国等欧洲国家的认可。即便是崇尚自由模式的美国，也已经觉察到绝对合同自由可能产生的弊端，并通过终止权制度为处于天平弱势方的作者增加砝码。美国

---

① 参见《德国著作权法》第 31a（3）条。

② See DARLING K. Contracting about the Future: Copyright and New Media [J]. Northwestern Journal of Technology and Intellectual Property, 2012 (10): 485.

的自由模式也并非绝对的合同自由，而只是尊重当事人明确的意思自治。在当事人意思并不十分明确时，司法也会做限制性授权解释，避免作者因合同中使用笼统性语言而利益受损。

但是，径自认定涉及未知利用方式的合同条款无效的模式也未能产生理想的效果，反而构建了一个低效的法律框架。

首先，禁止作品未知利用利益的交易将致使合同无效，从而让合同各方承担重新谈判的交易成本。

其一，是搜索与信息成本。著作权以及著作权交易的非登记性导致找到即时权利所有人并非易事。作品有可能已被多次转让、继承，甚至成为孤儿作品。

其二，是谈判成本。与合同订立之初的谈判成本相比，合同被宣布无效后重新谈判的成本更为高昂。原始合同中的未来利用条款常常未被认真议价，而只是作为一个惯常格式条款附带其中。当出现作品新利用方式时，这个内容才会被认真协商。并且，责任方可能为了避免前期投入的损失对被许可方抱有极高期待。但此时权利人不一定愿意签订协议，这种不确定性就降低了谈判的预期回报率或者造成前期投入成本的损失。

其三，是执行成本。由于禁止性规定的存在，合同的不稳定性更强，双方可能对是否属于新利用方式争论不休。法律意义上的新利用方式可能需要在个案中判定，此为执行成本。德国司法实践中有关 DVD 是否是新的作品发行方式的争论持续了 20 多年，直到 2005 年才最终被德国联邦法院判定属于法律意义上的新方式。[①] 此外，如果新利用方式可能替代旧利用方式，相比从一开始获得确定的权利，受让人或被许可人就可能要考虑未来某个时间可能产生新方式替代细分市场的风险，从而影响现下支付的意愿或者压低即时支

---

① See DARLING K. Contracting about the Future: Copyright and New Media［J］. Northwestern Journal of Technology and Intellectual Property, 2012 (10): 520.

付的价格。这些不确定性、可能产生诉讼的可能性等都会影响当事人现下共同谈判的空间。

其次，认定无效模式还容易产生反公地悲剧问题。美国黑勒教授提出"反公地悲剧"理论模型，[①] 他认为重视"公地悲剧"是为了防止人们过度利用资源。但如果产权分散，过多地使用障碍又可能产生反公地悲剧问题，造成资源未能得到充分利用。权利人的过度分散还可能带来协商困难以及个别人阻碍交易的风险。例如，在数据库中将一份报纸或者期刊的所有作品都收录时就会出现这样的问题。如果不能在首次发行时获得所有作者的授权，那么在数据库产生后，其经营者要想获得每个作者的授权则非常困难，这个问题对于集合作品来说尤其严重。现当代许多的创意作品都可能是各种资源融合而成，[②] 例如纪录片由无数视频片段、音乐作品、艺术品等剪辑组成。若发行此类作品需要所有权利人同意，将耗费巨大的时间和价格成本，甚至因某一个权利人的阻碍而直接将整部作品套牢，阻碍作品及时以新方式发行，从而造成巨大的价值损失。例如，若存档的新闻媒体不能作为一个整体提供，它将失去作为历史和文化参考的价值。

因此，禁止作者将未知利用方式权利许可转让，可能会产生与立法目标相悖的效果。当交易成本和风险带来的不利总和大于其从合同中所能获得的预期收益时，就会阻碍合同关系的形成。制作者要么通过降低即时支付价格抵消成本，要么就减少甚至不对"冒险作品"（即，当前不太确定是否能取得成功的作品）进行投资，而这最终会减少从著作权合同交易中获益的作者和作品的数量，无法达到帕累托最优效果。

鉴于自由模式与无效模式存在的弊端，本书认为，我国著作权法应参照

---

① See HELLER M A. The Tragedy of the Anticommons: Property in the Transition from Marx to Markets [J]. Harvard Law Review, 1998, 111 (1): 621.

② See HELLER M. The Gridlock Economy: How Too Much Ownership Wrecks Markets, Stops Innovation, and Costs Lives [M]. Basic Books, 2009: 1.

当前国际的主流做法，采用附条件认可模式。在司法中适用涉作品未知利用方式合同条款的修正解释规则，并构建适合我国著作权产业发展的其他相关制度。

四、涉作品未知利用方式合同条款的修正解释规则

首先需要明确的是，在当事人没有协议的情况下，法院不能因为法律未明确规定某种作品利用方式就否定作者的权利，即作品未知利用方式并非任何人都能自由利用的空间，法院的既有判例已表明了此态度。例如，在1999年的王蒙案中，法院并不因当时著作权法上未明确作者享有信息网络传播权而认定不侵权，而是认为"在网络上使用他人作品，也是作品的利用方式之一，使用者应事先征得著作权人的许可"。[①] 此后出现的有关体育赛事直播权、音乐喷泉案也同样如此。当当事人之间有约定时，情况就相对复杂，合同签订时未能预见的利用方式是否能被合同约定的权利所覆盖，作品新利用方式所产生的利益如何分配等问题需要司法裁定，并在未来著作权法修订时予以明确。

（一）有利于作者的严格解释规则

著作权合同中约定的权利范围常常需要法院作出解释予以明确，即许可转让协议签订后产生的利用方式是否被约定的权利所覆盖是需要进一步明确的。受让人与作者往往持有相反的观点，受让人主张新利用方式被约定的权利覆盖，而作者认为新利用方式不包含在内。例如，北京朝阳法院受理的"盗墓笔记案"中，双方就合同中约定的"网剧"是否属于"电视剧"发生争

---

① 参见北京市第一中级人民法院（1999）一中知终字第185号民事判决书。

议，① 无论网剧是否为作品的新利用方式，都依赖法院对合同中的权利范围作出解释。

有论者为此提出"有利于作者的严格解释规则"，即著作权合同效力不能扩展到签订合同时尚不存在或尚不为人所知的利用方式或传播手段。② 这与"许可转让的权利范围仅限于合同中明确约定的适用范围和利用方式"原则（类似于德国法上的"目标转让理论"③）是相通的。持这一观点的论者认为，新利用方式在缔约时尚不存在或不可预知，也就无法在合同中明确约定。技术和市场变化无常，要求作者预测作品的未来利用情况显然不合理。并且，鉴于作者在议价时所处的不利地位，若允许合同约定扩展到未知利用方式，许可使用的基础会发生不利于作者的微妙变化。④ 这种严格解释规则已在多国司法实践中被广泛采纳：

在美国，最早涉及作品新利用方式的案例是发生在 100 多年前的 Harper Bros v. Klaw 案。该案的被告主张根据书本制作戏剧的权利应包含制作电影的权利。法院认为，协议明确授予的是以某种特定形式在特定城市范围内制作一个版本的权利。合同中约定禁止任何其他演示作品的方式以及禁止对文本进行任何更改，并约定了明确的费用。合同的整个安排都与制作电影的想法不一致，法院不应支持这种扩大解释。⑤ 同样地，Oliver Wendell Holmes 法官在 Manners v. Morosco 案的判决书中指出，制作涉案戏剧的许可不包含制作电影的许可，因为许可合同中有关演出次数，以及仅在一级剧院演出等限制都

---

① 新京报. 因《盗墓笔记》著作权纠纷，欢瑞世纪向南派三叔索赔 100 万［EB/OL］.（2019-12-01）［2024-09-23］. http://m.bjnews.com.cn/detail/157519730814481.html.

② 沈杨. 著作权许可使用合同的权利义务状态［C］//2006 年全国知识产权征文获奖论文集. 北京：知识产权出版社，2006：226.

③《德国著作权法》第 31 条规定。参见德国著作权法（德国著作权与邻接权法）［M］. 范长军，译. 北京：知识产权出版社，2013：42-43.

④ 沈杨. 著作权许可使用合同的权利义务状态［C］//2006 年全国知识产权征文获奖论文集. 北京：知识产权出版社，2006：226.

⑤ See Harper Bros v. Klaw, 232 F. 609 (S.D.N.Y 1916).

可以佐证许可约定的是"口头戏剧"。① 法院倾向于将未知利益留给作者。在
Cohen v. Paramount Pictures Corp 案中，法院认为，在电视上播放电影与通过
盒式录像机（VCR）放映电影存在本质区别，家用录像机在 1969 年授权许可
时并未发明或知晓，因而"通过电视表演"一词不能涵盖录像带方式。② 第九
巡回法院最终认为，除非协议明确将制作录像带的权利授予受让人，否则该
项权利应留给原告（作者）。③

　　法国同样将该规则写入《法国知识产权法典》。法国法强调每一种利用方
式都是互不相关的特权，只有作者明确无误地将某种特定形式的权利转移给
第三方才真正发生转移，即著作权独立。④ 法国法院在面对合同约定不明时，
推定当事人未就未来利用利益的分配达成一致，否认受让方取得系争利益。⑤
例如，在 Plurimédia 案中，法院不认可首次出版权包括在网络上发行的权利，
因为网络使用在合同订立时未能预见。⑥

　　日本法院在处理此类案件时，主要从合同条款、行业惯例、对价相当性
以及当事人的交涉力、合同签订时著作权法上的规定和相关技术发展的状况、
合同缔结的缘由、合同缔结后当事人的行为等几个方面进行解释。"快傑ライ
オン丸事件"案的焦点在于 Y1 对 X 转让的"作品在日本全域播放权"是否
包含有线播放和卫星播放权。X 主张 Y1 将有线播放权和卫星播放权转让给
Y2 的行为构成违约，主张 Y1、Y2 的行为构成侵权。⑦ 原审法院和终审法院

---

① 　See Manners v. Morosco, 252 U.S. 317 (1920).

② 　See Cohen v. Paramount Pictures Corp., 845 F.2d 851 (9th Cir. 1988).

③ 　同上。

④ 　参见尹腊梅，纪萍萍 . 论作品未知使用权的转让与许可［J］. 知识产权，2009，19（5）：34-39.

⑤ 　同上。

⑥ 　Plurimédia, Regional Court Strasbourg, 3 February 1998, Légipresse 149 1, p. 19 and 149 - III, p.
22.［J］// 尹腊梅，纪萍萍 . 论作品未知使用权的转让与许可，知识产权，2009（5）：34-39.

⑦ 　参见東京高判平成 15 年 8 月 7 日平成（ネ）5907 最高裁 HP（原審：東京地判平成 14 年 10 月
24 日平成 12（ワ）22624）［J］// 安藤和宏 . 未知の利用方法にかかる権利の所属——快傑ライオン
丸事件，知的財産法政策学研究，2010（26）：35-40.

一致驳回了原告的请求。法院认为，合同中没有明确"播放权"的定义，而合同签订时的著作权法明确划分了播放与有线播放两种方式。卫星播放方式是在本案合同签订后 10 年才产生的，不能作为合同对象。要认定本合同中的"播放权"包含"有线播放权"或"卫星播放权"，需要有充分的证据证明。在无明确依据时，对播放权进行严格的限制性解释是恰当的。①

日本学者提出，在部分转让权利的案件中，转让权利与被保留的权利之间的界线是问题的焦点。在部分转让的情况下，转让人实际知晓自己已做了权利保留。因此，转让的权利与保留的权利之间的分界线由当事人特别约定对转让人来说是非常重要的问题。如在快傑ライオン丸案中，合同书若写明"转让播放相关的所有权"这样的约定不易产生争议，但将"转让播放权"②（播放权与有线广播权被明确区分）解释为转让包括所有未知广播方式的权利是难以令人信服的。

在解释著作权合同约定的权利范围是否涉及作品的未知利用方式时，应首先对约定转移的权利进行文义解释。若作品新利用方式能被认定为属于标的权利覆盖的利用方式，则推定该新的利用方式所产生的利益已发生转移。如信息网络传播权字面内涵可解释为包含以任何有线或无线方式向公众提供作品的行为，当事人若意图限定转移权利范围，可在合同中加上限定性词语。如松原石淼公司、南昌天圆钱柜公司的著作权权属纠纷案中，石淼公司与案外人音集协签订的著作权合同限定权利授予的适用范围"仅限于卡拉ＯＫ范围内"。③ 同时，针对约定不明的著作权合同，可结合合同的目的解释方法和体系解释方法对该利用方式进行有利于作者的严格解释。

---

① 参见東京高判平成 15 年 8 月 7 日平成（ネ）5907 最高裁 HP（原審：東京地判平成 14 年 10 月 24 日平成 12（ワ）22624）［J］// 安藤和宏. 未知の利用方法にかかる権利の所属——快傑ライオン丸事件，知的財産法政策学研究，2010（26）：35-40.

② 在该案中，当事人订立合同时日本著作权法中播放权与有线广播权是区分开来的，而卫星广播权又是在合同签订后 10 年才产生及被实用的。

③ 参见（2020）赣 01 民终 1945 号民事判决书。

（二）对价相当性条件下认可一揽子协议的效力

人们关注著作权合同中的未知利用条款的效力，主要是基于一次性买断或概括转让等一揽子协议。从国内外的司法实践来看，法院基本认可一揽子许可转让合同的效力。

美国法院在早期案件中认为，概括性约定同时意味着作品新利用方式所产生的利益发生转移。例如，审理 Platinum Record Co., Inc.v. Lucasfilm, Ltd. 和 Rooney v. Columbia Pictures Industries，Inc. 两个案件的法院都作出了一致的解释。在 Platinum Record 案中，新泽西地区法院认为，涉案合同的语言极其宽泛，毫不含糊，合同用语排除了协议中对电影具体潜在用途的详尽清单的任何需要。[①] 审理 Rooney v. Columbia Pictures Industries 案 [②] 的法院根据双方合同中的宽泛用语，认可受让方有权以现在已知或未知的任何其他方式播放电影。法院认为，合同已赋予被告在发行和放映"电影"方面极其广泛的权利，除非另有约定，否则这些权利的行使将不受限制，在这种情形下，未来复制、传播技术和展览方法的进步将有利于被告。[③]

日本法院在解释全部转让和部分转让的著作权合同时，对未知利用方式的利益归属的认识有所不同。法院在对"快傑ライオン丸"案中的播放权进行认定时认为，涉案合同是以部分转让为目的的合同，故而不认为当时未出现的卫星广播包含在广播权内。而在 THE BOOM 案中涉案合同则是以全部转

---

① See Platinum Record Co., Inc. v. Lucasfilm, Ltd., 556 F.Supp. 226 (D.N.J. 1983).

② 同上。

③ See Rooney v. Columbia Pictures Industries, Inc., 538 F. Supp. 211 (S.D.N.Y 1982).

让为目的的合同，①在全部转让著作权的情况下，根据合同的目的，合同当事人的意图应当是包括未知利用方式所产生利益的全部转移。

为了防止作者无法分享未知利用方式产生的利益，径自否定此类合同条款效力的观点值得商榷。如上文所述，此类条款一旦被认定无效，就意味着当事人必须重新谈判，从而导致额外的交易成本，不但不利于作品的开发利用，也无法实现整体的帕累托最优。

并且，从当事人的主观意图上看，在同意全部转让著作权时，转让人的意图是将拥有的全部著作权与受让人拥有的金钱做等价交换。换言之，转让人所关注的并非将未知利用方式的权利继续据为己有，而是希望从中获取合理的经济利益，而受让人才是期待持有与作品未知利用方式有关权利的一方。

因此，有论者提出，涉及未知利用方式的纠纷焦点与其放在新利用方式有关的权利归属上，不如放在等价性争论上。这既符合著作权交易的实际情况，也是解决纠纷的理想方法。例如，在日本的 THE BOOM 和 HEAT WAVE 两个案件中，原告都对作为对价的版税计算方式以及税率感到不满，这实际上暗含着问题的本质。②

对价相当性作为合同解释规范的基准，是一个重要的考量因素。这是因为作为契约签订结果而产生的财产分配，如果分配不均衡即违反交换正义，需要法院予以修正。因此，如果存在对价不均等的情况，为恢复均衡，必须给予另一方权利或要求其承担义务。例如，在"快傑ライオン丸"案中，X 要证明其所支付的对价应能使播放权、有线广播和卫星广播权都作为转让的对象，而实际上受让人支付的 1000 万日元过低，与其声称的权利

① 田中豊.契約当時存在していなかった送信可能化権が譲渡の対象とされたか—いわゆる原盤譲渡契約および専属実演家契約の解釈—［J］// 安藤和宏.未知の利用方法にかかる権利の所属——快傑ライオン丸事件，知的財産法政策学研究，2010（26）：35-40.

② 参见安藤和宏.未知の利用方法にかかる権利の所属——快傑ライオン丸事件［J］.知的財産法政策学研究，2010（26）：35-40.

范围不成比例。

　　同样地，要证明概括性转让或卖断版权的一揽子协议覆盖未知利用方式，就必须证明其已为此支付了相应的对价。为了证明对价性，要出示客观证据。但是，为受让人增加举证责任负担是否合适也存在争议，因为成本率、利润率、初期投资额等不明因素导致很难认定所定费率是否妥当。一个可行的方案是，当事人可以根据诚信条款协商决定，协商不成的，可以请求法院计算妥当的版税费率。①

　　综上所述，当前承认一揽子协议效力的做法具有积极意义，既尊重了当事人的真实意思表示，同时也符合作品利用的效率原则。若当事人有意在合同中注明授予对方"将来一切利用作品的权利，包括不可预见的利用方式"等语言，则应当尊重当事人的主观意愿。但是，要注意合同价格与权利转移的经济利益之间是否具有对价相当性，若有证据证明不具有对价相当性的，法院有权作出修正解释，即否定约定权利产生包含作品未知利用方式所产生利益发生转移的法律效力。若当事人有意以限缩性用语表达权利类型，则应从严解释。如在"计算机模拟"时代，作者与出版商之间缔结的合同，不应涵盖新的电子使用（如不包含在线作品传播权）。②又如，"电子出版物出版权"的转移不能视为信息网络传播权的转移。③

（三）相关规则的完善

　　前文所讨论的有关禁止或适当干预作者许可转让作品未知利用利益的合同，其目的在于解决作者与制作者在作品未知利用方式产生的利益分配中的

---

① 安藤和宏.未知の利用方法にかかる権利の所属——快傑ライオン丸事件［J］.知的財產法政策学研究，2010（26）：35-40.

② 参见路西·吉博.版权法与合同法的联系［M］//埃斯特尔·德克雷.欧盟版权法之未来，徐红菊，译.北京：知识产权出版社，2016：409.

③ 参见（2007）海民初字第 12693 号民事判决书。

失衡问题。本书认为，不应一概禁止作者转移作品的所有权利，而应通过其他相关制度来保障作者在合同交易中的利益。这样既有助于制作者为开发利用作品而放心大胆地投入，免于担心前期投入因作品未知利用合同条款效力的不确定性而导致被套牢（hold-up problem）。^① 同时，完善利益分配规则也能保障作者获得足够的利益回报激励，符合著作权的立法精神。

域外有许多经验值得我们参考借鉴。欧盟各国制定了众多保护作者合同利益的制度，包括书面形式要求、程序规范、合理报酬制度、合同解释规则等。例如，欧盟 2019 年获批的《数字单一市场版权指令》规定了合同调整机制，在缔约时约定的报酬显著低于作品后续开发所得利益的情况下，作者可要求调整合同，并获得额外的适当报酬，同时规定了继受权利一方具有使新利用方式信息透明的义务等。^② 最为完善的当属《德国著作权法》，该法第31a 条、第 32 条、第 32a 条、第 32c 条和第 36 条涉及作品未知利用方式合同的书面形式要件、对方的通知义务、撤回权制度、作者继续分享收益权、合理报酬请求权，这些具有强制性的法律规定形成了一道保护作者合同利益的屏障。《法国知识产权法典》规定："转让以不确定或未确定方式利用作品的权利，转让条款必须明示并约定作者使用收益的提成"。^③

美国虽未在立法上规定如此详细的规则，但在司法判例中也采用了严格解释规则来保障作者的获酬权。美国法院认为，在约定不明的情况下，出版者不得在未向版权人分配额外收益前以数字化复制方式使用作品。^④ 并

---

① 也有文章称为"敲竹杠问题"。参见崔立红，梁婉颖.数字时代版权合同中未知使用方式问题研究：不完全契约理论的视角［J］.山东大学学报（哲学社会科学版），2021（1）：12.

② 参见格哈德·芬妮格著，许晓亮译.德国有关作者合同的立法修订［M］//周林.知识产权研究·第二十五卷.北京：社会科学文献出版社，2019：232.

③ 《法国知识产权法典》第 L.131-6 条。

④ See Tasini v. N. Y. Times Co., 206 F.3d 161(2d Cir.1999),p.171.McMORRIS F A. Free-Lancers' Permission Needed to Use Articles Electronically, Court Decides［J］. Wall Street Journal, Sept. 1999 (28): 15.［J］//熊琦.著作权合同实质公平形塑.法学，2020（6）.

且，州法上的合同解释规则不能与联邦版权政策相违背，而应相互配合。因此，法院坚持知识产权公共政策的基本立场，认为"对未来未知索赔的放弃是无效的"。①

当前我国著作权法针对作者合同利益保护的规定还较为薄弱，仅在第29条中规定了一个狭义解释规则。《著作权法》第30条规定，"当事人约定不明确的，按照国家著作权主管部门会同有关部门制定的付酬标准支付报酬"，但并未明确该规范是否为强制性规范性质。②有学者提出，为实现著作权实质公平，在报酬制度方面应将付酬标准类型区分为一次性付酬和按比例付酬两类，并将一次性付酬的适用领域限制在版税计算成本超出作品预期收益，或者版税计算在实践中无法实现的情形。③

本书认为，为保障作者从作品未知利用方式获得应有的经济利益，我国著作权法可从以下几个方面进行制度完善：

第一，从形式上强制。涉及作品未知利用方式产生的利益分配须采用书面形式，作者在书面合同中作出明确的转移作品未知利用利益的意思表示。该明确性条件并不意味着必须指明具体的利用方式以及利益分配方法（由于利用方式不可预知通常也无法具体确定），只要是转让未来可能产生利益的真实意思表示即可。

第二，赋予作者在涉及作品未知利用方式合同中的变更权。原则上，只要制作者为此支付了充足合理的报酬，就应认可制作者有权利用新方式开发作品。至于报酬，可以由当事人约定，在无法达成一致时由法院进行评估。

第三，如第四章所述，可以构建著作权合同期限制度，限定作者每一次转移著作权的时间。合同期限制度旨在减少作者因一次性卖断版权而带来的

---

① See NIMMER M B, NIMMER D. Nimmer on Copyright [M].New York: Matthew Bencler, 1997: 10-71.

② 熊琦.著作权合同实质公平规则形塑[J].法学，2020（6）：47-62.

③ 同上。

包括未知利用方式所得利益的损失。

第四，为了增加交易的稳定性和确定性，可以通过完善我国集体管理组织制度，鼓励由集体管理组织代表作者与制作者制定集体协议。集体协议是保护创作者的另一个工具。由于作者相较于制作者往往处于弱势，作者代表和制作者代表之间的集体谈判可能是实现更好平衡的一种手段。① 例如法国政府曾组织有关书籍数字利用的谈判，最终起草了一部使用守则，其中将著作权转让合同的相关强制性规定纳入知识产权法中。2014 年法国文化部发起了一项类似的倡议，建议公平分配音乐流媒体收入。这两个例子都表明，集体谈判和集体协议可以帮助所有作者在转让权利时达成利益相对平衡的协议，② 而前面所提到的合理报酬也可参照集体协议确定的许可费标准来判断。

第三节　网络授权许可合同的修正解释

在互联网时代，著作权交易突破传统模式，逐渐转变为网络授权许可形式。为取得相关版权资料，网络用户通过网络授权许可合同与网络经营者、内容提供商进行交易。例如，计算机软件和数据库的授权许可主要通过网络授权许可形式达成。在类型上，网络授权许可合同主要表现为拆封许可合同、点击合同和浏览合同等常见形式。新的市场交易模式催生了许多新型的网络授权许可合同条款，其中的著作权反限制条款对使用者产生重大影响，并凸显了私立规则与著作权法的冲突与矛盾。

---

① See DUSOLLIER S. EU Contractual Protection of Creator: Blind Spots and Shortcomings［J］. Columbia Journal of Law & the Arts, 2018 (41): 435.

② 同上。

一、网络授权许可合同的产生与发展

在互联网时代，复制技术与传播技术飞速发展，信息与载体可以相互分离，信息传播能够超越时间和空间的限制。在新技术的推动下，传统的作品授权许可方式已难以满足使用者规模级的增长需求。因此，点击许可、拆封许可和浏览许可等网络授权许可合同应运而生。

许多数字化文学、视听作品等逐渐以类似于计算机程序的方式在大众市场上发行，采用"拆封许可"式合同条款提供，用户只能选择"接受或放弃"。用户通过点击同意、浏览同意等方式表示接受后，方可对受保护材料进行访问。例如，合同条款会被放置在网站主页的某处超链接中，[①] 用户的点击行为等同于同意链接内部的所有使用条款。

网络授权许可合同既是适应时代需求的产物，同时也是权利人进行私力救济和扩张权利的重要手段。互联网的匿名性、虚拟性，作品传输的即时性和全真性为侵权行为提供了便利，数量激增的网络用户成为潜在的侵权者。数字盗版等未经授权的使用行为频发，引发著作权人对数字作品版权保护有效性的担忧，迫使其转而寻求其他替代保护策略来维护权利。

网络授权许可合同配合技术措施，是著作权人应对网络侵权的主要救济方式。互联网的文本环境及其交互性质可以降低当事人的交易成本，为在数字网络环境中契约化的发展提供了理想的先决条件。[②] 互联网环境使权利人直接或间接地在信息生产者与最终用户之间建立多种合同关系，并配合其他多

---

① 例如，以下通知可能出现在网站中的任何地方："请单击此处了解适用于此网站的法律限制和使用条款。使用本网站意味着您同意使用条款。"

② See MERGES R P. The End of Friction: Property Rights and Contract in the Newton World of On-Line Commerce［J］. Berkeley Technology Law Journal, 1997 (12): 115.

种技术手段防止作品被盗版、被复制与随意传播。正如潜在的土地所有者通过使用电线杆和铁丝网在美国西部荒野地区建立产权一样，技术措施配合合同的使用创造了新的产权。[①]

然而，在利益的驱使下，著作权人使用网络授权许可合同已不仅仅是为了保护私权，而是意图通过约定著作权反限制条款来扩张其私权，缩小使用者合法使用作品的权利范围。笔者收集了 50 个具有代表性的网站用户协议，其中大部分都存在或多或少对著作权限制构成反限制的条款。如网站用户协议中著作权反限制条款例示表 5-1。

表 5-1　网站用户协议中著作权反限制条款例示表

序号	版权协议	所在协议位置	著作权反限制合同条款内容
1	网易游戏使用许可及服务协议	第 4 条 网易游戏软件使用许可与限制	未经网易公司事先书面同意，用户不得实施下列行为（无论是营利的还是非营利的）：复制、翻录、反编译（de-compile）、反汇编（disassemble）、传播和陈列网易游戏软件的程序、使用手册和其他图文音像资料的全部或部分内容，或对网易游戏软件的任何功能或程序进行反向工程（reverse engineering）
2	杉果游戏服务协议	第 8 条 所有权及知识产权条款	除法律另有强制性规定外，未经杉果游戏明确的特别书面许可，任何单位或个人不得以任何方式全部或部分复制、转载、引用、链接、抓取或以其他方式使用本站的信息内容
3	上海邮通科技有限公司用户服务协议（世纪天成）	第 11 条 邮通公司权利	未经邮通公司或者其他相关权利人授权，用户不得复制、使用、修改、摘编、翻译、发行、创制衍生软件、翻译、逆向工程、反编译、分解或破解这些内容或创造与该内容有关的派生产品

① See HUGENHOLTZ P B. Copyright, Contract and Code: What Will Remain of the Public Domain [J]. Brooklyn Journal of International Law, 2000 (26): 77.

续表

序号	版权协议	所在协议位置	著作权反限制合同条款内容
4	紫龙用户协议	二、知识产权和所有权声明	未经紫龙游戏或原始授权人书面同意，任何人或用户均不得擅自复制、再造、下载、重制、传输、修改、编辑、展示、散布、制作衍生著作、销售紫龙游戏网络游戏平台、网络游戏及相关服务等任何信息，不得对紫龙游戏网络游戏平台及网络游戏进行反向工程（Reverse Engineering）、反向编译（Decompile）或反汇编（Disassemble）
5	中国知网用户协议	5.用户使用规范	用户不能出现以下行为：对网络服务的程序、图像、文档进行还原、反编译、反汇编和改编、创作衍生著作等
6	优酷视频用户协议	7.知识产权	未经我方许可，任何人不得擅自使用（包括但不限于复制、传播、展示、镜像、上载、下载、修改、出租）我方平台内的所有内容、技术、软件、程序、数据及其他信息（包括但不限于文字、图像、图片、照片、音频、视频、图表、电子文档等）

资料来源：笔者自制。

二、著作权人利用网络授权许可合同扩张权利的表现

当前，互联网平台已成为重要的著作权交易平台，包括消费平台、内容提供平台、软件平台等。平台经营者通过网络授权许可合同确定双方的权利义务以及行为规范。网络授权许可合同具有时代性、技术性、格式性、在线性等显著特征，因其缔约成本低的优势而广泛流行，已成为版权电子商务的主流模式。然而，网络授权许可合同既是权利保护的手段，也是权利扩张的手段。网络授权许可合同中存在许多类似于上文表 5-1 所示的著作权反限制合同条款，与著作权法的有意安排相冲突，打破了著作权法的公私利益平衡。具体而言：

第一，如表 5-1 所示，著作权人通过网络授权许可合同限制使用者的合理使用行为，破坏了著作权法的平衡设计。合理使用是最重要的一种著作权限制规则，目的是促进知识的传播，从而有助于文化繁荣立法目标的实现。

网络授权许可合同中排除合理使用的条款侵害了社会公众依法使用作品的利益，与著作权立法目标相悖，应予以修正。

第二，著作权人利用网络授权许可合同为自己创设了"法外之权"。著作权法以法定形式明确了著作权的权利类型和权项，目的是划定权利界限。然而，网络授权许可合同要求使用者必须同意使用条款后才能接触和使用作品，实际上为权利人附加了新的权利——接触权。这是通过单方立法的方式设定了一个"准版权"，架空了现有的版权法规则。①

此外，著作权人利用网络授权许可合同将实际已过保护期或依法不受著作权法保护的内容纳入合同约定保护的范围，使权利人变相地将已进入共有领域的内容重新纳入保护，延长了权利保护期限。例如，当用户协议的期限长于著作权保护期限时，可能导致的结果是，由于受到合同的约束，公众无法自由使用保护期届满的作品。

第三，网络授权许可合同对首次销售原则的突破。数字时代与传统印刷时代在作品的传播与使用上存在巨大差异，这反映了权利人、经营者与使用者之间法律关系的变化。在传统印刷时代，读者购买一本书便直接获得该书的所有权，读者并未与版权人建立合同关系。版权人也不会通过协议规定读者应如何使用书籍。读者可自由运用该书的思想，并根据合理使用原则，对作品进行评论、批评、报道，利用作品从事教学或研究。对于作为作品载体的书籍，读者可以自由处置，例如，出借、出卖、赠与甚至抛弃。

但在数字时代，读者在网上"购买"电子书时必须先点击同意弹窗协议，或者支付费用后点击同意，否则无法浏览和下载作品。读者与著作权人之间形成授权许可关系，读者是被许可人，其因付费并未获得书籍的所有权，且必须受许可合同的约束。因此，电子书的读者需承诺放弃合理使用作品的权利及其他著作权法保留给购买者的合法权利。

---

① 杨涛，张钦坤．版权网络授权合同的扩张及其应对［J］．出版发行研究，2016（6）：59-61．

第四，网络授权许可合同侵害了使用者的基本权利，尤其是自由表达的权利。例如，网络授权许可合同约定不可对作品进行批评、评论等，实则限制了使用者自由表达权的行使。

第五，网络授权许可合同扰乱了正常的市场竞争秩序。使用者出于互操作性的目的对程序进行反编译，这对于软件行业的竞争过程至关重要。著作权法保护思想而不保护表达，法律允许使用者对计算机程序进行反编译或反向工程，使其得以接触和使用程序背后的思想，从而有利于其开发具有互操作性且具有竞争力的计算机程序。否则，在市场中占据优势地位的生产商可能利用其市场优势制定一个事实上的行业标准，驱逐现有竞争对手，阻止潜在竞争者进入市场，从而阻碍正常的市场竞争。

综上所述，基于对平台所提供服务的依赖，用户对于格式合同条款的内容通常未认真研读，或者即使阅读了也只能接受。与一般合同不同，大多数用户协议并未体现出明显的要约与承诺的交换。用户可能在浏览网页时无意订立了合同，即使他们并不知道自己已经放弃了合理使用作品的权利。

网络授权许可合同所创设的许多私法规则虽因保护私权的目的而制定，但却超过著作权法规定的界限，打破了著作权法的既有平衡，损害了著作权法意图保护的公共利益。网络授权模式使著作权从受著作权法律规制转变为受合同规制，而这些授权条款与著作权法固有的传播价值观不符。[①] 对此，甚至有学者担忧：在一定程度上，合同法似乎已经开始削弱甚至取代现代版权制度。[②] 这些利益失衡现象引发了学界对著作权限制法律规范与合同、合同法的冲突与协调问题的关注，也引发了本书对产生利益失衡的合同条款进行修正解释的思考。

---

① See OLSON K K. Preserving the Copyright Balance: Statutory and Constitutional Preemption of Contract-Based Claims［J］. Communication Law & Policy, 2006 (11): 83.

② See HUGENHOLTZ P B. Copyright, Contract and Code: What Will Remain of the Public Domain［J］. Brooklyn Journal of International Law, 2000 (26): 77.

三、网络授权许可合同的修正解释争议

如本书第三章所述，修正解释能够恢复越界著作权合同的利益平衡。修正解释通过依法否定著作权反限制合同条款产生当事人一方意图产生的法律效力，从而恢复著作权人与使用者之间的利益平衡。从修正解释的内涵可见，修正解释实质上是司法对网络授权许可合同私立规则的干预。然而，对于司法干预网络授权许可合同还存在不同的意见。

（一）司法干预网络授权许可合同的反对意见

有学者从合同自由原则、网络授权许可合同的实践意义出发，反对司法干预网络授权许可合同。

1.合同自由原则的坚守

从合同自由原则的角度，反对者认为，裁判机关不应过多考虑和调查合同的公平性，只要合同是经当事人自愿订立的，就不应否定其效力。

一方面，当事人不会签订不利于自己的合同，司法干预合同会严重侵犯合同自由，导致交易者无法信赖合同的既定文义。

另一方面，在自由竞争的市场中，契约交易具有自我修正机制。价格是一种交易信号，当价格过高或过低时，市场都会自动开启反应机制，并作出调整。如果商品定价过高，其他企业将收到信号，并对进入市场的动机作出反应，从而获得供应增加、价格下降的理想结果。如果仅仅因为价格过高而使合同无效，这种机制就会受到干扰，其信号传递功能就会减弱。[①] 若网络授

---

① See CROSKERY P. Institutional Utilitarianism and Intellectual Property［J］. Chicago-Kent Law Review, 1993 (68): 631.

权许可合同侵害了用户利益，市场会启动自我修正机制，自然淘汰不符合市场需求的产品。

2.网络授权许可合同的时代意义

反对司法干预者认为，网络授权许可合同是著作权人控制作品传播与使用的主要手段和工具，顺应了互联网时代的发展需求，具有一定的积极意义。

第一，格式性的网络授权许可合同无需经过协商即可达成，节省了交易成本，提高了协作作品的创作、传播和利用效率。[①] 与传统交易的"先协议后付款"方式不同，拆封许可合同采用"先付款后协议"方式，与现实中购买车票、门票类似，这有利于应对频繁交易的市场需求。例如，法律若强制计算机软件的权利人与每一位软件购买者都进行充分协商，将导致交易效率降低、交易成本提高，并阻碍订购类交易和电子服务性交易的发展。最终，增加的交易成本会转嫁给买方，对买方不利。

这一观点基本得到了受理拆封许可合同案件的法院的认可。如在"郭力诉微软案"中，法院认为，微软公司采用拆封合同本身并无不妥。[②] 在美国 ProCD 案中，法院对于权利人区分商业用户与个体用户采用不同的协议内容是认可的。[③] 这两个案件表明，在涉及大众市场[④] 的计算机软件授权许可使用案件中，标准化的拆封合同本身具有效率性和合理性。此后，Hotmail Corp. v. Van Money Pie,Inc 案、Caspi v. Microsoft Network 案　和 Pollstar v. Gigmania Ltd. 案也均依照 ProCD 的判决思路对网络授权许可合

---

① 参见贾引狮，林秀芹.互联网环境下版权许可格式合同的兴起与应对［J］.大连理工大学学报（社会科学版），2019（6）：74-80.

② 参见（2006）一中民初字第 14468 号民事判决书。

③ See ProCD, Inc. v. Zeidenberg., 86F. 3d 1447 (7th Cir.1996).

④ 美国《统一计算机信息交易法》（Uniform Computer Information Transaction Act, UCITA）第 102 条第 43 项指出，大众市场指的是信息以出售前预先包装好并富有面向整体普通大众的一般类似条款的形式出现，并且包括消费者的普通大众是作为经常参加者出现在其中的零售市场。

同条款予以认可。

第二，相较于传统的授权许可方式，网络授权许可合同能够满足互联网环境下公众的即时获取作品的需求，从而增强了"眼球经济"下用户对于软件、平台与服务的黏性。[①]

第三，网络授权许可合同弥补了集体管理组织在著作权许可方面的不足。我国集体管理组织自身发展不足，导致作品供给与需求的适应性不足。网络服务提供商使用网络授权许可方式，将权利人直接许可转变为间接由第三方支付[②]或通过交叉补贴[③]等方式获取收益，不仅满足了使用者对作品的量级需求，也增加了自身的经济利益。

（二）司法干预网络授权许可合同的正当性

1.从格式合同的成立生效角度分析

网络授权许可合同中的"同意"并非真实有效的同意。若格式合同条款能事先经过有效通知，并赋予用户在不满意后退货的权利，那么合同才可产生约束力。但实际上，用户的拆封、点击或浏览等行为难以表明用户的真实同意。理由如下：

第一，用户可能未理解或者并未留意合同条款，尤其是冗长的合同条款的含义。一方面，用户协议内容通常字体较小、篇幅较长，且有些术语并非一般用户所能理解。另一方面，用户深知要获得网站服务、接触和下载作品，就必须选择同意，所以往往会忽略合同条款的具体内容。

---

① 贾引狮，林秀芹.互联网环境下版权许可格式合同的兴起与应对［J］.大连理工大学学报（社会科学版），2019（6）：74-80.

② 第三方支付是由网络服务商先替用户支付使用费，再根据用户点击或浏览网页的广告浏览向广告主收费。

③ 交叉补贴是免费提供基本的软件服务与功能，如果想享受更高服务时才需要付费。

第二，网络授权许可条款通常是以"接受或者不接受"的方式提供，被许可人可能同意许可合同中的大部分条款，但实际上并没有机会表明不同意其中的某一类条款。而且由于这一类条款在整个行业市场上普遍使用，无论选择哪一家的产品，最终都不得不接受这一类条款。因为在网络大众交易市场中，消费者是合同的接受者，他们可以拒绝购买，或坚持以较低的价格购买，但通常不能要求变更合同条款或要求特定品质的产品。①

第三，用户在拒绝合同后行使售后退货权存在很大阻碍。理论上，若用户不接受网络授权合同条款，可申请退货，更换其他商家的产品。但用户的退货权行使却没那么简单，可能存在几个因素会阻止被许可方退回产品：一是大多数软件零售商拒绝软件被打开或预装过退还。二是由于用户认为某些许可条款不可执行，故而可能会选择不退回。三是用户往往已为使用该软件做足了准备并且急需使用，无法马上找到包含他所不同意的某一特定条款的许可合同的软件。②

第四，在一个完全由契约统治的世界里，弱者有被征服的危险，真实自由难以保障。表面上，数字网络环境的日益普及使人们可以自由地进行线上交易。然而，并非每个网络用户在网络空间都拥有平等的机会，许多人可能因缺乏与版权材料生产者、销售商平等谈判所需的实践经验和相关信息，而在谈判中处于弱势地位。掌握权利者与普通消费者之间的不平等地位极易使合同自由演变成合同强制。③

---

① See COHEN J E. Copyright and the Jurisprudence of Self-Help［J］. Berkeley Technology Law Journal, 1998 (13): 1089.

② See LEMLEY M A. Intellectual Property and Shrinkwrap Licenses［J］. Southern California Law Review, 1995 (68): 1239.

③ See HUGENHOLTZ P B. Commentary: Copyright, Contract and Code: What Will Remain of the Public Domain［J］. Brooklyn Journal of International Law, 2000 (26): 77.

2.从网络授权许可合同与著作权法关系的角度分析

当前立法、司法以及学界从普通合同成立生效要件判定网络授权许可合同效力的观点具有一定合理性，但忽略了合同自由价值与著作权限制的公共政策价值之间的冲突与协调。

法官对著作权反限制合同条款的效力解释需要紧密围绕著作权立法宗旨和原则展开，不能脱离著作权限制规范所要实现的政策性价值目标。对于有违著作权法公共政策目标实现的合同条款，有必要进行修正性干预，防止合同产生提供格式条款的强势一方所意图产生的扩张私权的效力。

合理使用等法定著作权限制具有公益性质，网络授权许可合同效力的认定不能忽略著作权反限制合同条款所带来的利益失衡后果。持私益法观点的法经济学家普遍认为，知识产权也是一种财产，是一种私权，无需特殊考量，应受市场逻辑的制约。例如温迪·戈登认为，只有在创作动机未受到损害以及使用的社会利益大于版权人所遭受的损失时才应被干预。① 而持公益法观点的法经济学家批评这种方法过于市场化，完全不顾及经济框架的社会政策。当社会政策涉及言论和信息自由时，这种批评意见更甚。正如马修·邦克指出，对结果的强调往往会忽略或贬低言论权"不可约减"的价值。② 持公益法的学者拒绝这种市场化法则，他们认为从版权到网络合同的转变构成了一种新的不平衡，这种不平衡过于偏向著作权人而以牺牲信息传播为代价。丹尼斯·卡贾拉对此持相同观点。③

---

① See EASTERBROOK F H. Intellectual Property is Still Property［J］. Harvard Journal of Law & Public Policy, 1990 (13): 108.

② 他认为，试图在一个严格基于市场的制度下解释有利于传播的价值，"最多只能取得最低限度的成功。" See BUNKER M D. Critiquing Free Speech: First Amendment Theory and the Challenge of Interdisciplinarity［M］. Mahwah, NJ: Lawrence Erlbaum Associates, 2001: 57.

③ 他认为，"如果司法确认该合同是以牺牲用户和公众的利益为代价，完全有利于生产者，那就不可能是正确的"。See KARJALA D S. Federal Preemption of Shrinkwrap and On-line Licenses［J］. University of Dayton Law Review, 1997 (22): 511-542.

有资料显示，当前许多计算机软件、数字消费服务、教育内容消费等相关的许可协议与法定的著作权限制规范（如用户的备份权、存档权等）存在冲突。[①]但网络授权许可合同属于无谈判协议，故协议内容往往倾向于权利人。而广大用户属于权利意识薄弱的分散群体，他们常常不知道侵权文本的存在，或者即使知道存在不公平的合同条款，也无计可施。

此外，掌握权利者的日益集中也会加剧网络授权许可合同当事人地位的不平等。为实现共同利益的最大化，网络服务提供商或内容提供商往往提供统一的合同订立规则，形成了事实上的垄断。[②]日益集中的网络服务提供商与内容提供商在全球范围内瓜分市场份额，用户只能服从他们制定的规则。缺乏竞争或竞争减弱会影响用户选择合同相对人的自由，交易条件的概括性接受或拒绝也在事实上剥夺了用户讨价还价的空间。即便与教育机构、档案馆或图书馆等有能力充分协商的用户进行谈判，著作权法定限制也常被合同规避，而这些机构同样只能做出同意的意思表示。[③]

著作权法是建立财产的规则，合同法是将财产合同化、商业化，二者一般情况下并行不悖、相互协调。但我们不能只看到著作权法与合同法相互促进的一面，而忽略当事人因谈判实力不平等导致合同利益失衡的情况，更不能忽略著作权反限制合同条款违反著作权法利益平衡原则、阻碍著作权立法目标实现的事实。因此，本书认为，有必要对网络授权许可合同进行修正解释，否定其中规避著作权限制的合同条款的法律效力。

---

① See KRETSCHMER M, DERCLAYE E, FAVALE M, et al. The Relationship between Copyright and Contract Law［J］. Social Science Electronic Publishing, 2010, 4 (4): 1-172.

② 刘颖，骆文怡. 论点击合同［J］. 武汉大学学报（社会科学版），2003（3）：278-281.

③ See KRETSCHMER M, DERCLAYE E, FAVALE M, et al. The Relationship between Copyright and Contract Law［J］. Social Science Electronic Publishing, 2010, 4 (4): 1-172.

四、网络授权许可合同修正解释的法律困境及解决

美国学界为化解版权法与合同规则的冲突提出了几个方案：一是依据联邦法优先适用原则进行修正。该原则源自美国宪法版权政策中的"至上条款"，根据该原则，如果依据州法订立的合同违反联邦版权法，则合同无效。二是依据公共政策原则进行修正。该原则通常作为一种候补手段，即在理论与立法缺位时作为最终的援引。但由于分权原则，法院一般并不倾向于采用该原则处理版权合同事宜。[①] 三是依据显失公平原则进行修正。因其固有高度的抽象性，适用该原则修正的效果不无疑问。四是依据反垄断法规则进行修正。由于垄断的界定本身就需要严格的条件，因此该原则发挥的作用也较为有限。

我国对于著作权法与合同法之间冲突的解决并无明确的指引性法律依据。《著作权法》虽规定了合理使用、法定许可、著作权保护期等著作权限制规范，但未明确这些限制规范的性质。《民法典》也未专门规定著作权合同这一具体合同类型，对于违反著作权法的合同效力也未规定明确的规则。这是否意味着，法律未明确否定就允许当事人利用合同规避著作权限制的法律规范呢？本书认为应结合著作权反限制合同条款所造成的不良法律后果来判断。上文已详述了对网络授权许可合同进行修正的必要性，只是需要寻找修正解释的法律依据。

有学者认为，可从消费者权益保护架构、合同法架构中寻求依据。[②] 但这

---

① NIMMER R T. Breaking Barriers: The Relation between Contract and Intellectual Property Law [J]. Berkeley Technology Law Journal, 1998 (13): 879.

② 参见杨斌，刘志鹏. 论网络授权合同与著作权限制的冲突与协调 [J]. 湖北社会科学，2012（5）: 152-157.

两条路径也存在明显问题。从消费者权益保护架构来考虑，一般情况下，网络授权许可合同的一方当事人通常是普通公众，可以视作作品消费者。为保障作为网络软件产品消费者的被许可人利益，对网络授权许可合同自由做出一定限制具有合理性。然而，我国消费者的概念可能很难涵盖图书馆、档案馆等组织。并且，当前《中华人民共和国消费者权益保护法》规定的消费者权益也没有直接针对公众依著作权限制所应享有的权利，毕竟公众依据著作权限制的权利性质仍存在争议。① 因此，在我国现有语境下探讨适用消费者保护架构来解决著作权合同与著作权法之间的冲突问题还为时尚早。

此外，还有学者提出，网络授权许可合同的本质仍是合同，是进行交易的一种主要方式，尽管其标的具有一定的特殊性，但这种特殊性并未改变其契约本质。因此，应当适用合同法总则的规定、合同法上关于格式合同的解释规则以及参照具体合同类型中的买卖合同予以规制。②

然而，网络授权许可合同标的的特殊性使合同法规则作为修正解释路径除了第四章中提到的适用不足外，还存在诸多局限性。首先，合同相对性原理不适用。权利人在技术措施的协助下，可通过格式合同条款向使用者施加超出著作权法规定的义务。所有想接触版权材料的使用者都必须点击同意合同后才能接触这些材料。这意味着，原本只对特定相对人有效的合同条款具备了约束不特定公众的对世效力，破坏了绝对权与相对权的区分原则。③

其次，根据格式合同无效情形的规定——格式条款一方不合理地免除或减轻其责任，限制或排除对方主要权利的格式条款无效。但是，在网络授权许可合同中哪些权利属于使用者的主要权利，需要司法机关依据著作权限制

---

① 朱理.著作权的边界——信息社会著作权的限制与例外研究［M］.北京：北京大学出版社，2011：67.

② 参见贾引狮，林秀芹.互联网环境下版权许可格式合同的兴起与应对［J］.大连理工大学学报（社会科学版），2019（6）：74-80.

③ LOREN L P. Slaying the Leather-Winged Demons in the Night: Reforming Copyright Owner Contracting with Clickwrap Misuse［J］. Ohio Northern University Law Review, 2004 (30): 495.

规范的立法目的和精神内涵进一步确认，即网络授权许可合同中著作权反限制合同条款的效力解释仍需首先明确著作权限制规范的性质。

最后，在合同法中单独规定网络授权许可合同既不现实，也不符合效率原则。合同法不能因某一种合同具有一定的特殊性就单独予以规范，随意增加有名合同的做法既增加立法成本，也增加公众学习法律、适用法律的成本。

鉴于合同法规则适用于修正解释存在一定局限性，本书认为，网络授权许可合同的修正解释最终需回归著作权法的立法目的和基本原则，即参照第四章中的解决办法——明确著作权限制规范的强制性性质，不允许合同随意约定排除。可以说，通过强制性规范维护著作权法的公共政策是最佳途径。美国 2009 年出台的《软件合同法通则》专门界定了网络授权许可合同条款的效力。该通则明确规定三种网络授权许可合同条款无效，即与版权法中的强制性规定相冲突的合同条款、违背版权法立法目的和公共政策精神的合同条款、在诉讼中被认定构成知识产权滥用的合同条款无效，这种立法例值得我们借鉴。

简而言之，网络授权许可合同的修正解释应首先明确遵循著作权法优先原则（实际上也是特别法优于一般法的规则）。其次，从著作权限制规范所体现的公共政策角度，分析著作权限制性规范应具有的强制性特征。再次，在对著作权反限制合同条款进行修正解释时，应将著作权限制解释为强制性规范。只有在明确著作权限制规范的强制性本质后，才能在行业内重新拟定网络授权许可合同的格式化版本标准，从而真正达到维护共有领域、激励后起创作的著作权立法目的。最后，依照《民法典》第 153 条的规定，对违背著作权限制法律规范的合同条款进行修正。具体操作可采用第四章中提出的"代入法"，即首先将网络授权许可合同所规避的著作权限制视为不可约定排除的强制性规范，对其违反的合同条款无效。例外情形是，特别授权方能证明此规避行为合理。

综上所述，著作权法与合同法的立法目的并不相同，在著作权交易中发挥着不同的制度功能。著作权法创设著作权并划定法定权利的范围，合同法作为著作权许可与转让的基本法 [①]，规范着著作权利用中的法律关系，以合同自由为原则。但当当事人试图以合同形式扩张其权利领域，突破著作权法设定的初始权利配置平衡的界线时，网络授权许可合同条款与著作权限制之间的冲突便凸显出来，同时也体现了著作权法与合同法之间存在的隔阂。[②]

相比域外学界的讨论以及域外法的积极应对，我国著作权法表现得更为保守和审慎。其中可能是担心过多的司法干预合同自由会阻碍著作权交易的产生，同时也担心会影响市场的自我矫正和应对，危害交易的稳定性。然而，网络授权许可合同的格式性、当事人一方的优势地位等都已使另一方当事人无法行使合同自由赋予的选择权。无所干预的权利扩张是对合同自由原则的滥用，而这种私立规则的滥用现已危及社会公共利益，以及著作权法的公共政策目标的实现。此时，国家立法与司法的介入就显得十分必要。

---

①　参见熊琦.网络时代著作权法与合同法的冲突与协调［J］.法商研究，2008（2）：75-80.

②　参见杨涛，张钦坤.版权网络授权合同的扩张及其应对［J］.出版发行研究，2016（6）：59-61.

结　论

　　法律之所以给予合同最大程度的自由，是因为相信理性人的自我决定能实现利益最大化和效率最大化。并且，合同产生的是相对效力，约束的是双方当事人，被视作当事人之间的行为规范，这与一般的法律规范约束不特定的多数人有着显著区别。

　　双方当事人的意思表示只要与合同约定相符，且未违反法律强制性规范和善良风俗，就应当得到认可。当事人可以根据复杂的市场交易环境、交易内容自由地创设新型合同。合同自由不仅有利于当事人应对复杂的市场交易、实现合同法促进交易的立法目标，而且有利于简化交易程序、降低交易成本、实现当事人利益与社会公共利益的最大化。

　　然而，当合同以著作权作为交易标的时，情况就变得复杂了。

　　第一，著作权立法目标、立法宗旨与合同法存在明显差异。著作权制度通过有限的专有权保护来激励创作，以便更多产品进入共有领域，成为未来创作的素材。同时，对著作权进行适当限制，保留共有领域，最终实现文化艺术繁荣。而合同法更侧重于通过制度保护来促进交易的繁荣。

　　第二，著作权法保护的主体有明显的侧重，著作权法保护的主体利益体现了著作权的政策性目标。例如，激励创作的立法目标要求著作权合同应关注到作者在著作权合同中可能遭受的"不利益"，并应在立法和司法中为其合同地位增加砝码，弥补其"不利益"。

第三，著作权法限制著作权人的私权扩张。为促进文化繁荣的立法目标，著作权法不允许著作权人肆意通过著作权合同扩张私权，压缩使用者的权利空间。出版商、平台运营商等通过与作者签订著作权合同成为著作权的继受者。尽管从形式上看，新的著作权人与不特定公众所订立的许可合同只能对抗特定用户。但是，在新技术条件下，著作权人主要采用在线的格式合同许可权利。这些以在线性、技术保护性、格式性为特征的许可使用合同实际上改变了传统合同的"相对性"，在一定程度上具备了"对世性"。在内容集中与内容吸引下，公众面对运营商提供的"同意或离开"的格式合同，通常只能选择接受。此时著作权人俨然变成了规则的制定者，许可使用合同成为了"对世"的显规则。若立法与司法不加以干预，则著作权许可使用合同就有超越甚至取代著作权制度之嫌。

作者与制作者自由订立的实质不公平合同以及著作权人提供的对著作权限制构成反限制的合同违反了利益平衡原则，有悖于著作权立法宗旨，阻碍了著作权法目标的实现。法官应通过修正解释方法干预意思自治，实现著作权合同权利再配置的动态平衡。

著作权法的强制性规范是国家公权力干预私人自治的一种立法体现。著作权合同的修正解释应以著作权法的强制性规范为展开路径，进而通过结合一般民法理论、合同法理论、著作权法理论与研究成果来探求越界著作权合同违反强制性规范时的修正解释规则。未来著作权法的修改可从以下两个方面完善著作权法的强制性规范，并明确违反强制性规范的修正解释规则。一方面，为保障作者与制作者之间著作权合同的实质公平，我国著作权法可参考和借鉴域外法经验，完善保护作者合同利益的著作权法强制性规范。另一方面，为防止著作权人为扩张私权而利用著作权合同打破公私利益平衡，应在著作权法中明确规定著作权反限制合同条款的修正解释规则。

最后，由于篇幅及作者能力所限，本书对于一些问题的讨论还不够全面。

对著作权合同解释这一论题的研究尚不多，本书有意避免重复学者已有的一般的合同解释理论和方法。本书侧重于从著作权供求方面的基本著作权合同关系出发，探讨利益失衡的著作权合同的修正解释问题。对于一些现实存在的更为复杂的著作权合同关系和问题并未进行深入分析，此为未来要努力的方向。

参 考 文 献

一、中文著作类

［1］安连成. 民事法律制度研究［M］. 天津：天津人民出版社，2018.

［2］阿图尔·考夫曼，温弗里德·哈斯默尔. 当代哲学和法律理论导论［M］. 郑永流，译. 北京：法律出版社，2002.

［3］A.L. 科宾. 科宾论合同［M］. 北京：中国大百科全书出版社，1997.

［4］彼得·德霍斯. 知识财产法哲学［M］. 周林，译. 北京：商务印书馆，2017.

［5］保罗·戈尔斯坦. 国际版权原则、法律与惯例［M］. 王文娟，译. 北京：中国劳动社会保障出版社，2003.

［6］保罗·戈斯汀. 著作权之道：从古登堡到数字点播机［M］. 金海军，译. 北京：北京大学出版社，2008.

［7］崔建远. 合同法（第4版）［M］. 北京：法律出版社，2007.

［8］崔建远. 合同解释论［M］. 北京：中国人民大学出版社，2020.

［9］陈自强. 民法讲义Ⅱ——契约之内容与消灭［M］. 北京：法律出版社，2004.

［10］陈小君. 合同法学［M］. 北京：中国法制出版社，2007.

［11］陈美章. 知识产权教程［M］. 北京：专利文献出版社，1993.

［12］陈振明.政策科学——公共政策分析导论［M］.北京：中国人民大学出版社，2003.

［13］迪特尔·梅迪库斯.德国民法总论［M］.邵建东，译.北京：法律出版社，2000.

［14］德国著作权法（德国著作权与邻接权法）［M］.范长军，译.北京：知识产权出版社，2013.

［15］恩斯特·卡西尔.人论［M］.甘阳，译.上海：上海译文出版社，1985.

［16］E·艾伦·范斯沃思.美国合同法（原书第3版）［M］.葛云松，译.北京：中国政法大学出版社，2004.

［17］法国知识产权法典［M］.黄晖，译.北京：商务印书馆，1999.

［18］冯晓青.知识产权前沿问题研究［M］.北京：中国人民公安大学出版社，2004.

［19］冯晓青.知识产权法利益平衡理论［M］.北京：中国政法大学出版社，2006.

［20］费安玲，来小鹏，陈健，等.知识产权法学［M］.北京：中国政法大学出版社，2007.

［21］费安玲.著作权权利体系之研究——以原始性利益人为主线的理论探讨［M］.武汉：华中科技大学出版社，2011.

［22］费安玲.著作权法教程［M］.北京：知识产权出版社，2003.

［23］费安玲.著作权权利体系之研究［M］.武汉：华中科技大学出版社，2011.

［24］顾祝轩.合同本体解释论［M］.北京：法律出版社，2008.

［25］胡康生.中华人民共和国著作权法释义［M］.北京：法律出版社，2002.

［26］黄茂荣.法学方法论与现代民法［M］.北京：中国政法大学出版

社，2007.

［27］何志鹏．著作财产权基本理论：反思与构建［M］.北京：北京大学出版社，2012.

［28］韩世远．合同法总论（第三版）［M］.北京：法律出版社，2011.

［29］韩松，等．合同法学（第二版）［M］.武汉：武汉大学出版社，2014.

［30］韩忠谟．法学绪论［M］.北京：中国政法大学出版社，2002.

［31］韩赤风，赵英军，孙宁，等．中外著作权法经典案例［M］.北京：知识产权出版社，2010.

［32］惠从冰．合同效力比较研究［M］.北京：法律出版社，2013.

［33］海因·克茨．欧洲合同法［M］.周忠海，李居迁，宫立云，译.北京：法律出版社，2001.

［34］金福海．版权法改革理论与实践［M］.北京：北京大学出版社，2015.

［35］江平．民法学［M］.北京：中国政法大学出版社，2000.

［36］江必新，何东宁．最高人民法院指导性案例裁判规则理解与适用（合同卷二）［M］.北京：中国法制出版社，2018.

［37］卡尔·拉伦茨．法学方法论［M］.陈爱娥，译.北京：商务印书馆，2016.

［38］卡尔·拉伦茨．德国民法通论（下册）［M］.王晓晔，邵建东，程建英，等译.北京：法律出版社，2003.

［39］康拉德·茨威格特，海因·克茨．比较法总论［M］.潘汉典，译.北京：法律出版社，2003.

［40］凯斯·桑斯坦．网络共和国：网络社会中的民主问题［M］.黄维明，译.上海：上海人民出版社，2003.

［41］匡爱民．合同法学［M］.北京：中央民族大学出版社，2012.

［42］孔祥俊．商标与不正当竞争法［M］.北京：法律出版社，2009.

［43］梁志文．数字著作权论［M］.北京：知识产权出版社，2007.

［44］梁志文.变革中的版权制度研究［M］.北京：法律出版社，2018.

［45］梁慧星.民商法论丛（第8卷）［M］.北京：法律出版社，1997.

［46］梁慧星.民法解释学［M］.北京：法律出版社，2015.

［47］李明德，许超.著作权法［M］.北京：法律出版社，2003.

［48］李琛.知识产权片论［M］.北京：中国方正出版社，2004.

［49］李琛.著作权基本理论批评［M］.北京：知识产权出版社，2013.

［50］李永军.合同法原理［M］.北京：人民公安大学出版社，1999.

［51］李仁玉.合同效力研究［M］.北京：北京大学出版社，2006.

［52］李清潭.资本主义下现代契约法的变迁［M］.台北：尚书坊出版社，2001.

［53］李建华，申卫星.知识产权法［M］.长春：吉林大学出版社，1998.

［54］罗东川.中国著作权案例精读［M］.北京：商务印书馆，2016.

［55］罗斯科·庞德.法理学（第一卷）［M］.邓正来，译.北京：中国政法大学出版社，2004.

［56］罗伯特·考特，托马斯·尤伦.法和经济学（第五版）［M］.史晋川，董雪兵，等译.上海：格致出版社，2010.

［57］罗纳德·德沃金.认真对待权利［M］.信春鹰，吴玉章，译.上海：上海三联书店，2008.

［58］罗伯特·考特，托马斯·尤伦.法和经济学（第六版）［M］.史晋川，董雪兵，等译.上海：上海三联书店、上海人民出版社，2017.

［59］刘得宽.民法总则（理论与实用）［M］.台北：五南图书出版公司，1982.

［60］刘贵祥.合同效力研究［M］.北京：人民法院出版社，2012.

［61］刘波林，许超，孙建红.实用著作权知识问答［M］.北京：中国水利水电出版社，1996.

［62］联合国教科文组织.版权法导论［M］.张雨泽，译.北京：知识产权出版社，2009.

［63］陆臻.版权贸易理论与实务教程［M］.上海：上海辞书出版社，2014.

［64］来小鹏.著作权交易制度研究［M］.北京：中国政法大学出版社，2009.

［65］路西·吉博.版权法与合同法的联系［M］//埃斯特尔·德克雷.欧盟版权法之未来.徐红菊，译.北京：知识产权出版社，2016.

［66］劳伦斯·莱斯格.免费文化：创意产业的未来［M］.王师，译.北京：中信出版社，2009.

［67］理查德·波斯纳.法律的经济分析（第七版）［M］.蒋兆康，译.北京：法律出版社，2012.

［68］莱曼·雷·帕特森，斯坦利·W.林德伯格.版权的本质：保护使用者权利的法律（第1版）［M］.郑重，译.北京：法律出版社，2015.

［69］米哈依·菲舍尔.版权法与因特网［M］.郭寿康，译.北京：中国大百科全书出版社，2009.

［70］马克斯·韦伯.经济与社会（下）［M］.阎克文，译.上海：上海人民出版社，2010.

［71］马克·罗斯.版权的起源［M］.杨明，译.北京：商务印书馆，2018.

［72］M.雷炳德.著作权法［M］.张恩民，译.北京：法律出版社，2005.

［73］曼昆.经济学原理（第7版）［M］.梁小民，梁砾，译.北京：北京大学出版社，2017.

［74］尼尔·麦考密克.法律推理与法律理论［M］.姜峰，译.北京：法律出版社，2005.

［75］P·S·阿迪亚.合同法导论［M］.赵旭东，等译.北京：法律出版社，2002.

［76］邱聪智.契约社会化对契约解释理论之影响［M］//邱聪智.民法研究（一）.台北：三民书局，1986.

［77］齐佩利乌斯.法学方法论［M］.金振豹，译.北京：法律出版社，2009.

［78］乔治·博依塔.欧洲大陆法系国家的著作权合同［M］//著作权的管理和行使文论集.上海：上海译文出版社，1995.

［79］R.H.科斯.社会成本问题［M］//财产权利与制度变迁——产权学派与新制度学派译文集.刘守英，译.上海：上海人民出版社，1994.

［80］苏号朋，孙玉荣，曲宗洪，等.合同法学［M］.北京：北京工业大学出版社，2008.

［81］苏永钦.私法自治中的经济理性［M］.北京：中国人民大学出版社，2004.

［82］苏永钦.走入新世纪的私法自治［M］.北京：中国政法大学出版社，2002.

［83］苏惠祥.中国当代合同法论［M］.长春：吉林大学出版社，1992.

［84］沈仁干.郑成思版权文集（第一卷）［M］.北京：中国人民大学出版社，2008.

［85］沈德咏，奚晓明，最高人民法院研究室.最高人民法院关于合同法司法解释（二）理解与适用［M］.北京：人民法院出版社，2009.

［86］史尚宽.民法总论［M］.北京：中国政法大学出版社，2000.

［87］史际春.香港知识产权法［M］.郑州：河南人民出版社，1997.

［88］史文清，梅慎实.著作权诸问题研究［M］.上海：复旦大学出版社，1992.

［89］眭鸿明.权利确认与民法机理［M］.北京：法律出版社，2003.

［90］孙琬钟.中华人民共和国最新合同法集成［M］.北京：中国法律年鉴社，1999.

［91］托马斯·莱塞尔.法社会学导论［M］.高旭军，译.上海：上海人民出版社，2008.

［92］吴汉东.著作权合理使用制度研究［M］.北京：中国人民大学出版社，2013.

［93］吴汉东，等.西方诸国著作权制度研究［M］.北京：中国政法大学出版社，1998.

［94］吴汉东.知识产权基本问题研究（总论）（第二版）［M］.北京：中国人民大学出版社，2009.

［95］吴汉东.知识产权法总论（第三版）［M］.北京：中国人民大学出版社，2013.

［96］吴敬琏.比较（第3辑）［M］.北京：中信出版社，2002.

［97］王迁.网络环境中的著作权保护研究［M］.北京：法律出版社，2011.

［98］王迁.著作权法［M］.北京：中国人民大学出版社，2015.

［99］王泽鉴.民法总则（增订版）［M］.北京：中国政法大学出版社，2001.

［100］王泽鉴.民法债编总论·基本理论·债之发生［M］.台北：三民书局，1993.

［101］王泽鉴.民法学说与判例研究（第7册）［M］.北京：中国政法大学出版社，1998.

［102］王利明.合同法新问题研究［M］.北京：中国社会科学出版社，2003.

［103］王利明，崔建远.合同法新论·总则［M］.北京：中国政法大学出版社，2000.

［104］王利明，奚晓明.合同法评论（2004年第2辑）［M］.北京：人民法院出版社，2004.

［105］王洪宇，赵春兰，张大伟.非典型合同专题研究［M］.北京：中国民主法制出版社，2012.

［106］王军. 美国合同法［M］. 北京: 中国政法大学出版社, 1996.

［107］王轶. 民法原理与民法学方法［M］. 北京: 法律出版社, 2009.

［108］王清. 著作权限制制度比较研究［M］. 北京: 人民出版社, 2007.

［109］王曦. 著作权权利配置研究: 以权利人和利益相关者为视角［M］. 北京: 中国民主法制出版社, 2017.

［110］王轶. 民法原理与民法学方法［M］. 北京: 法律出版社, 2009.

［111］威廉·M. 兰德斯, 理查德·波斯纳. 知识产权法的经济结构（第2版）［M］. 金海军, 译. 北京: 北京大学出版社, 2016.

［112］熊琦. 著作权激励机制的法律构造［M］. 北京: 中国人民大学出版社, 2011.

［113］许中缘. 民法强行性规范研究［M］. 北京: 法律出版社, 2010.

［114］肖志远. 知识产权权利属性研究——一个政策维度的分析［M］. 北京: 北京大学出版社 2009.

［115］小奥利弗·温德尔·霍姆斯. 普通法［M］. 冉昊, 姚中秋, 译. 北京: 中国政法大学出版社, 2006.

［116］杨代雄. 民法总论专题［M］. 北京: 清华大学出版社, 2012.

［117］杨帧. 英美契约法论［M］. 北京: 北京大学出版社, 2000.

［118］杨良宜. 合约的解释［M］. 北京: 法律出版社, 2007.

［119］易继明. 私法（第15辑第1卷, 总第29卷）［M］. 武汉: 华中科技大学出版社, 2018.

［120］易健雄. 技术发展与版权扩张［M］. 北京: 法律出版社, 2009.

［121］游闽键. 文化创意产业知识产权案例律师点睛［M］. 上海: 学林出版社, 2014.

［122］约翰·密尔. 论自由［M］. 程崇华, 译. 北京: 商务印书馆, 1996.

［123］郑成思. 版权法（修订本）（上）［M］. 北京: 中国人民大学出版社,

2009.

［124］郑成思.知识产权研究（第二卷）［M］.北京：中国方正出版社，1996.

［125］郑成思.版权法（下）［M］.北京：中国人民大学出版社，2009.

［126］郑玉波.民法债编论文选集（下）［M］.台北：五南图书出版公司，1984.

［127］郑鲁英.文化产业发展视野下著作权集体管理组织的职能研究［M］.厦门：厦门大学出版社，2018.

［128］周枏.罗马法原论（下）［M］.北京：商务印书馆，1994.

［129］周方.知识产权法学原理与案例［M］.西安：西安交通大学出版社，2016.

［130］朱庆育.意思表示解释理论：精神科学视域中的私法推理理论［M］.北京：中国政法大学出版社，2004.

［131］朱理.著作权的边界——信息社会著作权的限制与例外研究［M］.北京：北京大学出版社，2011.

［132］钟瑞栋.民法中的强制性规范：公法与私法"接轨"的规范配置问题［M］.北京：法律出版社，2009.

［133］中国社会科学院语言研究所词典编辑室编.现代汉语小词典［M］.北京：商务印书馆，1990.

［134］中国社会科学院知识产权中心，北京市高级人民法院知识产权审判庭.知识产权办案参考（第7辑）［M］.北京：中国方正出版社，2003.

［135］朱莉·E.科恩.全球信息经济下的美国版权法（下）［M］.王迁，侍孝祥，贺炯，译.北京：商务印书馆，2016.

［136］《十二国著作权法》翻译组.十二国著作权法［M］.北京：清华大学出版社，2011.

二、中文期刊类

［1］白净．从香港《版权条例》修订看版权刑法保护［J］.国际新闻界，2010（10）：33-39.

［2］崔建远．合同解释辨［J］.财经法学，2018（4）：60-77.

［3］崔建远．合同解释的对象及其确定［J］.华东政法大学学报，2018（5）：6-16.

［4］崔建远．论合同漏洞及其补充［J］.中外法学，2018（6）：1449-1472.

［5］蔡睿．违法合同的效力评价与无效类型——《民法总则》第153条第1款释论［J］.苏州大学学报（法学版），2019（1）：45-60.

［6］蔡桂生．学术与实务之间——法教义学视野下的司法考试［J］.北大法律评论，2009（1）：211-240.

［7］冯晓青．知识产权法的价值构造:知识产权法利益平衡机制研究［J］.中国法学，2007（1）：67-77.

［8］冯晓青．著作权法与公共利益再论［J］.人民司法，2007（7）：23-33.

［9］樊金源．目的解释路径下违反强制性规定合同的效力认定——兼论相关立法的条款衔接［J］.沈阳工业大学学报（社会科学版），2020（1）：81-86.

［10］郭威．默示许可在版权法中的演进与趋势［J］.东方法学，2012（3）：78-86.

［11］龚英资．论我国合同解释的规范化［J］.法学评论，1997（5）：31-35.

［12］韩世远．民事法律行为解释的立法问题［J］.法学，2003（12）：62-68.

［13］黄炜杰．"屏蔽或变现":一种著作权的再配置机制［J］.知识产权，2019（1）：35-44.

［14］吉宇宽．私立网络著作权授权规则对图书馆的实践价值及影响［J］．图书情报工作，2014（24）：19-24．

［15］贾引狮，林秀芹．互联网环境下版权许可格式合同的兴起与应对［J］．大连理工大学学报（社会科学版），2019（6）：74-80．

［16］刘春田．《著作权法》第三次修改是国情巨变的要求［J］．知识产权，2012（5）：7-12．

［17］刘凯湘，夏小雄．论违反强制性规范的合同效力——历史考察与原因分析［J］．中国法学，2011（1）：110-121．

［18］刘银良．著作权法中的公众使用权［J］．中国社会科学，2020（10）：183-203．

［19］刘建．论版权法中的接触权原则［J］．中国出版，2017（17）：44-47．

［20］刘颖，骆文怡．论点击合同［J］．武汉大学学报（社会科学版），2003（3）：278-281．

［21］梁志文．论知识产权法的合同限制［J］．国家检察官学院学报，2008（5）：137-145．

［22］梁志文．法院发展知识产权法：判例、法律方法和正当性［J］．华东政法大学学报，2011（3）：25-37．

［23］梁慧星．论合同解释［J］．法学季刊，1986（1）：29-31．

［24］梁慧星．从近代民法到现代民法［J］．中外法学，1997（2）：19-30．

［25］梁神宝．违反强制性法规的合同效力——基于瑞士法的考察［J］．华东政法大学学报，2017（1）：100-111．

［26］李雨峰．版权扩张：一种合法性的反思［J］．现代法学，2001（5）：57-65．

［27］李永军．论合同解释对当事人自治否定的正当性与矫正性制度安排［J］．当代法学，2004（2）：53-63．

［28］李雨峰.知识产权民事审判中的法官自由裁量权［J］.知识产权，2013（2）：3-11.

［29］来小鹏.著作权转让比较研究［J］.比较法研究，2005（5）：27-39.

［30］卢春荣.计算机软件交易规则与版权法的冲突和协调——以美国《统一计算机信息交易法》为中心［J］.暨南学报（哲学社会科学版），2010（1）：71-78.

［31］麻昌华，王文利.强制性规范类型化存在之问题及其矫治［J］.时代法学，2015（3）：11-20.

［32］穆英慧，苏玉环.未来版权转让合同之民法基础［J］.华东政法大学学报，2003（4）：28-32.

［33］曲三强.知识产权许可合同中契约自由原则的适用和限制［J］.云南社会科学，2006（2）：47-51.

［34］苏力.解释的难题：对几种法律文本解释方法的追问［J］.中国社会科学，1997（4）：11-32.

［35］孙瑞英.网络信息资源共享与版权保护的博弈双赢研究［J］.情报理论与实践，2013（12）：30-34.

［36］杉山庆治.还原工程和日本软件保护的其他问题［J］.张广荣，译.法学译丛，1992（6）：57-59.

［37］孙鹏.私法自治与公法强制——日本强制性法规违反行为效力论之展开［J］.环球法律评论，2007（2）：64-75.

［38］王迁.技术措施保护与合理使用的冲突及法律对策［J］.法学，2017（11）：9-25.

［39］王文宇.合同解释三部曲——比较法观点［J］.中国法律评论，2016（1）：60-89.

［40］王立达.法释义学研究取向初探:一个方法论的反省［J］.法令月刊，

2000（9）：10-16.

［41］王烈琦.知识产权激励论再探讨——从实然命题到应然命题的理论重构［J］.知识产权，2016（2）：65-71.

［42］王翼泽.版权许可格式合同扩大版权人权利范围的应对［J］.中国版权，2020（8）：61-64.

［43］王晨.日本契约法的现状与课题［J］.外国法译评，1995（2）：46-52.

［44］王文胜，朱虎，方金刚，等.效力性强制性规范的识别：争论、法理与路径［J］.人民司法（应用），2017（7）：103-111.

［45］魏胜强.司法能动与价值衡量［J］.华东政法大学学报，2010（1）：121-127.

［46］熊琦.著作权合同实质公平规则形塑［J］.法学，2020（6）：47-62.

［47］熊琦.著作权法定与自由的悖论调和［J］.政法论坛，2017，35（3）：82-93.

［48］熊琦.中国著作权法立法论与解释论［J］.知识产权，2019（4）：3-18.

［49］熊琦.著作权法中投资者视为作者的制度安排［J］.法学，2010（9）：79-89.

［50］熊琦.网络时代著作权法与合同法的冲突与协调［J］.法商研究，2008（2）：75-80.

［51］熊琦.中国著作权立法中的制度创新［J］.中国社会科学，2018（7）：118-138.

［52］熊琦.软件著作权许可合同的合法性研究［J］.法商研究，2011，28（6）：25-32.

［53］熊琦.论"接触权"——著作财产权类型化的不足与克服［J］.法律科学（西北政法大学学报），2008（5）：88-94.

［54］熊琦.音乐著作权许可的制度失灵与法律再造［J］.当代法学，

2012，26（5）：3-10.

［55］熊琦.著作权许可的私人创制与法定安排［J］.政法论坛，2012，30（6）：93-103.

［56］熊琦.互联网产业驱动下的著作权规则变革［J］.中国法学，2013（6）：79-90.

［57］熊琦.Web 2.0 时代的著作权法：问题、争议与应对［J］.政法论坛，2014，32（4）：84-95.

［58］徐炳.一个清楚而又模糊的问题［J］.环球法律评论,2008（3）:5-5.

［59］徐瑄，袁泳.从 Eldred v. Ashcroft 诉讼案看美国版权法价值转向——美国 200 年来首次对"版权扩张"法案进行违宪审查［J］.中外法学，2003（6）：746-755.

［60］辛正郁.法律的出与入：妥当适度的法律解释方法［J］.法律适用，2015（5）：76-84.

［61］肖志远.版权制度的政策蕴含及其启示［J］.法学，2009（10）.

［62］杨斌，刘志鹏.论网络授权合同与著作权限制的冲突与协调［J］.湖北社会科学，2012（5）：152-157.

［63］杨涛，张钦坤.版权网络授权合同的扩张及其应对［J］.出版发行研究，2016（6）：59-61.

［64］杨代雄.《民法典》第 153 条第 1 款评注［J］.法治研究,2020（5）:124-132.

［65］应振芳.司法能动、法官造法和知识产权法定主义［J］.浙江社会科学，2008（7）：56-63.

［66］尹腊梅，纪萍萍.论作品未知使用权的转让与许可［J］.知识产权，2009，19（5）：34-39.

［67］艳娥.庞德利益学说解读及其启思［J］.武汉理工大学学报（社会

科学版），2010，23（1）：87-91.

［68］朱庆育.《合同法》第52条第5项评注［J］.法学家，2016（3）：153-174.

［69］钟瑞栋，王根长.论未来作品著作权的转让［J］.甘肃政法学院学报，2009（2）：115-119.

［70］张艳.论合同解释方法的运用［J］.法律适用，2013（11）：68-72.

［71］周艳.从应然合同的视角解读合同解释的必为性［J］.行政与法，2005（12）：103-105.

三、外文类

（一）外文著作类

［1］BUNKER M D. Critiquing Free Speech: First Amendment Theory and the Challenge of Interdisciplinarity［M］. Mahwah, NJ: Lawrence Erlbaum, 2001.

［2］CORNISH W R, LLEWELYN D. Intellectual Property: Patents, Copyright, Trade Marks and Allied Rights［M］. London: Sweet & Maxwell, 2010.

［3］DEAZLEY R. Rethinking Copyright: History, Theory, Language［M］. Cheltenham, UK: Edward Elgar Publishing, 2006.

［4］LANDES W M , Posner R. An Economic Analysis of Copyright Law ［M］. England: Blackwell Publishing Ltd, 2007.

［5］NIMMER M B, NIMMER D. Nimmer on Copyrigth［M］. New York: Matthew Bender, 1997.

［6］POOLE J.Contract Law［M］. New York:Blackstone Press, 2001.

［7］ROBERT MERGES P. Justifying Intellectual Property［M］. Cambridge, MA: Harvard university press, 2011.

［8］STROWEL A. Droit d'auteur et copyright - Divergences et convergences ［M］. Paris: L.G.D.J., 1993.

（二）外文期刊类

［1］安藤和宏. 未知の利用方法にかかる権利の所属——快傑ライオン丸事件［J］. 知的財産法政策学研究，2010（26）：16-23.

［2］BIRNHACK M D. The idea of progress in copyright law［J］. Buff. Intell. Prop. L.J., 2001 (1): 3.

［3］COASE R H. The problem of social cost［J］. The journal of Law and Economics, 2013, 56 (4): 837-877.

［4］CANARIS C W, Grigoleit H C. Interpretation of contracts［J］. Towards a European civil code, 2011 (3): 445-469.

［5］COHEN J E. Copyright and the jurisprudence of self-help［J］. Berkeley Tech. LJ, 1998 (13): 1089.

［6］COMPANY S. A transcript of the registers of the company of stationers of London［J］. Geochimica et Cosmochimica Acta, 2012 (86): 354.

［7］CROSKERY P. Institutional utilitarianism and intellectual property［J］. Chi.-Kent L. Rev., 1992, 68 (3): 631.

［8］CATTERWELL R. Striking a Balance in Contract Interpretation: The Primacy of the Text［J］. Edinburgh Law Review, 2019, 23 (1): 52-74.

［9］DUGGER W M. The Gridlock Economy: How Too Much Ownership Wrecks Markets, Stops Innovation, and Costs Lives［J］. Journal of Economic Issues, 2011, 45 (3): 742-744.

［10］DUSOLLIER S. EU Contractual Protection of Creator: Blind Spots and Shortcomings［J］. Colum. J.L. & Arts, 2017, 41 (2): 435.

［11］DIETZ A. Amendment of German copyright law in order to strengthen the contractual position of authors and performers［J］. IIC-international review of intellectual property and competition law, 2002, 33 (7): 828-842.

［12］DEAZLEY R. The myth of copyright at common law［J］. The Cambridge Law Journal, 2003, 62 (1): 106-133.

［13］DE WERRA J. Moving beyond the Conflict between Freedom of Contract and Copyright Policies: In Search of a New Global Policy for Online Information Licensing Transactions-A Comparative Analysis between US Law and European Law［J］. Colum. JL & Arts, 2001, 25 (1): 239.

［14］DERCLAYE E, FAVALE M. Copyright and Contract Law: Regulating User Contracts: The State of the Art and a Research Agenda［J］. J. Intell. Prop. L., 2010, 18 (1): 65.

［15］DARLING K. Contracting about the future: Copyright and New Media［J］. Nw. J. Tech. & Intell. Prop., 2011, 10 (2): 485.

［16］ELKIN-KOREN N. What contracts cannot do: The limits of private ordering in facilitating a creative commons［J］. Fordham L. Rev., 2005, 74 (2): 375.

［17］EASTERBROOK F H. Intellectual property is still property［J］. Harv. JL & Pub. Pol'y, 1990 (13): 108.

［18］GAILEY E A. Who Owns Digital Rights - Examining the Scope of Copyright Protection for Electronically Distribute Works［J］. Comm. & L., 1996, 18 (3): 3.

［19］GINSBURG J C, Sirinelli P. Private International Law Aspects of Authors' Contracts: The Dutch and French Examples［J］. Columbia Journal of Law & the Arts, 2015 (39): 171.

［20］GUIBAULT L. Why cherry-picking never leads to harmonisation: the case of the limitations on copyright under Directive 2001/29/EC［J］. J. Intell. Prop. Info. Tech. & Elec. Com. L., 2010 (1): 55.

［21］GINSBURG J C. The author's place in the future of copyright［J］. Willamette L. Rev., 2008, 45 (1): 381.

［22］GINSBURG J C, Sirinelli P. Private International Law Aspects of Authors' Contracts: The Dutch and French Examples［J］. Colum. J.L. & Arts, 2015, 39 (2): 171.

［23］GLASSER M K, Rowley K A. On Parol: The Construction and Interpretation of Written Agreements and the Role of Extrinsic Evidence in Contract Litigation［J］. Baylor L. Rev., 1997, 49 (3): 657.

［24］HELLER M A. The tragedy of the anticommons: property in the transition from Marx to markets［J］. Harvard law review, 1998 (1): 621-688.

［25］HOLT C A, Laury S K. Risk aversion and incentive effects［J］. American economic review, 2002, 92 (5): 1644-1655.

［26］HUGENHOLTZ P B. Copyright, contract and code: what will remain of the public domain［J］. Brook. J. Int'l L., 2000, 26 (1): 77.

［27］HARDY I T. Contracts, Copyright and Preemption in a Digital World［J］. Rich. J.L. & Tech., 1995 (1): 2.

［28］HARTOG J, CARBONELL A, JONKER N. Linking measured risk aversion to individual characteristics［J］. Kyklos, 2002, 55 (1): 3-26.

［29］HART O, MOORE J. Foundations of incomplete contracts［J］. The Review of Economic Studies, 1999, 66 (1): 115-138.

［30］KUGA K. Budget constraint of a firm and economic theory［J］. Economic Theory, 1996, 8 (1): 137-153.

［31］KARJALA D S. Federal Preemption of Shrinkwrap and On-line

Licenses［J］. U. Dayton L. Rev., 1997 (22): 511-542.

［32］KIM M. The Creative Commons and copyright protection in the digital era: Uses of Creative Commons licenses［J］. Journal of Computer-Mediated Communication, 2007, 13 (1): 187-209.

［33］KRETSCHMER M. Copyright and Contract Law: Regulating Creator Contracts: The State of the Art and a Research Agenda［J］. J. Intell. Prop. L., 2010, 18 (2): 141.

［34］LACARRIÈRE C. Copyright Limitations and Contracts: An Analysis of the Contractual Overridability of Limitations on Copyright［J］. 2002 (15): 909-910.

［35］LITMAN J. The public domain［J］. Emory Lj, 1990 (39): 965.

［36］LOREN L P. Slaying the Leather-Winged Demons in the Night: Reforming Copyright Owner Contracting the Clickwrap Misuse［J］. Ohio N.U. L. Rev., 2004, 30 (2): 495.

［37］LOREN L P , PATTERSON L R, LINDBERG S W . The Nature of Copyright: A Law of Users' Rights［J］. Michigan Law Review, 1991, 90 (6): 1624.

［38］LANDAU M. New technology, new media, new markets: The continuing importance of contract and copyright［J］. International Review of Law, Computers & Technology, 2012, 26 (2-3): 257-274.

［39］LEMLEY M A. Intellectual property and shrinkwrap licenses［J］. S. Cal. L. Rev., 1994, 68 (1): 1239.

［40］MATULIONYTE R. Empowering authors via fairer copyright contract law［J］. University of New South Wales Law Journal, 2019, 42 (2): 681-718.

［41］MERGES R P. The End of Friction? Property Rights and Contract in the "Newtonian" World of On-Line Commerce［J］. Berkeley Tech. L.J., 1997

(12): 115.

[42] NIMMER D, Brown E, Frischling G N. The metamorphosis of contract into expand [J]. Cal L. Rev., 1999, 87 (1): 17.

[43] NIMMER R T. Breaking barriers: The relation between contract and intellectual property law [J]. Berkeley Tech. L.J., 1998, 13 (2): 827.

[44] OLSON K K. Preserving the copyright balance: Statutory and constitutional preemption of contract-based claims [J]. Communication Law and Policy, 2006, 11 (1): 83-132.

[45] OTTINGER P S. Principles of contractual interpretation [J]. La. L. Rev., 1999, 60 (2): 765.

[46] POSNER R A. The law and economics of contract interpretation [J]. Tex. L. Rev., 2004, 83 (3): 1581.

[47] RUB G A. Copyright Survives: Rethinking the Copyright-Contract Conflict [J]. Va. L. Rev., 2017, 103 (4): 1141.

[48] RYAN M. Cyberspace as Public Space: A Public Trust Paradigm for Copyright in a Digital World [J]. Or. L. Rev., 2000, 79 (2): 647.

[49] SENFTLEBEN M. More Money for Creators and More Support by Copyright in Society: Fair Remuneration Rights in Germany and the Netherlands [J]. Colum. J.L. & Arts, 2018, 41 (3): 413.

[50] SAMUELSON P. Copyright, digital data, and fair use in digital networked environments [J]. Computer Law Series, 1995, (18): 117-126.

[51] TUSSEY D. UCITA, Copyright, and Capture [J]. Cardozo Arts & Ent. LJ, 2003, 21: 319.

[52] WOLFSON J R. Contract and copyright are not at war: A reply to the Metamorphosis of contract into expand [J]. Cal. L. Rev., 1999, 87 (1): 79.

［53］WATT R. Copyright and contract law: Economic theory of copyright contracts ［J］. J. Intell. Prop. L., 2010, 18 (1): 173.

（三）外文报告类

［1］COMMISSION OF THE EUROPEAN COMMUNITIES. Communication from the Commission to the Council and the European Parliament on European Contract Law ［R］. Brussels: 398 final, Annex 1, Jul. 11, 2001.

［2］KRETSCHMER M, HARDWICK P. Authors' Earnings from Copyright and Non-Copyright Sources: A Survey of 25,000 British and German Writers ［R］. Bournemouth: Centre for Intellectual Property Policy & Management, Bournemouth University, 2007: 1-85.

［3］KRETSCHMER M, DERCLAYE E, FAVALE M, et al, The Relationship between Copyright and Contract Law: A Review commissioned by the UK Strategic Advisory Board for Intellectual Property Policy (SABIP) ［R］. 2010: 1-182. Available at SSRN: https://ssrn.com/abstract=2624945.

［4］KRETSCHMER M, et al. Strategic Advisory Board for Intellectual Property Policy, The Relationship Between Copyright and Contract Law ［R］. 2010.

（四）外文电子资源

［1］Directive of the European Parliament and of the Council on Copyright and Related Rights in the Digital Single Market and Amending Directives 96/9/EC and 2001/29/EC,Art.19 ［EB/OL］. （2019-04-17）［2024-09-23］. https://eur-lex.europa.eu/legal-content/EN/TXT/?uri=CELEX%3A32019L0790.

四、学位论文类

［1］周艳.合同解释论［D］.长春：吉林大学，2006.

［2］金英俊.论著作权的限制——以引入公正利用原则为中心［D］.北京：对外经济贸易大学，2017.

五、报纸类

［1］曹颖.阅文合同风波中的网文平台与作者:谁在议价［N］.南方周末，2020-5-14（4）.

［2］刘军华.处分未来作品权利合同的效力判断与违约责任［N］.法制日报，2013-1-16（12）.

［3］任文黛.独立音乐人权益被平台"绑架"［N］.民主与法制日报，2019-5-25（4）.

六、判决书类

（一）中文判决书

［1］（1999）海知初字第 57 号民事判决书。

［2］（2001）一中知字第 185 号民事判决书。

［3］（2002）高民终字第 252 号民事判决书。

［4］（2006）一中民初字第 14468 号民事判决书。

［5］（2006）一中民初字第 14468 号民事判决书。

［6］（2007）海民初字第 12693 号民事判决书。

［7］（2010）沪一中民五（知）终字第 247 号民事判决书。

［8］（2010）朝民初字第 00327 号民事判决书。

［9］（2010）浦民三（知）初字第 424 号民事判决书。

［10］（2011）沪一中民五（知）终字第 136 号民事判决书。

［11］（2011）沪一中民五（知）终字第 136 号民事判决书。

［12］（2011）沪一中民五（知）终字第 136 号民事判决书。

［13］（2011）沪一中民五（知）终字第 136 号民事判决书。

［14］（2011）沪一中民五（知）终字第 136 号民事判决书。

［15］（2012）黔高民三终字第 62 号民事判决书。

［16］（2014）民申字第 658 号民事裁定书。

［17］（2015）浦民三（知）初字第 838 号民事判决书。

［18］（2016）京 0108 民初 30628 号民事判决书。

［19］（2016）京 73 号民终字 18 号民事判决书。

［20］（2017）京 0105 民初 18110 号民事判决书。

［21］（2018）粤民终 137 号民事判决书。

［22］（2019）粤 06 民终 8200 号民事判决书。

［23］（2019）京 73 民终 2546 号民事判决书。

［24］（2021）京 73 民终 794 号民事判决书。

（二）外文判决书

［1］Asset Marketing System, Inc. v. Gagnon, 542 F. 3d 7448 (9th Cir.2008).

［2］Cohen v. Paramount Pictures Corp., 845 F.2d 851 (9th Cir. 1988).

［3］Fogerty v. Fantasy, Inc., 510 U.S.517, 527 (1994).

［4］Kuhn v. Stan A. Plauche Real Estate Co., 249 La.85, 185 So.2d 210 (1996).

［5］Kenner Indus., Inc.v. Sewell Plastics, Inc., 451 S0.2d 557 (La.1984).

［6］Lucasfilm, Ltd. and Rooney v. Columbia Pictures Industries, Inc., 538 F. Supp. 211 (S.D.N.Y 1982).

［7］Lasercomb America, Inc. v. Reynolds, 911 F.2d 970 (4th Cir.1990).

［8］National Farmers' Union Mutual Insurances Society Ltd. v. Dawson (1994) 2K.B. 424.

［9］New York Times Co.v. Tasini, 533 U.S.483 (2001).

［10］ProCD, Inc. v. Zeidenberg, 908 F. Supp. 640, 644 (W.D. Wis. 1996).

［11］Sony Corporation of America v. Universal City Studios, Inc., 464 U.S. 417 (1983).

［12］東京高判平成 15 年 8 月 7 日平成（ネ）5907。

［13］東京地判平成 14 年 10 月 24 日平成 12（ワ）22624。

后　记

本书通过研究著作权合同修正解释的相关问题，加深了我对著作权合同领域的认识，也使我深刻体会到法律制度在平衡利益中的关键作用。市场的不完美和制度的不足，往往导致著作权合同中的权利分配失衡，本书旨在探索如何通过修正解释来实现权利的重新配置，恢复合同主体之间的利益平衡。

在本书的撰写过程中，我有幸得到了黄立安、周伟萌、韩劲松、李忠诚、张俊发等众多师友的支持与帮助，他们的建议和意见让我获益良多，在此深表感激。我还要特别感谢我的家人，在我遇到困难和压力时，是他们的支持让我重燃斗志，勇敢地坚持下去。尤其感谢我的母亲，她不仅在生活中对我关怀备至，更在我的学术道路上给予我坚定的信念。同时，我还要特别感谢我的导师梁志文教授，他在我学术研究的过程中给予了大量的指导和建议。从选题、研究到写作的每一个环节，他的洞见和专业性都对我产生了深远的影响。

本书能够顺利完成，得益于国家社会科学基金项目（项目编号：22AFX011）的资助，同时也是玉林师范学院高层次人才项目的阶段性成果，在此特别致谢。本书的出版，对我而言是一个重要的里程碑，但也仅仅是我学术道路上的一个起点。未来，我将继续努力，深入探究法学领域的更多问题，并期待能够为法学实践提供更多有益的参考。